MICHAEL GERWIEN
Alpentod

SPORT IST MORD? Olympiaregion Seefeld, Leutasch, Mittenwald. Normalerweise gibt es hier nichts als Sonne, Pulverschnee und heiteres Urlaubsvergnügen. Doch an diesem eisig kalten Samstagmorgen ist alles anders. Max Raintaler und sein Freund Josef geraten auf Deutschlands längster Freeride-Abfahrt, dem gefährlich steilen Dammkar in Mittenwald, unter eine Lawine. Glücklicherweise können sie sich daraus befreien, finden jedoch kurz darauf zwei junge Einheimische vom Mittenwalder Skiklub, die von den Schneemassen getötet wurden. Beide waren für den DSV-Kader vorgesehen.

War das Ganze etwa ein Anschlag? Und falls ja, wem hat er gegolten? Gemeinsam mit Josef und dem örtlichen Polizeichef Rudi Klotz macht sich Max in und um Mittenwald auf die Suche nach Antworten.

© Beate Winter

Michael Gerwien, geboren 1957 in Biberach an der Riß, aufgewachsen in Mittenwald bei Garmisch-Partenkirchen, lebt seit 1972 in München, im Stadtteil Untergiesing-Harlaching. Er hat Germanistik studiert, war lange Jahre beim Fernsehen tätig und ist heute Autor und Musiker. Seine Lesungen begleitet er selbst mit Musik. Seine liebsten Hobbys sind Schwimmen, Radfahren, Skifahren, Bergwandern, Kochen, Essen und bayerische Biergärten.

Bisherige Veröffentlichungen im Gmeiner-Verlag:
Wer mordet schon am Chiemsee (2014)
Mordswiesn (2013)
Raintaler ermittelt (2013)
Isarhaie (2013)
Isarblues (2012)
Isarbrodeln (2012)
Alpengrollen (2011)

MICHAEL GERWIEN
Alpentod

Kriminalroman

GMEINER

Original

Personen und Handlung sind frei erfunden.
Ähnlichkeiten mit lebenden oder toten Personen
sind rein zufällig und nicht beabsichtigt.

Besuchen Sie uns im Internet:
www.gmeiner-verlag.de

© 2014 – Gmeiner-Verlag GmbH
Im Ehnried 5, 88605 Meßkirch
Telefon 07575/2095-0
info@gmeiner-verlag.de
Alle Rechte vorbehalten
2. Auflage 2014

Lektorat: Claudia Senghaas, Kirchardt
Herstellung: Mirjam Hecht
Umschlaggestaltung: U.O.R.G. Lutz Eberle, Stuttgart
unter Verwendung eines Fotos von: © like.eis.in.the.sunshine /
photocase.com
Druck: GGP Media GmbH, Pößneck
Printed in Germany
ISBN 978-3-8392-1522-7

Sakrischen Dank an Lilli, Patrick, an meine Eltern und Brüder sowie vor allem an Claudia Senghaas

1

»Herrschaftszeiten! Was ist denn das schon wieder für eine Scheiße?« Der blonde Münchner Exkommissar Max Raintaler mit den stahlblauen Augen fluchte wie ein Kesselflicker, als er dieselben öffnete und sah, dass er nichts sah. Was auch weiter kein Wunder war, denn um ihn herum herrschte nichts als absolute Dunkelheit. Etwas stach ihn in die linke Backe, sobald er sich auch nur einen Zentimeter bewegte, und er bekam fast keine Luft. Unter größter Anstrengung drehte er seinen Kopf. Dabei war ihm, als lastete eine Zentnerlast darauf. Danach spürte er denselben bohrenden Schmerz, den er gerade links bemerkt hatte, auf der rechten Seite seines Gesichts.

»Verdammt! So ein Mist!« Es musste ein spitzer Stein oder die Oberfläche von einem Felsen sein, auf dem er lag. Er versuchte, seine Hände zu bewegen. Keine Chance, er hatte nicht das geringste Gefühl darin. Das Gleiche galt für seine Beine. Querschnittsgelähmt, kam es ihm. Was sonst? Alles vorbei. Blanke Panik jagte wie ein Stromstoß durch seinen Körper. Er zwang sich dazu ruhig zu bleiben, langsam zu atmen, versuchte, sich daran zu erinnern, was ihn in diese fatale Lage gebracht hatte.

Richtig. Gerade eben war er noch, wie so oft am Wochenende im Winter, mit seinem Freund und Vereinskollegen beim Thalkirchner FC Kneipenluft, dem grandiosen Torwart Josef Stirner, das Dammkar in Mittenwald hinuntergefahren. Freeriden vom Feinsten, genial. Frühmorgens, solang die anderen noch verschlafen beim Samstagsfrühstück saßen, bei strahlend blauem Himmel durch gut 30 Zentimeter hohen frischen Pulverschnee die ersten Spuren ziehen, das war purer Powderalarm! Das höchste aller Gefühle. Sogar jetzt noch, Ende Februar. Wer das Dammkar kannte, brauchte keine Rocky Mountains in Kanada mehr. Genauso wenig wie einen Helikopter. Hier wurde man ruckzuck in gut zehn Minuten mit der Gondel der Karwendelbahn hinaufgeschafft. Auf über 2 200 Meter. Von der Gipfelstation aus durchquerte man anschließend zuerst zu Fuß einen 400 Meter langen eiskalten Tunnel, wonach man auf der Rückseite des Berges wieder herauskam. Die mit sieben Kilometern längste Skiabfahrt Deutschlands führte dann von hier aus zwischen riesigen senkrechten Felswänden hinunter, immens steil, extrem gefährlich und immer schattig. Nur absolute Könner wie Max und Josef durften sich in dieses wilde, naturbelassene Terrain wagen. Jeder untrainierte Anfänger wäre rettungslos verloren gewesen.

Verloren fühlte sich auch Max im Moment. Es herrschte völlige Stille um ihn herum. Er hörte nichts, bis auf seinen eigenen Atem und seinen Herzschlag. Laut und schnell. Verdammt, wo bin ich bloß? Erneut überspülte ihn eine Welle brennend heißer Todesangst.

Was war noch geschehen? Er konnte sich daran erinnern, dass sie laut jubelnd vor Glück durch die glitzernden weißen Schneekristalle gestochen waren. Dabei hatten sie sich gerade dem flacheren Übergang zum Bergwachthang genähert, als auf einmal dieser ohrenbetäubende Knall zu hören gewesen war, der überall von den Felswänden reflektiert wurde. Genau, so war es gewesen. Kurz darauf hatte er einen mächtigen Schlag in den Rücken bekommen und war gestürzt. Als er wieder zu sich kam, lag er hier wie festgenagelt und konnte nur mit äußerster Mühe den Kopf ein wenig bewegen. Sonst nichts. Eine Lawine, wurde es ihm auf einmal bewusst, er lag unter einer beschissenen Lawine begraben. »Das darf doch nicht wahr sein!«, brüllte er gleich darauf. »Verdammt noch mal! Hilfe! Hier bin ich! Hört mich denn keiner? Hey! Holt mich raus! Josef!« Wie viele Meter Schnee und Eis über ihm waren, wusste er natürlich nicht. Er wollte es auch nicht wissen. Er wollte nur noch hier raus, und zwar so schnell wie möglich. Bestimmt würde ihm bald die Luft ausgehen. Die nächste Panikwelle erfasste ihn. Sein Puls klopfte noch lauter und noch schneller. »Hilfe! Josef! Herrschaftszeiten! Hört mich denn niemand?«

Seine letzte Hoffnung war der Piepser der Lawinenausrüstung, die er genau wie Josef dabei hatte. Piepser, Sonde und Schaufel. Ohne dieses Equipment sollte niemand, der nicht lebensmüde war, auf eine Freeridepiste gehen. Die Schaufel und die Sonde nützten ihm momentan natürlich nichts. Aber der Piepser war aktiviert. Wenn Josef nicht ebenfalls verschüttet war, würde er ihn so auf jeden Fall finden. Fragte sich nur, wann. Schon in wenigen Minuten konnte es zu spät sein, denn selbst wenn er nicht starb, konnte er bleibende Schäden davontragen. Sein Gehirn durfte auf keinen Fall zu lange zu wenig Sauerstoff bekommen, das wusste er als krankheitsinteressierter Hypochonder genau. Also ruhig bleiben, auch wenn's schwerfiel, langsam atmen, Luft sparen. Gott sei Dank hatten er und Josef das richtige Verhalten im Notfall oft genug gemeinsam geübt. »Lieber Gott, ich weiß, wir beide sind nicht unbedingt die dicksten Freunde«, begann er zu beten. »Aber wenn du mir hier heraushilfst, verspreche ich dir, dass ich nie wieder an deiner Existenz zweifeln werde. Zumindest nicht so oft. Bei allem, was mir außer dir heilig ist.« Ihm wurde schwindelig. Er drohte jeden Moment wegzusacken.

»Max!«, hörte er eine entfernte Stimme. Rief ihn Gott bereits zu sich? War das so, wenn man starb? Man wurde

beim Vornamen gerufen? Logisch, schließlich war Gott all-
wissend. Oder nicht?

»Max!«

Aber halt mal. Die Stimme kam ihm doch bekannt vor.
Das war doch … richtig, das war gar nicht der liebe Gott.
Das war Josef. Auf jeden Fall. Heilige Maria! Gott sei Dank.

»Hier, Josef!«, rief er mit letzter Kraft. »Ich bin hier!«

Kurz darauf stach ihn etwas in den Rücken. Das musste
die Spitze von Josefs Sonde sein. Wie tief hatte er sie wohl
bis zu ihm hinunter im Schnee versenken müssen? Hoffentlich nicht zu tief. Mach schnell, Junge, sonst ist alles zu
spät, dachte er noch. Dann wurde es schwarz um ihn herum.

»Max! Max! Komm schon, wach endlich auf!«

Er spürte einen Schlag in seinem Gesicht und noch einen.
Na, das war vielleicht ein toller Empfang hier im Paradies.
Erst mal links und rechts eine rein. Sauber. Da hätte man
auch gleich auf der Erde bleiben können. Der nächste Schlag
traf seine linke Wange. »Ja spinnt ihr denn hier drüben? Von
wegen Engel! Hört halt endlich auf!«, beschwerte er sich
und bekam einen Hustenanfall. Dann öffnete er seine Augen
und schaute direkt in das Gesicht seines guten alten Freundes und Vereinskollegen. »Josef, hat es dich auch erwischt?
Haben sie dich auch geschlagen?«

»Max, Gott sei Dank. Das war knapp.« Josef schloss ihn
in die Arme und ließ ihn so lang nicht mehr los, bis Max
japsend um Gnade bat.

»Was ist denn passiert? War das eine Lawine?«, erkundigte sich Max, als sie sich wieder voneinander gelöst hatten. Er blickte verwirrt um sich.

»Ja, aber Gott sei Dank keine große.«

»Zum Ersticken hätte es gereicht.« Max zeigte, immer
noch atemlos, auf die Schneemassen rund um sie herum und

holte erst einmal tief Luft. »Wo sind eigentlich die zwei jungen Burschen, die uns, kurz bevor mich das Ding begraben hat, überholt haben?«, fiel es ihm dann ein. »Die mit den Mützen vom Skiklub Mittenwald.«

»Keine Ahnung. Ich wollte erst mal dich ausbuddeln.« Josef kratzte sich am Hinterkopf. »Meinst du …?«

»Genau das meine ich. Die wurden sicher auch verschüttet. Nichts wie los. Wir müssen sie suchen. Und zwar ein Stück weiter unten. Sie waren ungefähr 20 Meter vor mir.« Max, der sich jetzt wieder genau an alles erinnerte, richtete sich eilig auf, überprüfte kurz, ob alle Gelenke noch funktionstüchtig waren, stellte erleichtert fest, dass es so war, und klopfte sich den Schnee vom Skianzug.

»Und wenn noch eine Lawine abgeht?«

Ein berechtigter Einwand.

»Dann haben wir Pech gehabt. Oder willst du die beiden hier oben sterben lassen?« Max sah seinen Freund fragend an.

»Natürlich nicht. Gehen wir los.«

»Du hast gar keine Skier an. Sind deine auch weg?« Max zeigte auf Josefs Beine, die tief im Schnee steckten.

»Ja, mich hat die Lawine auch erwischt, bloß nicht so schlimm wie dich. Ich konnte mich selbst ausgraben. Die Ski sind noch irgendwo da oben im Schnee.« Josef zeigte auf eine Stelle, ungefähr 20 Meter über ihnen.

Sie rutschten und stapften ein Stück weit bergabwärts und versuchten dort, die Piepser der beiden Burschen zu orten. Dass sie dabei immer wieder im Tiefschnee stecken blieben und sich mit aller Kraft daraus befreien mussten, erleichterte ihnen ihre Aufgabe nicht unbedingt. Max holte unterdessen sein Handy aus dem Rucksack, das den Unfall Gott sei Dank überlebt hatte, und rief bei der Bergwacht an. Sie versprachen, so schnell wie möglich zu ihnen hinaufzukommen.

»Hierher, Max!«, rief Josef aufgeregt, als sie eine Weile gesucht hatten. »Ich hab einen!«

»Bin schon da!« Max beeilte sich, zu ihm hinüberzukommen. Blitzschnell packten sie ihre Schaufeln aus und begannen dort in dem festen Schneegeröll zu graben, wo Josef mit seiner Sonde in gut einem Meter Tiefe auf Widerstand gestoßen war.

»Hier, das ist er!« Josef zeigte auf das kindliche Gesicht, das fünf Minuten später unter ihnen auftauchte.

»Schneller. Wir müssen ihn ganz rausholen.« Natürlich wusste Max genauso gut wie sein Begleiter, dass bei einem Lawinenunglück nur wenige Sekunden über Leben und Tod entscheiden konnten.

Sie schaufelten unermüdlich weiter, bis sie, inzwischen beide trotz der Minusgrade durch und durch nassgeschwitzt, endlich den schmalen Körper des Jungendlichen vollständig aus den Schneemassen ziehen konnten.

»Mist, er atmet nicht.« Max kniete neben ihm nieder, entledigte sich flugs seiner Handschuhe und begann unverzüglich mit künstlicher Beatmung und Herzdruckmassage. So wie er das damals, als er noch bei der Kripo gewesen war, im Erste-Hilfe-Kurs gelernt und seitdem immer wieder aufgefrischt hatte. Dreißig Mal auf das Brustbein drücken, dann Luft zuführen. Dann dasselbe noch mal. Und noch mal. Und wieder. Doch das schmale Gesicht zu seinen Füßen zeigte nicht das geringste Lebenszeichen.

»Verdammt. Das sieht nicht gut aus.« Josef blickte geschockt und resigniert zugleich drein. »Sein Kopf ist auch so merkwürdig abgeknickt. Könnte sein, dass er sich das Genick gebrochen hat.«

»Ich mach trotzdem weiter.« Max schnaufte inzwischen, als würde er gerade die letzten Meter zum Gipfel des Mount

Everest hinaufsteigen. Dennoch drückte er unermüdlich weiter in gleichmäßigem Rhythmus auf die schmale leblose Brust unter sich. »Verdammt, komm schon, Kleiner. Komm zurück zu uns! Es ist noch zu früh zum Sterben.«

»Vergiss es.« Nach weiteren zehn Minuten legte Josef seinem Freund die Hand auf die Schulter.

Max ließ völlig erschöpft von dem Jungen ab. »Du hast recht. Es ist zu spät. So eine Scheiße! Ruf du noch mal die Bergwacht an. Die sollen sich gefälligst beeilen. Ich suche solang nach dem anderen. Vielleicht hatte der mehr Glück.« Er schaute in das wachsbleiche Gesicht des toten Buben mit der Skiklubmütze auf dem Kopf. Wieso hat er die eigentlich immer noch auf?, fragte er sich verwundert. Die müsste die Lawine ihm normalerweise doch heruntergerissen haben. Komisch, meine hab ich auch noch auf. Was es nicht alles gibt. »Herrschaftszeiten, Kleiner. Tut mir leid, dass ich dir nicht helfen konnte.« Die Tränen traten ihm in die Augen, während er aufstand, hilflos die Arme hob und gleich darauf, so schnell er konnte, erneut den steilen Hang hinunterpflügte.

Josef zog derweil ebenfalls seine Handschuhe aus, fischte mit fliegenden Fingern sein Handy aus der Innentasche seines Skianzuges, ging ein paar Meter weit hin und her, bis er sich in keinem Funkloch mehr befand, und wählte den Notruf, wo man ihn sogleich zur Bergwacht weiterverband. »Sie sind spätestens in einer halben Stunde da!«, rief er Max zu, der ein paar Meter weiter unten bereits hektisch mit seiner Sonde im Schnee stocherte.

»Alles klar«, erwiderte der. »Komm her, ich glaub, ich hab den anderen gefunden.« Er winkte ihn herbei.

Während sich Josef, immer wieder in den Tiefschnee einbrechend und deshalb lauthals fluchend, von oben näherte, grub Max in Windeseile, bis er auf den Bauch des zweiten

Verschütteten stieß. Schnell legten sie zu zweit den ganzen Körper frei, und Max versuchte, auch ihn wiederzubeleben. Doch wie schon beim ersten Opfer waren seine verzweifelten Bemühungen vergeblich. Der leblose Körper lag im Schnee wie ein vergessener Mantel.

»Verdammt, Josef. Die waren doch noch so jung, hatten ihr ganzes Leben vor sich. Und saugute Skifahrer waren sie auch.« Max setzte sich auf seinen Hosenboden und schüttelte immer wieder erschüttert den Kopf. Er wusste, dass er genauso gut wie die beiden daliegen könnte. Nur noch wenige Minuten länger unter dem Schnee, und es wäre um ihn geschehen gewesen. Was für ein unendliches Glück, dass ihn Josef gerettet hatte. Wieso hatten die jungen Einheimischen vom Skiklub nicht dasselbe Glück gehabt? Lieber Gott, ich nehme mein Angebot hiermit zurück, sprach er zu sich selbst. Das mit den beiden hier war einfach nicht fair. So wie es ausschaut, gibt es dich wohl wirklich nicht. Sonst hättest du das niemals zugelassen. Oder du bist ein ganz seltsamer, schräger Typ, der sich auf äußerst makabere Art und Weise über uns hier unten lustig macht.

»Ein echtes Unglück.« Josefs Stimme klang rau. »Wer bringt das bloß ihren Eltern bei? Ich möchte das nicht machen müssen.«

»Ich auch nicht. Bei der Kripo musste ich fremden Leuten oft genug die Nachricht vom Tod eines Angehörigen überbringen. Der reinste Horror, sag ich dir. Man hat total Mitleid, aber man kann nichts weiter machen.« Max starrte nachdenklich auf seine Skischuhe. »Ein bisschen trösten kann man sie. Aber letzten Endes sind es Fremde. Was willst du denen schon groß erzählen?«

»Hast du auch diesen lauten Knall gehört, bevor die Lawine runterging?«, wollte Josef nach ein paar Minuten gemeinsamen nachdenklichen Schweigens unvermittelt wissen.

Max blickte erstaunt zu ihm auf. »Doch. Ja. Jetzt wo du es sagst, fällt es mir auch wieder ein. Ein ohrenbetäubender Lärm. Wie ein Schuss oder eine …«

»Sprengung«, vervollständigte Josef. »Genauso hat es sich angehört. Als hätte jemand ein Schneebrett gesprengt. Aber die von der Karwendelbahn haben nichts von einer Sprengung gesagt. Da wäre die Abfahrt außerdem gesperrt gewesen.«

»Zumindest hätte man uns nicht hinunterfahren lassen. Also muss jemand inoffiziell gesprengt haben.«

»Meinst du? Wollte uns etwa jemand umbringen?«

»Kann sein. Keine Ahnung.« Max zuckte die Achseln.

»Aber du bist doch der Kriminaler von uns beiden.«

»Kriminaler schon, aber kein Hellseher. Auf jeden Fall hat es den Sprengmeister offensichtlich nicht gestört, dass wir unter dem Schnee begraben wurden.« Max blickte mit zusammengekniffenen Augen den steilen Hang hinauf. Dann hielt er auf einmal inne. »Verdammt, Josef. Schau mal genau hin. Da oben links gleich unter den Felsen ist doch eine Spur.«

»Seine?«

»Kann gut sein. Vielleicht hat er dort auf uns gewartet, gesprengt, und sobald wir alle verschüttet waren, ist er abgehauen.«

»Meinst du wirklich?«

»Schau doch, sie ist ganz frisch. Sie führt da oben entlang, direkt durch die Lawine und dann zum Bergwachthang runter.« Max zeichnete mit der ausgestreckten Hand eine Linie unterhalb der grauweißen zackigen Felswände in die Luft.

»Du hast recht. Jetzt sehe ich es auch.«

»Bei der Spur gibt es nur zwei Möglichkeiten. Entweder es war ein Freerider, der, nachdem die Lawine abgegangen ist, vorbeikam und zu feige war, uns zu retten. Oder er holt Hilfe. Oder es war wirklich der Attentäter.« Max straffte ruckartig seinen Oberkörper. Der Instinkt des berufsmäßigen Schnüfflers in ihm war geweckt. Das hier roch verdächtig nach einer ganz miesen Geschichte.

»Aber wenn, dann ist er sicher längst über alle Berge«, winkte Josef ab und strich sich frustriert über seinen völlig vereisten Schnurrbart. »Den holen wir garantiert nicht mehr ein.«

»Logisch. Wie auch, ohne Skier. Ich leih mir nachher unten im Ort welche und fahr noch mal rauf. Dann schau ich mich da, wo er gestanden ist, genauer um«, meinte Max. »Wenn da wirklich einer gesprengt hat, müssen Hinweise darauf zu finden sein.« Und wenn ich welche finde, dann gnade ihm Gott, dachte er weiter. Dann hat er ab heute einen Verfolger an den Hacken, der nicht mehr aufgibt, bis er ihn erwischt hat. Einen Angriff auf mein Leben und das meiner Freunde nehme ich verdammt persönlich.

»Da schau her, die Kavallerie!« Er zeigte zu den vier Skifahrern in Bergwachtmontur hinauf, die sich ihnen näherten.

»Servus, Männer. Was ist geschehen? Sind die beiden tot?« Der ältere Mann mit dem kurzgeschnittenen dunklen Vollbart, der als Erster bei ihnen angekommen war, zeigte auf die leblosen Körper, die nicht weit voneinander entfernt im Hang lagen.

»Eine Lawine«, erwiderte Max mit finsterer Miene, während er langsam aufstand. »Mich hat sie auch erwischt. Aber mein Freund hier hat mich ausgegraben. Wir konnten leider nichts mehr für die Burschen tun.«

»Seid ihr verletzt?«

»Nein.«

»Wahnsinn.« Der Bärtige starrte auf die reglosen Leiber. »Ich schau trotzdem gleich noch mal selbst nach ihnen. Waren noch andere Skifahrer außer euch vieren unterwegs?«

»Nein. Nur wir vier waren hier unten im Hang. Höchstens an der Kante oben könnten welche gestanden haben, die nach uns gekommen sind. Aber die hätte es bestimmt nicht erwischt. Außerdem wären sie längst hier unten bei uns.« Max zeigte auf die sonnenbeleuchtete Einfahrt zu dem mächtigen, von grauen Felsgipfeln umrahmten schattigen Steilhang über ihnen.

»Wir rufen trotzdem Verstärkung und schauen sofort noch einmal gründlich nach, ob nicht irgendwo doch noch einer liegt«, meinte der Bärtige daraufhin, während er sich zu dem toten Körper, der ihnen am nächsten lag, hinunterbeugte. »Habt ihr versucht, sie wiederzubeleben?«, fragte er Max über seine linke Schulter hinweg.

»Natürlich.«

»Richtig?«

»Richtig und gut 20 Minuten pro Mann. Ich weiß, wie so was geht. Sie sind tot. Soviel ist sicher.« Max ließ resigniert die Arme hängen.

»Merkwürdig, dabei hatten wir heute gar keine Lawinenwarnung.« Der Bärtige schüttelte verwundert den Kopf und untersuchte den toten Jungen weiter. Hörte sein Herz ab, versuchte seinen Puls zu ertasten. Nichts.

»Ihr könntet auch bei der Bergstation anfragen, ob nach uns noch jemand durch den Tunnel gegangen ist«, mischte sich Josef ins Gespräch.

»Mach ich. Gute Idee.« Der Mann in der roten Bergwachtjacke ließ von dem jugendlichen Leichnam ab und erhob sich wieder. »Ich bin übrigens der Hias. Der Heini, der Lucky und der Peter kommen gleich auch noch. Wir kümmern uns um die beiden Toten. Ihr könnt derweil schon zur Dammkarhütte vorausgehen. Schafft ihr das?«

»Logisch, Hias. Ich bin der Max. Und das ist der Josef.« Max deutete auf seinen schnauzbärtigen Freund neben sich. »Wird hier zurzeit gesprengt? Wir haben vor dem Lawinenabgang beide einen lauten Knall gehört. Genau wie bei einer Sprengung.«

»Was? Wirklich? Die kann aber nicht offiziell gewesen sein. Sonst hätte man euch erst gar nicht hier hoch gelassen.« Hias blickte erstaunt drein. Offensichtlich war ihm so etwas noch nicht untergekommen. Er schlüpfte eilig aus seiner Bindung und rammte seine Skier senkrecht in den Schnee. Dann stapfte er unter Zuhilfenahme seiner Skistöcke so schnell er konnte die paar Meter zu dem Ersten der beiden Toten hinauf.

»Wir glauben, dass es eher so etwas wie ein Anschlag war«, rief ihm Max hinterher. »Nur warum wissen wir nicht. Und wer es war, natürlich auch nicht. Aber dass da oben jemand gewesen und weggefahren ist, nachdem die Lawine unten war, sieht man ganz deutlich.« Er zeigte auf die Skispuren unter dem Felsrand, auf die er zuvor bereits Josef aufmerksam gemacht hatte.

»Tatsächlich. Unglaublich.« Hias, der sich zu ihnen umgedreht hatte, sah hinauf und schüttelte langsam den Kopf. »Hier. Trinkt erst einmal einen Schluck. Ihr müsst doch total durchgefroren sein.« Er warf ihnen einen Flachmann zu.

»Mir ist kalt und heiß zugleich«, erwiderte Max. »Aber ein Schnaps kann so oder so nicht schaden.«

»Eben.«

Hias machte sich mit Heini, Lucky und Peter, die inzwischen auch angekommen waren, daran, auch die andere Leiche eingehend zu untersuchen und anschließend in einem der Akias, die sie mitgebracht hatten, zu verstauen.

Max und Josef stellten die kleine Schnapsflasche in den Schnee, nachdem sie davon getrunken hatten, und machten sich zur Dammkarhütte auf, die ein paar Hundert Meter weiter unten lag.

2

»Noch einen Jagertee, die Herren?« Die freundliche Wirtin der im Jahr 1950 aus festem grauen Gestein errichteten Dammkarhütte blickte fragend auf Max und Josef herab, die, in dicke Decken gehüllt, neben dem Kachelofen in der gut geheizten Stube saßen. Ihre vom Abstieg völlig durchnässten Hosen, Anoraks sowie Mützen und Handschuhe hatten sie gleich daneben auf einer kurzen Wäscheleine zum Trocknen aufgehängt.

»Bevor ich mich schlagen lasse, nehme ich gern noch einen«, erwiderte Josef, seine eiskalten Hände reibend.

»Für mich bitte auch«, schloss sich Max an. Er zitterte am ganzen Körper, ohne etwas dagegen tun zu können.

Erst seit sie sich hier drinnen in Sicherheit befanden, war ihm das ganze Ausmaß der Katastrophe, die sie gerade überlebt hatten, bewusst geworden. Verdammtes Glück gehabt, Raintaler, sagte er sich immer wieder. Jetzt galt es, so schnell wie möglich fit zu werden und wieder ins Tal zu gelangen, um erneut mit der Gondel zum Gipfel zu fahren. Dann würde er das Areal unterhalb des Felsrandes, das er vorhin ausgemacht hatte, gründlich nach Spuren eines eventuellen Attentäters absuchen.

Sie bekamen ihren heißen, nach Alkohol und Gewürzen riechenden Jagertee, wie schon den ersten, in zwei großen Kaffeehaferln serviert und tranken gierig.

Wenig später polterte Hias mit nassen Skistiefeln zur Tür herein. »Der Heli ist gleich wieder da und nimmt euch mit runter. Die beiden Opfer sind schon unten im Krankenhaus.«

»Das wird ihnen auch nichts mehr nützen. Wie alt waren die beiden eigentlich?«, erkundigte sich Max. »Weiß man das?«

»Hubert Hornsteiner, der Ältere, war gerade mal 18, und Rainer Staller 17«, antwortete Hias. »Sie waren beide für den DSV-Kader vorgesehen. Ein Wahnsinn. Sie waren noch Schüler. Die haben doch noch gar nicht richtig zu leben angefangen, da müssen sie schon wieder damit aufhören. Ich habe selbst zwei Buben. Ewig schade. Unglaublich.« Er zog Mütze und Handschuhe aus, setzte sich zu ihnen und bestellte ebenfalls einen Jagertee. Spezial, mit extra viel Rum. »Und ihr glaubt tatsächlich, dass es eine Sprengung war?«, fuhr er dann fort.

»Ja«, antwortete Max. »Aber glauben heißt halt nicht wissen.«

»Ihr seid euch also nicht sicher?« Hias schüttelte langsam seinen schmalen Kopf. Das Geschehen auf der Piste hatte ihn ebenfalls sauber mitgenommen.

Andererseits gab es, bei allem Mitgefühl für die Opfer und ihre Angehörigen, für ihn aber auch noch die zweite Seite der Medaille. Ein angeblicher Mordanschlag mitten im schönen Luftkurort Mittenwald! Als Hotelbesitzer wollte ihm das gar nicht gefallen. Man konnte nur hoffen, dass die beiden hier unrecht hatten, und dass die Presse keinen allzu großen Wirbel um die ganze Angelegenheit machte. Denn das wäre über Wochen hinaus schlecht fürs Geschäft, und der Hubert und der Rainer wurden davon auch nicht wieder lebendig. Wer weiß. Vielleicht hatten die beiden Fremden ja selbst die Lawine ausgelöst und wollten es bloß nicht zugeben, weil die Buben aus dem Ort dabei gestorben waren. Er trank einen Schluck von dem köstlichen heißen Gebräu, das die Wirtin gerade vor ihm auf dem Tisch abgestellt hatte.

»Doch. Eigentlich schon.« Max trank ebenfalls von seinem Jagertee. »Aber wenn wir Beweise dafür hätten, würde ich mich wohler fühlen.«

»Kann es nicht auch so gewesen sein, dass ihr die Lawine aus Versehen selbst ausgelöst habt?« Hias blickte forschend in Max' und Josefs vor Schreck immer noch graue Gesichter.

»Absolut nicht.« Max schüttelte den Kopf. Spinnt der Kerl? Meint er vielleicht, wir lügen? Oder steckt er selbst in der Sache mit drinnen und will uns jetzt die Schuld in die Schuhe schieben? »Da hätten wir viel weiter oben sein müssen. Das könnt ihr ganz genau anhand unserer Spuren nachprüfen. Wir waren selbst verschüttet. Und zwar fast bei den Jungs unten.« Er war angesichts des ungeheuerlichen Verdachts auf der Stelle angefressen. »Außerdem hätten wir euch bestimmt nicht gerufen, wenn es so gewesen wäre, oder?«, blaffte er unfreundlich.

»Ich glaube euch ja. Aber wer sollte so etwas tun? Und wem hat der Anschlag gegolten? Euch etwa?« Hias zeigte auf Max und Josef. »Mag euch vielleicht irgendwer nicht?«

»Das gilt es herauszufinden«, brummte Max immer noch verärgert. »Und es wird herausgefunden. Das kann ich auf jeden Fall versprechen.«

»Wie das? Seid ihr etwa von der Polizei?« Hias machte große Augen.

»Ich war bei der Münchner Kripo«, erwiderte Max. »Heute bin ich Privatdetektiv. Habt ihr noch weitere Opfer gefunden?«

»Bis jetzt nicht. Die anderen suchen noch. Ich kann mir so etwas wie einen Mordanschlag auf mehrere Skifahrer, ehrlich gesagt, auch nicht vorstellen«, gab Hias zu bedenken.

Die Sache wurde ihm langsam immer unangenehmer. Hoffentlich machten die beiden hier nicht ein Riesenfass auf. Ein Ehemaliger von der Kripo wollte die Sache bestimmt unbedingt aufklären und würde dabei eventuell auch jede

Menge anderen Staub aufwirbeln. Das konnte hier niemand gebrauchen. So viel war sicher. Da wäre es schon eindeutig besser, die Münchner würden nach München zurückfahren. »Wir leben hier in einem kleinen, gemütlichen Ort. Da wird schon mal bei Rot über die Ampel gegangen, aber ein regelrechter Mord? Ich weiß nicht.«

»Zwei«, bemerkte Josef, ernst dreinblickend.

»Was?«

»Zwei Morde.«

»Ach so. Logisch.«

»Habt ihr Steinadler? Vielleicht war es ein durchgeknallter Naturschützer.« Je länger er über alles nachdachte, umso mehr glaubte Max daran, dass hier jemand mit Absicht gehandelt hatte.

»Steinadler haben wir gerade keine. Vor drei Jahren gab es mal welche, aber die sind weg.«

»Ich fahre nachher auf jeden Fall gleich noch mal rauf und schaue mich nach Spuren um.«

»Das halte ich für keine gute Idee.« Hias setzte ein besorgtes Gesicht auf. »Viel zu gefährlich.«

»Es gibt aber Dinge, die getan werden müssen«, beharrte Max. »Am besten schickt ihr auch noch jemanden von der örtlichen Polizei hoch.«

»Wir rufen da sowieso an.« Hias merkte, dass ihm bald die Argumente ausgingen. »Aber was, wenn der Täter sich irgendwo im Fels versteckt hat und eine weitere Lawine abgehen lässt?«, legte er noch mal nach.

»Geh, der ist doch längst weg. Und jemand anderes wird da oben wohl nicht gleich noch mal sprengen. Wir sind ja nicht in Afghanistan, oder?« Max blickte entschlossen drein. Dieser dauerzweifelnde Bergwachtmensch hier würde ihm auf keinen Fall verbieten, zu tun, was zu tun war. Niemand würde das. Nicht, nachdem er und Josef beinahe Opfer eines gewissenlosen Mörders geworden wären. Soviel war sicher.

Der Heli näherte sich, und sie machten sich zum Aufbruch bereit. Als Max und Josef ihre Rechnung bezahlen wollten, meinte die Wirtin, dass der Jagertee aufs Haus gehe, und dass sie sich sehr freuen würde, wenn sie sie bald einmal wieder beehrten. Zwei tapfere Mannsbilder, die furchtlos Leute aus Lawinen gruben, wären hier oben immer gern gesehen. Sie bedankten sich, kleideten sich an, traten einer nach dem anderen in die Kälte hinaus, stapften durch den kniehohen Schnee zum Landeplatz hinüber und stiegen ein. Der Pilot setzte sie auf einer Wiese nicht weit von der Talstation der Karwendelbahn ab.

Max sprang als Erster hinaus und überlegte, wie schon die ganze Zeit über, wo er sich am besten ein paar Skier ausleihen könnte. Dann fiel es ihm ein. Richtig. Beim Bahnhof gab es doch die Skischule von diesem Exrennläufer Max Rieger. Die hatten garantiert die neuesten Modelle da, und seine eigenen würde er noch einmal gründlich suchen, sobald er wieder oben war.

»Pass auf, Josef. Ich hole mir am Bahnhof ein paar Skier und fahre noch mal hoch«, informierte er seinen Begleiter. »Mir lässt die Sache keine Ruhe. Ich muss unbedingt wissen, was da oben vorhin los war. Du kannst ja solang schon mal in unser Hotel gehen.«

»Du glaubst doch nicht, dass ich dich da allein rauflasse. Nix da. Mitgefangen, mitgehangen.« Josef schüttelte mit strenger Miene den Kopf.

»Willst du dir das wirklich antun?«

»Ja.«

»Na gut. Dann komm.«

Sie marschierten das kurze Stück und standen eine gute Stunde später mit neuen Brettern in den Händen an der Talstation der Karwendelbahn. Dort kauften sie sich jeder eine Wurstsemmel, setzten sich auf eine der Bänke vor der Tür und warteten kauend auf die nächste Gondel zum Gipfel.

»Schon verdammt hoch hier«, meinte Josef, als sie kurze Zeit später über Fels, Schnee und Eis zwischen der Mittelstation und der Bergstation empor schwebten. »Wenn wir jetzt runterfallen, sind wir unter Garantie Geschichte.«

»Wie die beiden Jungs vorhin.«

Max blickte nachdenklich über den kleinen Kurort, der sich in dem lang gezogenen Nord-Süd-Tal breitmachte. Das reinste Föhnloch. Oft hatte es dank des warmen Fallwindes aus dem Süden sogar im Dezember über zehn Grad plus. Sommer mitten im Winter. Doch jetzt war es Ende Februar, eiskalt und da waren diese beiden toten Jugendlichen. Für Max gab es nur noch einen Gedanken: Der Täter musste gefasst werden. Selbst wenn er dafür die ganze nächste Woche oder mehr hier verbringen musste. In München wartete momentan sowieso nichts Wichtiges auf ihn. Seinen Job bei der Kripo war er seit über drei Jahren los, und die neue Tätigkeit als Privatdetektiv nahm ihn nur sporadisch in Anspruch. Höchstens seine langjährige Freundin Monika könnte ihn vermissen. Aber die kam auch gut allein zurecht. Das hatte sie bereits oft genug bewiesen. Vielleicht war sie sogar froh darüber, ihn für ein paar Tage los zu sein. Wenn sie hörte, was hier passiert war, würde sie auf jeden Fall Verständnis dafür haben, dass er noch nicht heimkam. Vielleicht schaute sie am Montag, wenn ihre kleine Kneipe Ruhetag hatte, vorbei. Sie könnten zusammen am Kranzberg drüben Ski fahren. Dort war es nicht so gefährlich und steil wie im Dammkar. Oder in Leutasch zum Langlaufen

gehen. Am Abend könnten sie dann gemeinsam nach Seefeld fahren. Der schicke Erholungs- und Olympiaort lag
nur ein paar Kilometer entfernt hinter der Grenze in Österreich. Dort konnte man hervorragend essen und danach im
Casino sein Glück versuchen. Monika war ihm bisher bei
vielen seiner Fälle mit Rat und Tat zur Seite gestanden und
würde ihm bestimmt auch bei der rätselhaften Sache hier
nützlich sein. Ihr größtes Plus war schon immer gewesen,
dass sie einfach die richtigen Fragen stellte.

Moni muss her, super Idee, bestätigte er sich noch einmal
und kramte schnell sein Handy aus dem Anorak. »Hallo,
Frau Schindler, Max hier. Was hältst du davon, am Montag
mit Anneliese nach Mittenwald zu düsen? Bisserl Ski fahren oder langlaufen und am Abend gemütlich in Seefeld
zum Essen gehen.«

Anneliese Rothmüller war ihre beste Freundin. Monika
einen Skitag zusammen mit ihr in Aussicht zu stellen, würde
die Wahrscheinlichkeit, dass sie herkam, um ein Vielfaches
erhöhen, wusste er.

»Ich besorge uns auch ein schönes Quartier«, fuhr er fort.

»Montag passt«, kam die prompte Antwort. »Da habe
ich eh noch nichts vor. Und Annie hat sowieso immer Zeit.
Außerdem liebt sie doch das Langlaufen, obwohl sie es nicht
kann. Die werde ich bestimmt nicht groß überreden müssen.«

»Perfekt!«

Na also, das haute ja hin wie das Breznbacken. Man
musste seine Pappenheimer nur gut genug kennen, um sie
zu allem Möglichen zu überreden. Moment mal, *zu fast
allem Möglichen* wäre wohl die zutreffendere Formulierung.
Alles Mögliche würde Monika garantiert nicht mitmachen.
Dazu war sie zu kritisch und zu eigensinnig. Was er ande-

rerseits wiederum sehr an ihr schätzte, gingen doch damit ihre absolute Unbestechlichkeit und Verlässlichkeit einher.

»Aber wolltest du nicht morgen Abend zurück sein?« Sie klang leicht verwirrt.

»Schon. Aber hier ist etwas passiert.«

»Etwas Schlimmes?« Die Verwirrung in ihrer Stimme wich aufkeimender Besorgnis.

»Wie man's nimmt. Wir sind in eine Lawine geraten.« Max bemühte sich, so beiläufig wie möglich zu klingen. Er wusste genau, dass sie sich sonst nur wieder fürchterlich aufregen würde.

»Was? Ja, um Himmels willen! Ist was mit Josef? Seid ihr verletzt?« Sie hörte sich panisch an. Ihre Stimme überschlug sich.

Verdammter Mist. Offensichtlich war sein Tonfall nicht beiläufig genug gewesen.

»Nein, alles okay. Josef hat mich ausgebuddelt.«

»Max, ihr kommt auf der Stelle heim!« Eine Lehrerin hätte sich nicht strenger anhören können.

»Vergiss es. Geht nicht.« Auch Max konnte streng klingen.

»Warum?«

»Weil zwei Jungs aus dem Ort hier die Lawine nicht überlebt haben.« Er drehte sich zum Fenster, sodass der uniformierte Bergbahnangestellte, der mit ihnen in der Gondel fuhr, so wenig wie möglich von seinem Gespräch mitbekam.

»Ja und? Was hat das mit euch zu tun?«

»Wir haben sie ausgegraben.«

»Oh Gott, das tut mir leid. Aber deswegen könnt ihr doch trotzdem heimkommen.«

»Nein.«

Ein klares Nein vom Raintaler setzte normalerweise den Schlusspunkt unter jedes Gespräch. Sowohl beruflich als auch privat. Monika wusste das natürlich. Dennoch fragte sie weiter.

»Und warum nicht, bitte?«

»Es sieht so aus, als hätte jemand die Lawine mit Absicht losgesprengt.« Max kratzte sich mit dem Handschuh durch die Mütze hindurch am Hinterkopf. Irgendetwas dort juckte ihn gewaltig. Herrschaftszeiten. Hoffentlich war es kein Ekzem oder, noch schlimmer, der Beginn einer Schuppenflechte. So etwas konnte lebensgefährlich werden.

»Du meinst, wie bei einem Attentat?« Sie hauchte die Frage ungläubig in den Hörer.

»Ja.«

»Und jetzt willst du die Sache natürlich aufklären. Logisch. Der Raintaler kann es wieder mal nicht lassen. Stimmt's oder hab ich recht?« Einerseits klang sie vorwurfsvoll, andererseits aber nach wie vor sehr besorgt und ängstlich.

»Ja.« Max wusste natürlich, dass ihre Frage rein rhetorisch gemeint war, und reagierte deshalb gar nicht weiter darauf. Er nahm seine Mütze ab und sah nach, ob etwas darin war. Fehlanzeige. Beunruhigt entledigte er sich seines rechten Handschuhs und tastete seinen Kopf ab.

»Geh, Max. Wieso überlässt du das denn nicht der Polizei dort? Die sind doch bestimmt auch nicht blöd.«

Sie hörte sich sehr ungeduldig an, was ihn nicht weiter verwunderte. Oft genug hatte sie ihn bereits von allen möglichen riskanten Vorhaben abbringen wollen, immer nur zu seinem eigenen Besten natürlich, das wusste er auch. Trotzdem gab es Dinge, die ein Mann einfach tun musste, egal was man ihm riet und wie klug diese Ratschläge waren.

»Du bist gut. Ich wäre dabei fast draufgegangen. Das kann ich doch nicht auf mir sitzen lassen.« Aha, hab ich dich, dachte er und fischte ein kleines Steinchen aus seinen Haaren. Das musste da hineingeraten sein, während er unter der Lawine lag. Nichts Schlimmes, Gott sei Dank. Mit dem triumphierenden Lächeln des Überlebenden und Immer-noch-Gesunden schnippte er es auf den Kabinenboden.

»Das alte Fieber. Alles klar«, hauchte sie mit rauer Stimme, nachdem sie eine Weile geschwiegen hatte.

»Ja. Wenn du so willst.«

»Okay, Max.« Sie räusperte sich. »Dann komme ich übermorgen auf jeden Fall mit Anneliese zu euch runter. Vielleicht kann ich dir bei der Sache helfen. Brauchst du noch irgendwelche Klamotten?«

»Ein paar Unterhosen und ein paar T-Shirts wären nicht schlecht und Socken. Und eins von meinen warmen Sweatshirts. Und meine Blutdrucktabletten. Ich habe nicht genug dabei. Es müssten noch ein paar davon auf deinem Nachttischchen liegen. Und deine Hilfe kann ich natürlich immer gebrauchen.«

»Alles klar. Ich bringe alles mit. Was macht ihr jetzt?«

»Josef und ich fahren gerade noch mal ins Dammkar hoch, um Spuren zu suchen.« Er setzte seine Mütze wieder auf und blickte auf die eindrucksvollen vereisten Felsformationen, die unter ihnen vorbeizogen.

»Was? Noch mal? Dass euch die nächste Lawine überrollt? Seid ihr denn total verrückt?«

»Ja. Das weißt du doch, Moni.« Er grinste.

»Na gut. Pass aber auf. Wirklich. Servus, bis Montag.«

Er bildete sich ein, ihr ungläubiges Kopfschütteln aus dem kleinen Lautsprecher an seinem Ohr zu hören.

»Servus, Moni. Ich freu mich auf dich.«

Sie legten auf. Weiter grinsend verstaute er sein Handy wieder im Anorak. Es tat gut, geliebt zu werden.

»Ins Dammkar dürft ihr aber nicht hinter wegen der Lawine. Die suchen da noch nach Überlebenden«, meinte der vollbärtige Bergbahnangestellte mit der roten Zipfelmütze, während sie in die Gipfelstation einfuhren. »Ihr könnt höchstens in der Grube hier bei uns vorn ein bisserl fahren.«

»Wir waren heute Morgen um kurz vor neun doch die Ersten hier oben? Wir und die zwei Burschen vom Skiklub, stimmt's?«, erwiderte Max, ohne auf ihn einzugehen. Du Kaschperlkopf glaubst doch wohl nicht im Ernst, dass du mich davon abhalten kannst, meinen Mörder zu finden, dachte er.

»Ja, schon. Ihr zwei und der Hubert und der Rainer. Und ich natürlich.«

»War jemand im Restaurant?«

»Nein. Das hat vorhin noch zugehabt.«

»Hat ein Fremder hier übernachtet?«

»Nein. Hier darf niemand übernachten. Alle müssen mit der letzten Bahn ins Tal runterfahren.«

»Auch die Angestellten vom Restaurant?«

»Auch die. Jawohl.« Der Mann nickte bedächtig.

»Na, dann passt doch alles.« Max streifte seinen Handschuh wieder über, nahm seine Ski und die Stöcke an sich und stieg aus.

Natürlich passte nichts, denn zwei junge Menschen waren tot. Aber auf jeden Fall war es schon einmal gut zu wissen, dass es keine weiteren Opfer geben konnte. Außer sie wären zu Fuß durchs Kar aufgestiegen. Aber Tourengeher wären ihnen garantiert aufgefallen. Nein, nein. Es war schon so. Sie und die beiden Jungs aus dem Ort waren vorhin die einzigen Skifahrer hier heroben gewesen. Es sei denn, der Bergbahnangestellte wäre mit ihnen auf der Abfahrt gewesen. Blödsinn. Der war mit der nächsten Gondel ins Tal hinunter gefahren. Was sonst? Das war schließlich sein Job.

Max strebte dem Ausgang entgegen. Josef folgte ihm auf dem Fuße. Sie ließen den mit offenem Mund dastehenden Gondelbegleiter in Sekundenschnelle hinter sich und begaben sich in den langen, düsteren Tunnel, der zur Skiabfahrt auf der Rückseite der Karwendelspitze führte. Als sie am anderen Ende herauskamen, wurden sie von der Sonne, die nun schräg über ihnen stand, derart geblendet, dass sie erst einmal stehen blieben und für einen Moment ihre Augen schlossen. Eilig setzten sie danach ihre dunkelgetönten Skibrillen auf.

»Wenigstens ist es nicht mehr ganz so kalt wie heute früh«, stellte Josef erleichtert fest. »Der ideale Skitag, wenn nicht alles so traurig wäre.«

»Sehe ich auch so. Ich fahre vor, okay?« Max steckte entschlossen seine Hände durch die Schlaufen seiner Skistöcke und stieg in die Bindung.

»Logisch, Max. Du bist der Exrennfahrer.« Josef grinste und tat es ihm gleich. Obwohl er nie Skirennläufer wie Max gewesen war, fuhr er mindestens genauso so gut wie der. Er war bereits als Kind jeden Winter mit seinen Eltern in den Bergen gewesen und hatte damals in etlichen Skikursen gelernt, wie man mit den zwei Brettern unter den Füßen zurechtkam. Aber wenn der Herr Detektiv unbedingt meinte, durfte er natürlich gern den Chef spielen.

Nach knapp fünf Minuten halsbrecherischer Fahrt über den anfangs noch in der Sonne glitzernden Pulverschnee, kamen sie an der schattigen Stelle unterhalb der Felsen an, wo Max vorhin die Skispur entdeckt hatte. Sie setzten ihre Brillen wieder ab und blickten sich um. Ein Stück weiter unten war die Bergwacht immer noch mit Suchhunden dabei, den Lawinenkegel nach weiteren Opfern abzusuchen. Max, der sich 100prozentig sicher war, dass sie niemanden finden würden, beachtete sie nicht weiter.

»Da vorn!« Er zeigte auf ein halbkreisförmiges Loch im Schnee, das ungefähr 20 Meter vor ihnen lag. »Bleib hinter mir Josef. Nicht zuviel herumtrampeln, falls sich die örtliche Polizei noch hier oben umschauen will.«

Sie näherten sich vorsichtig dem vermeintlichen Tatort, schnallten ihre Skier ab, und Max begann zunächst allein damit, das Terrain zu sondieren. Dann stand er direkt vor dem Loch an der Abrisskante, von der aus sich die Lawine gelöst hatte. Es maß ungefähr zwei Meter in der Tiefe, die Ränder waren dunkel verfärbt, und einige Plastikfetzen lagen weiträumig darum herum verstreut. Max hob einen davon auf und roch daran.

»Gesprengt wurde auf jeden Fall«, rief er seinem Freund zu, der etwa drei Meter hinter ihm stand. »Hier liegen überall verkohlte Reste herum.«

»Also hattest du recht. Ein Mordanschlag«, erwiderte Josef.

»Sieht ganz so aus. Obwohl ..., viel ist es nicht, das hier herumliegt. Ich weiß ja nicht, wie viel Kilogramm Sprengstoff man normalerweise verwendet, um so ein riesiges Schneebrett in Gang zu bringen. Andererseits, so wie es aussieht, hat es offenbar genügt.« Max schüttelte nachdenklich den Kopf.

»Wie meinst du das?« Josef schaute ihn fragend an.

»Vielleicht wollte jemand nur Krach machen oder nur eine kleine Lawine auslösen. Eventuell um seine Zielperson bloß zu erschrecken.«

»Uns?«

»Oder die Jungs. Keine Ahnung.«

»Aber das macht doch keinen Sinn. Eine Lawine bringt dich um oder nicht.« Josef suchte die Felswände über ihnen mit Blicken nach Spuren ab.

»Stimmt auch wieder.« Max steckte ein paar von den Plastikfetzen, die um ihn herum lagen, in die Tasche seines Anoraks. Herrje, dieses Schwein hätte mich tatsächlich fast umgebracht. Hoffentlich habe ich nicht schon einen kleinen Hirnschaden wegen des Sauerstoffmangels vorhin. Mit so etwas ist nicht zu spaßen. Ach was, dummes Zeug, Raintaler. Du bist und bleibst ein alter Hypochonder. »Die Teile hier geben wir unten bei der Polizei ab«, fuhr er an Josef gewandt fort. »Die sollen sie ins Kriminallabor geben. Dann wissen wir wenigstens, was es für Sprengstoff war. Und vielleicht sogar, woher er kommt.«

Josef wollte seine Skier wiederhaben. Also untersuchten sie die Stelle, an der er sich vorhin selbst ausgegraben hatte.

»Vergiss das mit unseren Brettern, Max«, meinte er nach zehn Minuten erfolgloser Bemühungen. »Da können wir den ganzen Hang umgraben und finden nichts. Am besten kommen wir im Sommer wieder, wenn der Schnee getaut ist.«

»Hast recht. Scheiße, meine Skier waren gerade mal zwei Jahre alt.« Max schüttelte ärgerlich den Kopf.

»Und meine waren nagelneu, wie du weißt.« Josef zuckte resigniert mit den Schultern.

»Elende Sauerei. Wenn ich den Dreckskerl erwische! Der darf sich auf was gefasst machen.«

3

»Noch mal: Sie wollen mir also im Ernst erzählen, dass jemand inoffiziell im Dammkar gesprengt hat?« Der kurzgeschorene hellblonde Polizeiobermeister Lutz Becker mit den zahllosen Sommersprossen auf der Nase betrachtete die beiden Besucher aus der Stadt argwöhnisch aus seinen hellblauen Augen. Er schien gerade zu denken, dass da ja jeder kommen und irgendeinen Schmarrn behaupten konnte, und dann auch noch am Samstag, wo man per se keine Lust zum Arbeiten hatte.

»Es war genau so, wie wir es Ihnen gerade berichtet haben, bevor sie zum zweiten Mal an Ihr Telefon gegangen sind, Herr Becker«, erwiderte Max, den die behäbige Sturheit des großgewachsenen rundlichen Beamten auf der Mittenwalder Polizeiinspektion gerade zusehends nervte.

Sie waren um zwei Uhr zur Skischule am Bahnhof gefahren, um ihre Leihskier abzugeben und sich jeder ein Paar neue Bretter zu kaufen. Anschließend waren sie direkt von dort aus hergefahren, und seit einer guten halben Stunde versuchten sie nun schon dem begriffsstutzigen Polizisten mit dem teigigen Gesicht vor ihnen zu erklären, was passiert war.

»Aber inoffizielle Sprengungen sind verboten.«

»Ach, wirklich? Das beruhigt mich aber.«

Es reichte. Endgültig. Max bekam einen roten Kopf vor Ungeduld. Herrgott noch mal. So einen selten dämlichen Lahmarsch habe ich echt schon lang nicht mehr erlebt, fluchte er innerlich. Was ist denn bloß mit dem los? Die sind doch sonst immer voll auf Zack hier bei der Mittenwalder Polizei. »Ist der Herr Klotz da?«, fragte er, während er genervt von einem Fuß auf den anderen trat. Er kannte den 60jährigen Dienststellenleiter der Inspektion mit dem Nachnamen des berühmtesten Mittenwalder Geigenbauers seit etlichen Jahren vom Skifahren her. Einige sehr zünftige Hüttenabende hatten sie im Zuge dessen ebenfalls miteinander verbracht.

»Der Chef? Schon. Soll ich ihn holen?«

Herrschaftszeiten. Frag nicht lang und glotz nicht wie ein Auto, mach es einfach, du müde Trantüte. Das gibt es ja gar nicht. Haben sie dem etwa einen Liter Valium direkt in die Blutbahn gespritzt? »Das wäre sozusagen genial, Herr Becker.«

Max drehte sich kurz zu Josef um und verdrehte die Augen.

»Sagen Sie ihm, der Herr Raintaler aus München wäre da«, wandte er sich dann wieder an den Beamten hinter dem Empfangstresen. Seinen Tonfall dabei hätte man gut und gerne als von sehr weit oben herab bezeichnen können.

»Na gut.« Der Polizeiobermeister drehte sich gemächlich um und verschwand schlurfend durch die graue Tür im hinteren Bereich des Raumes.

»Hat der keine Lust oder ist er einfach nur zu blöd?«, raunte Josef Max zu.

»Wahrscheinlich beides«, zischte Max zurück und zuckte die Achseln. »Dem Dialekt nach kommt er auf jeden Fall nicht von hier, sondern aus Niederbayern.«

»Was soll das denn schon wieder heißen?«, entrüstete sich Josef auf der Stelle. »Da komm ich auch her. Also nicht ich, aber meine Eltern, das weißt du doch ganz genau. Bin ich etwa auch blöd?«

»Natürlich nicht, Josef. Ihr seid ein ganz anderer Schlag.«

Max grinste in sich hinein. Ihm war klar, dass er mit einem Spruch, der ohnehin nicht ganz ernst gemeint war, auf keinen

Fall einen künstlichen Konflikt mit Josef heraufbeschwören wollte.

»Na gut. Dann lasse ich es dir ausnahmsweise noch mal durchgehen. Aber überleg dir in Zukunft gut, was du sagst.« Josef schien wirklich beleidigt zu sein. Oder zog er das Ganze nur konsequent weiter ins Lächerliche?

»Logisch. Kein Problem.«

Trotz oder vielleicht gerade wegen der allgemein sowieso schon angespannten Lage, musste Max auf einmal lauthals loslachen. Josef stimmte unverzüglich ein. Also war er doch nicht beleidigt, Gott sei Dank. Max atmete erleichtert auf. Ein beleidigter Lebensretter hätte ihm im Moment gerade noch gefehlt.

Wenig später öffnete sich die graue Tür erneut, und der durchtrainierte, sonnengebräunte Rudi Klotz betrat mit forschem Schritt den Raum. »Ja, der Max! Servus. Auch mal wieder im Lande?«, rief er laut und kam zügig mit ausgebreiteten Armen auf die beiden Münchner zu. »Und einen gutgelaunten Freund hast du auch noch dabei.«

»Servus, Rudi, alter Sportler«, erwiderte Max, genau wie Josef immer noch über den Spruch mit den Niederbayern lachend. »Das hier ist der Josef Stirner. Du kennst ihn. Er war vor drei Jahr einmal dabei, als wir Ende März zusammen das Dammkar heruntergefahren sind.«

»Stimmt. Jetzt erinnere ich mich wieder. Servus, Josef. Schöner Schnurrbart. Neu?« Rudis dunkelgrüne Augen lugten wach aus seinem faltigen Gesicht mit dem grauen Dreitagesbart heraus.

»Servus. Nein, den hab ich eigentlich schon immer. Aber danke für die Blumen.« Josef hörte auf zu gackern, lächelte stattdessen geschmeichelt und schüttelte die ihm dargebotene kräftige Hand.

»Ihr habt ja richtig gute Urlaubslaune, Max. Was kann ich für euch tun, Männer? Lutz hat mir gerade etwas von einer inoffiziellen Sprengung und einer Lawine um kurz nach neun im Dammkar erzählt.« Er zeigte auf den antriebsarmen Polizeiobermeister Becker, der sich gerade wieder stöhnend in seinen bequemen Bürostuhl plumpsen ließ. »Stimmt das?«

»Und ob das stimmt, Rudi. Und die vermeintlich fröhliche Urlaubslaune ist eher auf unsere strapazierten Nerven zurückzuführen. Hier, das habe ich da oben gefunden.« Max, jetzt ernst dreinblickend, holte die Plastikfetzen, die er bei der Sprengstelle aufgesammelt hatte, aus seiner Anoraktasche und legte sie auf den Empfangstresen zwischen ihnen. »Am besten schaut ihr selbst auch gleich noch mal nach Spuren da oben.«

»Sprengstoff?« Rudi zog überrascht die Brauen nach oben. »Logisch schauen wir uns dort um. Ist euch was passiert?«

»Ich wäre garantiert erstickt, wenn Josef mich nicht ausgebuddelt hätte. Aber alles in allem haben wir beide noch mal Glück gehabt und nur unsere sauteuren Skier verloren. Ganz im Gegensatz zu den zwei junge Burschen aus eurem Ort, die mit uns oben waren. Die sind tot.«

Max blickte betreten zu Boden. Obwohl seit dem Unglück nun schon ein paar Stunden vergangen waren und sie das Dammkar inzwischen ein zweites Mal bezwungen hatten, steckte ihm der Schock immer noch in den Gliedern.

»Was? Davon hat Lutz gar nichts gesagt. Wer denn?« Rudis Mund blieb vor Entsetzen halb offen stehen.

»Hubert Hornsteiner und Rainer Dings, … äh, Staller. Haben euch die Bergwacht und das Krankenhaus denn noch nicht informiert?« Max sah überrascht auf.

»Hat jemand heute ein Gespräch vom Krankenhaus angenommen?«, fragte der Dienststellenleiter daraufhin laut in die Runde.

»Ich, Chef. Vorhin«, erwiderte Lutz unaufgeregt.

»Aha, und wieso weiß ich nichts davon?«

»Ich hatte es so verstanden, dass es da um einen Autounfall bei Scharnitz ging. Jedenfalls hat die Frau was von Scharnitz gesagt. Oder hat sie *gar nix* gesagt? Mist, weiß es nicht mehr.« Der Beamte legte den Zeigefinger an die Lippen und blickte nachdenklich zur Decke hinauf.

Herrschaftszeiten, dem sein Gehirn ist doch höchstens so groß wie eine Erdnuss. Max schüttelte ungläubig über soviel geballte Unfähigkeit in einer Person den Kopf.

»Aber weil die beiden sowieso tot waren, dachte ich, das geht uns weiter nichts an«, fuhr Lutz fort. »Scharnitz, Österreich, denen ihr Bier. Du weißt schon, Rudi. Kanntest du die Opfer etwa?« Er lief rot an.

Offensichtlich wurde ihm gerade bewusst, dass er einen Riesenfehler gemacht hatte. Denn dass der Chef jegliche Schlamperei auf den Tod nicht leiden konnte, war hier auf der Inspektion nicht erst seit gestern bekannt. Sogar der Münchner Max wusste das.

»Die kannte ich wohl. Sie sind beide mit meinem Jonas in die Schule gegangen. Aber die Bergwacht muss doch auch hier angerufen haben, Lutz?« Rudis Gesichtsausdruck verhieß nichts Gutes.

»Doch. Aber da waren der Herr Raintaler und sein Freund schon da und haben mir von der Lawine erzählt. Da hab ich dann gleich wieder aufgelegt.«

Lutz wagte es offenbar nicht mehr, seinen Chef anzusehen. Er hielt den Kopf leicht gesenkt und stierte geradeaus auf seinen Computerbildschirm. Für Max sah er dabei aus wie ein Kind, das meinte, unsichtbar zu sein, sobald es die Hände vor die Augen hielt.

»Gut, Lutz. Dann schnappst du dir jetzt den Hirlmaier und fährst mit ihm ins Dammkar rauf«, polterte der grauhaarige Dienststellenleiter los. »Intensive Suche nach weiteren Sprengstoffresten und eventuellen Spuren vom Täter. Blut, Haare, Stofffetzen und so weiter. Und zwar auf der Stelle und nicht erst nach der Kaffeepause. Hamma uns?«

Sein bellender Tonfall und sein strenger Blick ließen nicht den geringsten Zweifel daran, dass er stinksauer war.

»Muss ich wirklich, Chef? Ich hab doch diesen bösen Schnupfen zurzeit. Und dann in die Saukälte raus …« Lutz ahnte in seinem tiefsten Innersten wohl bereits, dass sein Protest umsonst sein würde. Trotzdem blinzelte er Rudi mitleidheischend ins sonnen- und windgegerbte Antlitz.

»Nix da. Du hast die Sache mit dem Krankenhaus verbockt, dafür darfst du jetzt ein bisserl frieren. Das tut deinem Schnupfen nur gut. Und deiner Hirndurchblutung sowieso.«

Rudi fuhr ärgerlich mit der Hand durch die Luft, ließ seinen arbeitsscheuen Untergebenen links liegen und wandte sich erneut Max zu. »Wo habt ihr das Zeug denn aufgeklaubt?« Er zeigte auf die Plastikstücke auf dem Tresen.

»Wenn man sich nach der Einfahrt in die *Stubn* knapp unterhalb der Felsen rechts hält, fährt man genau auf die Stelle zu, wo die Ladung hochgegangen sein muss.«

»Mitgekriegt, Lutz?«

»Ja, Chef.« Der Polizeiobermeister nickte dienstbeflissen. Er thronte dabei aber nach wie vor wie eine riesige Qualle in seinem Drehstuhl und machte nicht die geringsten Anstalten, sich daraus zu erheben.

»Na also, worauf wartest du dann noch? Deinen Schreib-kram kannst du später weitermachen.« Rudi zeigte unmiss-verständlich auf die Eingangstür.

»Alles klar. Jawohl.« Lutz schien zu merken, dass jede weitere Verzögerungstaktik zwecklos war. Er erhob sich langsam. »Sepp, kommst du? Wir sollen ins Dammkar rauf«, rief er seinem drahtigen kleinen Kollegen, der zwei Schreib-tische weiter hinten saß, zu.

»Ins Dammkar? Jetzt?«

»Ja, Spurensuche! Es soll dort eine inoffizielle Spren-gung gegeben haben.« Lutz zuckte mit den Achseln, als würde er die abenteuerliche Geschichte immer noch nicht glauben.

»Super. Pulverschnee, blauer Himmel und zwei Brettl unter den Füßen. Was will man mehr?« Sepp sprang freu-dig grinsend von seinem Schreibtisch auf und lief zur Tür. »Komm schon, Lutz! Schlaf nicht ein, alter Bernhardiner.«

»Und das hier schicke ich gleich ins Kriminallabor nach Garmisch, Max.« Rudi deutete erneut auf die Sprengstoff-reste. »Wollt ihr einen Kaffee? Einen feinen Cognac könnte ich euch auch anbieten auf den Schreck.«

»Von mir aus gern, Rudi.« Max blickte Josef fragend an.

»Cognac? Na gut. Wenn's schön macht«, stimmte der zu und grinste breit.

»Dann folgt mir doch bitte in mein kleines Reich. Da ist es bequemer als hier.« Rudi öffnete ihnen die graue Stahltür seitlich des Tresens für den Parteienverkehr und eilte einen breiten Flur entlang voraus. Max und Josef trabten im Gän-semarsch hinterher.

»Bitte setzt euch schon mal«, forderte sie der lebhafte Dienststellenleiter auf, nachdem sie in seinem kleinen, aber gemütlich eingerichteten Büro angekommen waren. Er deu-

tete dabei auf die mit dickem grauem Stoff bezogene Eck-
garnitur samt schwarzem Couchtisch schräg gegenüber von
seinem beigefarbenen Schreibtisch. »Ich hole uns schnell den
Kaffee. Irgendwelche Wünsche? Milch, Zucker?«

»Schwarz mit viel Zucker«, erwiderte Josef.

»Ohne alles, bitte«, sagte Max. Er wusste genau, wie
schädlich Zucker für die Bauchspeicheldrüse war.

»Bin sofort zurück.« Rudi rannte in Windeseile hinaus
und warf die Tür hinter sich zu.

Durch das Fenster seines Büros hatte man freien Blick auf
den Karwendel und die Viererspitze. Die Nachmittagssonne
ließ den Schnee und das Eis an ihren dem Ort zugewand-
ten Westflanken funkeln wie ein Meer aus weißen Brillan-
ten. Ganz oben, am Ende der Trasse der Karwendelbahn,
erkannte man, wenn man ganz genau hinsah, die Bergstation
und die rohrförmige Aussichtsplattform daneben.

»Schon schön hier in den Bergen«, murmelte Max halblaut. »Man könnte glatt Ehrfurcht vor der Schöpfung
bekommen. Wenn ich da an unser graues und matschiges
München denke …«

»Aber im Sommer ist unser München unschlagbar. Und
im Herbst zur Wiesnzeit auch«, widersprach ihm Josef. »Da
möchte ich hier oben, ehrlich gesagt, nicht tot über dem
Zaun hängen. Hier ist doch nichts los, außer ein paar Skifahrern und Wanderern.«

»Es muss auch nicht immer was los sein, Josef. Und wenn
du unbedingt ausgehen willst, fährst du halt nach Innsbruck
oder Seefeld. Oder nach Garmisch.«

Max gefiel sich gerade in der Rolle des stadtmüden Natur-
liebhabers, die normalerweise immer Monikas Part war,
während ihm andererseits völlig klar war, dass er, als gebo-
rener Münchner und Großstädter, die Enge eines kleinen

Ortes wie Mittenwald nicht lang aushalten würde. Obwohl es ihm hier als Tourist wirklich gut gefiel.

»Und dann bloß ein einziges Bier trinken, weil man mit dem Auto wieder heimfahren muss. Ja, so ein Schmarrn, Max. Das ist doch nicht lustig. Das ist langweilig hoch zehn.« Josef zwirbelte aufgebracht seine hochstehenden Bartenden.

»Mag alles sein. Aber schön ist es trotzdem hier.«

»Schön ist es auf jeden Fall.« Josef grinste. Er schien genau zu merken, dass er Max nicht von seiner Meinung abbringen würde, also zog er die Sache ins Lächerliche.

»Gerade die Berge.«

»Gerade die Berge. Aber gefährlich sind sie auch. Vor allem im Winter.« Josef hob mahnend den Zeigefinger. Er hörte auf zu grinsen.

»Absolut.«

Max blickte erneut über die steilen Felswände zur Gipfelstation der Karwendelbahn hinauf. Bis heute war das Dammkar seine Lieblingsabfahrt gewesen. Aber nach der Lawine und den zwei toten Burschen aus dem Ort sah er das anders. Nie wieder würde er dort hinunterfahren können, ohne an das Unglück, bei dem er vorhin fast selbst gestorben war, zu denken. Natürlich konnte er in Zukunft auf dem Kranzberg Ski fahren gehen. Die Wildenseehänge dort führten ebenfalls recht steil hinab. Aber mit dem Dammkar waren sie nicht zu vergleichen. Man stand viel zu schnell wieder unten in der Schlange am Schlepplift. Außerdem fehlten die beeindruckende Felskulisse drum herum und der Tiefschnee. Da fuhr man besser gleich weiter in die Axamer Lizum oder ins Kühtai bei Innsbruck.

»So, Herrschaften. Hier kommt der Kaffee.« Rudi war mit einem Tablett voller Tassen und Gläser zurück. »Ein paar Krapfen habe ich sogar auch noch für uns gefunden.«

Er stellte die Sachen auf dem Couchtisch ab, öffnete seinen Büroschrank und zauberte eine Flasche Rémy Martin daraus hervor. »Das ideale Frostschutzmittel für kalte Wintertage«, bemerkte er dazu grinsend.

»Perfekt.« Max trank einen Schluck Kaffee, während der Dienststellenleiter ihnen großzügig von dem Cognac einschenkte. »Was meinst du, Rudi? Hatten die beiden Jungs irgendwelche Feinde? Ist dir da etwas bekannt?«, fuhr er dann fort.

»Nicht, dass ich wüsste. Gut, sie waren beide für den DSV-Kader vorgesehen. Schon in der nächsten Saison sollten die ersten großen Rennen starten. Da gibt es bestimmt auch ein paar Neider im Umfeld. Aber deswegen jemanden ermorden? Ich weiß nicht recht.« Rudi biss ein großes Stück von dem Vanillekrapfen in seiner Hand ab.

»Es gab schon harmlosere Gründe für einen Mord«, wandte Max ein.

»Wohl wahr«, meinte Rudi mit vollem Mund. »Willst du als Münchner Exkommissar etwa die Ermittlungen aufnehmen?«

»Ich will mich auf keinen Fall in eure Arbeit einmischen. Aber wie du weißt, bin ich jetzt Privatdetektiv. Wenn du also einen inoffiziellen Berater mit viel Erfahrung in Mordsachen brauchen kannst, ich stünde die ganze nächste Woche zur Verfügung. Zur Not auch länger.«

Natürlich würde sich Max so oder so auf die Jagd nach dem Attentäter machen. Das hatte er sich bereits im Dammkar geschworen. Aber mit den einheimischen Behörden Hand in Hand zu arbeiten, konnte nur von Vorteil sein. Für beide Parteien.

»Das wäre sicher eine große Hilfe. Nur bezahlen können wir nichts. Normal wäre es ja auch Sache der Garmischer Kripo, wenn es wirklich Mord war.« Rudi hob bedauernd die Hände.

»Ums Geld geht es uns nicht.«

»Ach so. Na ja. Das wäre natürlich schon was, denn arroganten Garmischern einmal zu zeigen, was eine Harke ist.« Rudi runzelte unschlüssig die Stirn.

»Vielleicht kannst du Josef und mir als Gegenleistung nur eine günstige und gute Unterkunft besorgen, wo wir auch Damenbesuch empfangen können.«

»Damenbesuch?« Rudi machte große Augen.

»Nicht, was du denkst, Herr Klotz. Moni und ihre Freundin Annie wollen am Montag vorbeischauen.«

»Und Josef ist dein Assistent? Kriminalistisch gesehen natürlich.«

»Logisch. Josef ist mein Dr. Watson.«

Alle drei lachten.

»Aber lenken euch eure Damen nicht von der Arbeit ab?« Rudi nahm seinen Cognacschwenker zur Hand, um mit ihnen anzustoßen.

»Moni kann uns eher nützlich sein. Sie hat schon immer ein Näschen für rätselhafte Fälle«, erwiderte Max. »Und Annie stört nicht weiter.«

»Na gut. Wie ihr meint. Aber wenn es wirklich Mord war, muss ich die Garmischer dazuholen. Leider. Egal. Wir haben ein großes Ferienappartement beim Kurpark hinten. Das könnt ihr haben. Natürlich kostenlos. Drei Doppelzimmer, Wohnzimmer und Küche. Soweit ich weiß, ist es erst in einer Woche wieder belegt. Sind ja keine Ferien zurzeit.«

»Perfekt«, freute sich Max. »Josef könnte sich unser teures Hotel mit seinem Vermögen bestimmt auch zwei Jahre lang leisten. Aber ein armer Pensionär wie ich ist froh um jeden Cent, den er spart.«

»Armer Max.« Josef verzog süffisant die Mundwinkel. »Ich lasse dich ganz bestimmt nicht verhungern, wenn dir deine diversen Erbschaften, deine Honorare als Detektiv und Musiker und die satte Pension von Vater Staat einmal nicht mehr ausreichen sollten.« Übertrieben fürsorglich dreinblickend legte er seine Hand auf Max' Unterarm.

»Verarsch mich nur weiter, Watson. Du wirst schon sehen, was du davon hast.« Max musste grinsen.

Natürlich hatte sein Freund recht. Was er gerade von sich gegeben hatte, war nichts anderes als Jammern auf sehr hohem Niveau gewesen. Schließlich gab es genug Arbeitslose, die mit Hartz IV klarkommen mussten. Da geschah es ihm nur allzu recht, dass er hochgenommen wurde.

»Einen Schwaben im Schottenrock?«, schoss Josef einen weiteren Treffer aus der Hüfte. »Das bist du doch jetzt schon.«

Sie lachten erneut. Dann schlürften sie genüsslich den ersten Schluck von ihrem Rémy.

»Reicht es euch, wenn ihr das Appartement morgen bekommt?«, fragte Rudi, nachdem er sein Glas wieder abgestellt hatte. »Dagmar muss erst noch die Betten beziehen und so weiter.«

»Logisch. Wir haben unser Hotel sowieso bis morgen gebucht. Was meinst du, Watson?«

»Na klar.«

»Wo gab es die Neider? Hier im Skiklub? Im Ort?«

Max kam ohne Umschweife wieder zum Thema. Das hier war nun nicht mehr nur seine persönliche Angelegenheit. Er fungierte auch noch als Berater der örtlichen Ermittlungsbehörde, und das hieß, dass die Sache unbedingt zu einem befriedigenden Ende gebracht werden musste. Nicht mehr und nicht weniger war er seinem Ruf als erfolgreicher ehemaliger Hauptkommissar bei der Münchner Kripo schuldig.

»Schwierig zu sagen.«

»Denk nach.«

»Na gut. Zum Beispiel der Sohn vom Ruppert Reiter, einem unserer Skiklubtrainer, der Georg Reiter war auf jeden Fall sauer auf den Rainer Staller. Erstens hat der Rainer ihm ganz knapp den Platz im DSV-Team weggeschnappt, und dann war da wohl auch noch so eine Geschichte wegen Georgs Freundin, der Sylvie Maurer. Unser Jonas hat mir das mal erzählt.«

»Was war da genau los?« Max sah den Dienststellenleiter neugierig an. War das etwa bereits eine erste Spur?

»Da muss ich den Jonas nach Feierabend noch mal fragen, Max. Der geht mit den Jungs aus dem Skiklub und Sylvie ins Gymnasium in Garmisch. Oder ihr schaut auf dem Weg in euer Hotel bei uns daheim vorbei und sagt der Dagmar grüß Gott. Dann kannst du meinen Filius gleich persönlich sprechen.«

»Das machen wir. Was meinst du, Josef?« Max schlug ihm kameradschaftlich auf die Schulter.

»Ich würde lieber ins Hotel fahren. Wäre nicht schlecht, wenn ich endlich aus den nassen Skiklamotten rauskomme. Mich friert es inzwischen nur noch.« Josef zeigte auf die riesigen Wasserflecken auf seinem Anorak.

»Wo du recht hast, hast du recht, alter Freund. Lass uns aufbrechen, bevor wir krank werden. So eine Erkältung ist schneller geholt, als einem lieb ist.« Max deutete auf seinen eigenen durchnässten Skianzug. »Dagmar können wir auch morgen noch begrüßen. Stimmt's, Rudi? Könntest du deinen Jonas also derweil doch selbst befragen?« Er trank seinen Cognac aus und machte Anstalten, aufzustehen.

»Logisch. Aber habt ihr auch schon mal daran gedacht, dass der Anschlag euch gegolten haben könnte, wenn es denn wirklich einer war?«, gab Rudi zu bedenken.

»Ja«, antwortete Max ohne zu zögern.

»Und?«

»Mir persönlich fallen ungefähr 20 Leute ein, die mich theoretisch dermaßen hassen könnten, dass sie mir bis ins Dammkar folgen. Aber das muss nichts heißen.« Max legte nachdenklich die Stirn in Falten. »Vielleicht war es auch jemand, der etwas gegen Josef hatte. Oder ein Fanatiker, der die bedrohte Natur in den Bergen schützen will. Oder wirklich ein Versehen. Keine Ahnung.« Er zuckte die Achseln. »Finden wir es heraus.«

»Treffen wir uns am Abend im *Alten Wirt* im Gries hinten?«, schlug Rudi vor, während sich alle erhoben und gegenseitig die Hände schüttelten.

»Um acht?« Max sah ihn fragend an.

»Ich bin da.«

»Josef?« Max drehte sich zu seinem Freund um.

»Logisch. Aber eines würde mich schon noch interessieren. Das geht mir schon die ganze Zeit im Kopf herum.«

»Was denn?« Max, der gerade im Begriff war, die Tür zu öffnen, blieb stehen.

»Wir waren mit dem Bergbahnangestellten zusammen nur zu fünft in der ersten Gondel, und das Restaurant in der Bergstation oben hat noch zugehabt. Wie konnte der Attentäter dann vor uns im Dammkar sein? Denn eines ist klar: Er muss vor uns dort gewesen sein.«

»Das ist eine verdammt gute Frage, Watson.«

4

»Ein Helles bitte, Moni.« Max' bester Freund seit Kindertagen und Exkollege bei der Kripo, Hauptkommissar Franz Wurmdobler saß, wie neuerdings fast jeden Samstag um 18 Uhr, in *Monikas kleiner Kneipe* und bestellte sein erstes wohlverdientes Wochenendbier. Seine Frau Sandra besuchte seit ein paar Wochen um diese Zeit einen Kochkurs bei einem Sternekoch. Somit bot sich der regelmäßige Lokaltermin hier bei Monika geradezu zwingend für ihn an.

»Kommt sofort, Franzi«, erwiderte Max' ausnehmend hübsche, dunkelhaarige Freundin. Sie schenkte ihm ein Lächeln, wie nur sie es zustande brachte. Warmherzig und bezaubernd zugleich.

Sie hatte gerade erst aufgesperrt. Außer dem kleinen kugelrunden Hauptkommissar mit der glänzenden Glatze waren Anneliese und zwei weitere trinkfeste Stammgäste, Bertold und Ferdl, vor der Tür gestanden, die beide noch vor Franz ihr Bier bestellt hatten, weil der zuerst einmal unbedingt die Toilette aufsuchen musste. Anneliese ging um den Tresen herum und stellte sich neben Monika. Sie war wieder einmal vorbeigekommen, um ihrer besten Freundin zu helfen, denn erfahrungsgemäß würde das beliebte Lokal in der Nähe des Tierparks schon bald wie jeden Samstagabend aus allen Nähten platzen.

»So, bitte sehr, Herr Wurmdobler. Dein Bier.« Sie stellte das ansehnlich gefüllte Glas mit der schönen weißen Schaumkrone vor ihm auf den Tresen. »Lass es dir schmecken.«

»Danke, Moni«, erwiderte Franz mit einem zufriedenen Grinsen. »Ach ja, wenn ich dich nicht hätte.«

»Dann hättest du garantiert eine andere Stammkneipe, wo man dir dein Lieblingsgetränk serviert.« Sie lachte fröhlich.

»Auch wieder wahr.« Er stimmte wampewackelnd in ihr Lachen ein. »Prost!«

»Prost, Franzi.« Monika zwinkerte ihm noch einmal freundlich zu. Dann drehte sie sich zu Anneliese um, die gerade dabei war, frische Gläser neben dem Zapfhahn zu platzieren. »Montag Mittenwald? Was meinst du? Bist du dabei, Annie?«

»Wie? Was?« Anneliese riss überrascht die Augen auf.

»Max und Josef sind in Mittenwald beim Skifahren. Und Max hat gefragt, ob wir die beiden am Montag, wenn hier Ruhetag ist, besuchen wollen.«

»Am Montag, sagst du? Da wollte ich eigentlich zum Friseur.« Anneliese schüttelte ihren adretten blonden Pagenkopf.

Wie oft eigentlich noch?, fragte sich Monika. Die geht doch sowieso schon jede Woche am Mittwoch. Wenn sie so weitermacht, hat der Friseur bald nichts mehr zu schneiden. »Ach komm, Annie. Friseur ist langweilig. Außerdem haben die montags zu. Wir fahren von Mittenwald aus nach Leutasch oder Seefeld zum Langlaufen und abends schön zum Essen gehen, und danach schauen wir noch ins Casino in Seefeld. Das wird eine Mordsgaudi.« Monika faltete die Hände und schüttelte sie wie eine Italienerin vor ihrer Brust.

»Mein Friseur kommt zwar zu mir nach Hause. Auch am Montag. Aber das klingt echt nach einem perfekten Plan.«

»Also bist du dabei? Ja oder nein.«

»Na gut. Ich bin dabei. Ich schicke meinem Starfigaro eine SMS und sage ab. Er wird zwar beleidigt sein, aber egal.«

»Super. Darauf mach ich uns erst mal einen schönen Weißwein auf.« Monika strahlte vor Freude, bückte sich und nahm einen Grauburgunder aus der Kühlung. »Den habe ich bei einem kleinen, aber sehr feinen Winzereibetrieb gekauft, als ich im Sommer mit Max im Wanderurlaub war«, erklärte sie ihrer Freundin, während sie den Korkenzieher in den Flaschenhals schraubte. Sie wusste um Annelieses Schwäche für guten Weißwein, und das hier war wirklich ein ganz besonderer Tropfen aus einer ganz besonderen Umgebung. Er kam aus der südlichen Steiermark, aufgrund ihrer weiten Hügellandschaft und des großflächigen Weinanbaus in fast mediterranem Klima auch die steirische Toscana genannt.

»Bleiben Max und Josef die ganze Woche dort unten?«

»Ja. Max will ein Lawinenunglück aufklären.« Monika zog den hellbraunen Naturproduktverschluss, der heutzutage auf dem besten Weg war, immer mehr vom einfachen Schraubverschluss oder vom bierflaschenüblichen Kronkorken verdrängt zu werden, mit einem lauten *Blopp* aus der Flasche.

»Ein Lawinenunglück? Was gibt es daran denn aufzuklären?« Anneliese zog erstaunt die Brauen hoch.

»Jemand scheint die Lawine absichtlich ausgelöst zu haben.«

»Und was hat Max mit der Sache zu tun?«

»Er und Josef wurden dabei verschüttet.«

»Um Himmels willen!« Anneliese schlug erschrocken die Hände vor den Mund. »Ein Attentat? Und da kannst du so ruhig bleiben?«

»Es geht ihnen gut. Kommst du trotzdem mit? Beim Langlaufen im Flachen werden wir schon nicht von einer Lawine erwischt werden.« Monika lächelte immer noch, aber ihre Augen blieben ernst. Ganz so ruhig, wie Anneliese dachte, war sie auf jeden Fall nicht.

»Doch, ich bin dabei. Das ist ja irgendwie auch … spannend. Hoffentlich wird es nicht zu gefährlich.« Anneliese nahm aufgeregt das gefüllte Glas mit der goldgelben Flüssigkeit darin entgegen, das ihr Monika gerade reichte. Dann stießen sie an.

»Das hoffe ich auch. Prost!« Sie tranken.

»Ah, herrlich! Dafür lasse ich jeden italienischen Pinot Grigio stehen«, vermeldete Monika genießerisch mit der Zunge schnalzend, nachdem sie ihr Glas wieder abgestellt hatte.

»Stimmt. Der ist echt gut«, pflichtete ihr Anneliese mit dem selbstbewussten Blick der Kennerin bei.

»Was hast du da eben von Max erzählt, Moni?« Franz war gerade draußen gewesen, um eine Zigarette zu rauchen. Nun stand er schon eine Weile vor ihnen, ursprünglich in der Absicht, sein nächstes Bier bei Monika zu bestellen, und hatte gezwungenermaßen mitgehört.

»Er ist anscheinend einem Lawinenattentat zum Opfer gefallen. Also, natürlich nur fast. Er lebt ja noch. Aber zwei junge Mittenwalder sind dabei gestorben. Max und Josef haben sie ausgegraben.«

»Ein Anschlag? Aber da braucht er doch sicher Hilfe.«

»Du kennst doch den Max, Franzi. Bis der nicht mit seinem Dickschädel ein paar Mal gegen eine Wand gelaufen ist, bittet er niemanden um etwas.« Monika rollte mit den Augen.

Anneliese nickte zustimmend. Sie kannte Max ebenfalls lang genug, um zu wissen, wie recht Monika hatte.

»Dabei kann ich ihm doch bestimmt helfen.« Franz schüttelte langsam den Kopf. »Vielleicht ist der Täter sogar in München zu suchen. Ein ehemaliger Krimineller, den er gefasst hat, zum Beispiel. Von denen laufen hier genügend herum.«

»Ich sage es ihm auf jeden Fall am Montag. Aber du kannst ihn natürlich auch gern anrufen.« Monika zeigte auf ihr Telefon.

»Das muss er schon selbst machen. Ich möchte mich niemandem aufdrängen.« Franz hielt ihr sein leeres Glas hin.

Leicht verschnupft ist er wohl schon darüber, dass ihn sein alter Freund und Exkollege nicht von der Sache mit der Lawine verständigt hat, ahnte Monika. Aber mehr bestimmt nicht. Das wäre auch übertrieben gewesen. Außerdem würde er Max sowieso nicht lang böse sein können.

»Hast recht, Franzi. Ich schätze mal, dass er sich früher oder später sowieso bei dir melden wird. Irgendwas braucht er doch immer von dir.« Sie schenkte ihm eine neues Bier ein und reichte es ihm über den Tresen.

»Stimmt. Habe ich mir auch gerade gedacht. Prost, ihr zwei Hübschen.« Franz stieß mit Monika und Anneliese an, trank einen Schluck und kehrte dann zu seinem Barhocker zurück.

Neue Gäste kamen. Anneliese und Monika stellten ihre Gläser ab und machten sich an ihre Arbeit. Der weitere Abend verlief angenehm harmonisch wie immer hier in *Monikas kleiner Kneipe*. Es wurde getratscht und getrunken, was das Zeug hielt, man lachte über alberne Witze und genoss es einfach, dass man mit anderen zusammensitzen oder -stehen konnte und morgen früh auf jeden Fall ausschlafen würde, weil Sonntag war. Alles war bestens. Bis ein gerade mal einen 1,60 Meter großer, schwarzgekleideter Mann mit einem dunklen Vollbart zur Tür hereinkam. Ohne zu grüßen, trat er an den Tresen und bestellte ein Bier bei Monika. Die bemerkte seine seltsame Ausstrahlung erst, als er ihr dafür einen Zehneuroschein auf den Tresen legte und mit finsterem Blick »Der Rest ist für Sie, Madame« knurrte.

»Oh, vielen Dank, der Herr«, stieß sie erstaunt hervor. Mit dem stimmt doch was nicht, dachte sie gleichzeitig. Wie konnte man nur so böse dreinschauen. Hatten sie ihm etwa sein Auto gestohlen, oder was? Egal. Auf diesem Planeten stolperten so viele durchgeknallte Zeitgenossen herum, dass man sich unmöglich um jeden Einzelnen von ihnen kümmern konnte. Da wurde man ja nie fertig.

»Bedanken Sie sich nicht zu früh, Frau Schindler.« Er trank von seinem Bier und wischte sich danach mit dem Handrücken den Mund ab.

»Woher kennen Sie meinen Namen?«, erkundigte sie sich noch eine Spur erstaunter als gerade eben.

»Ich kenne Sie alle. Herrn Wurmdobler da drüben, Herrn Raintaler, Herrn Stirner und Frau Rothmüller natürlich auch.« Er deutete mit dem Kopf in Annelieses Richtung. »Alle Freunde von Max Raintaler kenne ich, sogar diesen Gitarristen, mit dem er ab und zu auftritt, diesen Mike Huber und seine verrückte Freundin Jane. Und seinen dicken Tennispartner Heinz Brummer natürlich. Alle kenne ich. Alle! Alle, alle, alle! Ha! Da schauen Sie aber blöd aus der Wäsche, Frau Schindler, was?« Er stampfte wie ein angeschossenes Rumpelstilzchen mit dem rechten Fuß auf den Boden, schlug mit den Fäusten ein paar Löcher in die Luft und fixierte sie anschließend mit einem irren Blick.

Monika hatte schon viele schräge Typen in ihrem Lokal erlebt, die alle miteinander eine saubere Klatsche gehabt hatten, aber er gehörte, was den Grad seines Wahnsinns betraf, eindeutig der Spitzengruppe an. Zunächst stand sie nur mit offenem Mund da. Dann löste sich ihre Schockstarre langsam und sie rief Franz und Anneliese herbei.

»Was gibt's Moni? Ärger?« Franz, der mit seinem Bier in der Hand zu ihnen gekommen war, betrachtete den finsteren Bartträger, der sich gerade mit beiden Händen am Tresen festhielt und gefährlich fauchte und brummte, als wollte er einen Löwen oder Bären imitieren.

»Ich kenne dich! Du heißt Wurmdobler!«, brüllte er Franz unvermittelt ins Gesicht.

»Und wer bist du?« Franz betrachtete ihn wie ein Insektenforscher, der eine Spezies begutachtete, die er noch nie zuvor gesehen hatte.

»Ich bin der *Zorn Gottes*! Ha! Da schaut ihr, was?« Das Männchen spuckte auf den Tresen, um gleich darauf einen markerschütternden spitzen Schrei von sich zu geben. »Gurrte die Taube!«, rief er dann. »Gurrte das Schneehuhn! Sprach die Gans! Die Gans von Hans Gans.« Er sprang dabei mit gefährlich gerötetem Gesicht wie beim Sackhüpfen vor dem Tresen auf und ab.

»Wenn du mich fragst, hat der nicht alle Latten am Zaun, Moni.« Franz schüttelte nur mitleidig den Kopf. »Wir sollten eine Streife rufen, die ihn auf seine Stube in Haar draußen zurückbringt.«

»Finde ich auch«, stimmte ihm Anneliese zu. »Der kann alles Mögliche genommen haben. Vielleicht ist er sogar gefährlich. Außerdem stört er.«

»Ich störe eure Ruhe? Ich störe? Was? Wirklich? Na super. Genau das will ich nämlich. Euch stören. Ha! Stören, stören, stören!« Der selbsternannte *Zorn Gottes* sprang auf der Stelle, holte eine Trillerpfeife aus seinem schwarzen Anorak, hängte sie sich um den Hals und begann im Takt seiner Luftsprünge darauf zu pfeifen.

Wenn es nicht so traurig wäre, sollte man eigentlich laut lachen, dachte Monika kurz. »Ich glaube, ihr habt recht«, wandte sie sich dann an Franz und Anneliese. »Komisch. Er hat gesagt, er kennt alle Freunde von Max. Und jetzt führt er sich auf wie ein Irrer. Und das alles ausgerechnet heute. Vielleicht hat er ja etwas mit der Lawine im Dammkar zu tun?«

Da war sie wieder, die Hobbydetektivin in ihr, die Max immer wieder mal auf die richtige Spur brachte, wenn er nicht weiter wusste. Was aber zugegebenermaßen nicht jedes Mal der Fall war.

»Ich bin die Lawine, Frau Schindler! Ich bin die Lawine des Bösen und ich fege das Gute von der Erdoberfläche, genau wie Max Raintaler und alle seine Freunde. Und den Schnupfen fege ich ebenfalls hinfort.« Der durchgedrehte Bursche hatte offenbar Ohren wie ein Luchs. Er blieb stehen und schaute drein wie ein fanatischer Prophet des Bösen, der soeben den nächsten Weltuntergang verkündet hatte.

»Wieso denn den Schnupfen?« Franz sah Monika ratlos an. Er verstand überhaupt nichts mehr. Andererseits, was gab es da noch groß zu verstehen?

»Ich rufe eine Streife, Franzi.« Monika drehte sich zur Wand um, nahm entschlossen ihr Telefon aus der Halterung und wählte den Notruf.

»Du bist der Schlimmste, Wurmdobler«, konzentrierte sich der *Zorn Gottes* derweil auf Franz. »Du bist ein fader Furz im Wind. Ein Fettmoppelklops. Ha! Du trinkst zuviel Alkohol und du rauchst zu viel. Furz im Wind! Und fast so klein wie ich bist du auch! Ällabätsch! Nä, nä, nä, nä, nä, nä!« Er zeigte Franz eine lange Nase.

»Kommt die Streife bald, Moni? Sonst hau ich dem Deppen hier gleich eine rein, dass er sich nicht mehr kennt. Es reicht langsam mit dem Schmarrn.« Franz lief rot an vor Ärger. Vorsichtshalber stellte er schon mal sein Bier auf dem Tresen ab. Woher weiß der Verrückte das eigentlich alles?, fragte er sich währenddessen. Hatte er sie etwa alle beobachtet? Aber warum? Hatte Monika recht und er wollte Max ans Leder? Oder ihnen allen?

»Nur die Ruhe. Sie sind gleich da.«

Eine Schlägerei hätte Monika gerade noch zu ihrem Glück gefehlt. Sie hängte das Telefon wieder ein und schenkte dem aufgebrachten Hauptkommissar einen doppelten Beruhigungsschnaps ein. »Hier, trink den erst mal.«

»Danke.« Er nahm das Stamperl entgegen und leerte es in einem Zug. Als er es auf dem Tresen abstellte, bemerkte er, dass der kindische Spottgesang neben ihm aufgehört hatte. »Wo ist er denn auf einmal hin?«

»Wer?«, erwiderte Monika.

»Na, der spinnerte *Zorn Gottes*.«

»Keine Ahnung. Gerade war er doch noch da.« Monikas verwirrter Blick glich dem von Franz wie ein Ei dem anderen. »Hast du den Verrückten rausgehen sehen, Anneliese?«

»Nein, ich habe gerade zwei Bier eingeschenkt. Ist er etwa weg?«

»Sieht ganz so aus.« Franz kniff nachdenklich die Augen zusammen und kratzte sich ausgiebig am Hinterkopf. »Ich schaue mal vor die Tür.« Er eilte hinaus, war aber keine fünf Minuten später wieder zurück. »Hat keinen Sinn. Draußen hat ein wildes Schneegestöber angefangen. Ich habe nicht die geringste Spur von ihm gesehen.«

»Aber er war doch hier. Das haben wir uns doch nicht eingebildet, oder?« Monika zweifelte bereits an ihrem Verstand. »Du hast den Kerl doch auch gesehen, Annie?«

»Sicher. Genau wie die anderen Gäste am Tresen«, erwiderte sie. »Stimmt's?«, fragte sie in die Runde.

»Logisch habe ich den Verrückten gesehen«, meinte ein älterer Herr im feinen dunklen Anzug, der sich genau wie der *Zorn Gottes* hierher verirrt haben musste. Zumindest passte er von seinem exklusiven Outfit her absolut nicht in die Runde. Außerdem kannte ihn niemand der Anwesenden.

»Logisch, sowieso, der war da, auf jeden Fall«, hob daraufhin ein allgemeines zustimmendes Gemurmel an.

»Na, dann bin ich aber froh. Die nächste Runde geht aufs Haus, Freunde!« Monika zwinkerte Franz erleichtert zu.

»So wirst du aber auch nicht reich«, meinte der trocken. »Was wollte der Kerl bloß von uns?«

»Das, wenn ich wüsste. Keine Ahnung. Ich erzähle Max auf jeden Fall am Montag von ihm. Vielleicht kennt er ihn von irgendwoher.«

»Verdammt, ich hätte ein Foto mit dem Handy von ihm machen sollen.« Franz schlug ärgerlich mit der flachen Hand auf den Tresen. »Und so was will ein Profi sein.«

»Passt schon, Franzi. Ich hab mir sein Gesicht genau gemerkt. Ich bin eine geschulte Beobachterin, schließlich kenne ich dich und Max schon seit ein paar Tagen.« Sie spielte auf ihre fast 30-jährige, mehr oder weniger gemeinsame Vergangenheit an, während der Max und Franzi über lange Zeit hinweg zusammen bei der Kripo gewesen waren. Viel Schönes, aber auch jede Menge Schmarrn hatten sie alle dabei bisher durchgemacht.

»Ich rufe Max sicherheitshalber gleich an und warne ihn. Es kann doch gut sein, dass dieser Verrückte hinter ihm her ist. Vielleicht war das mit der Lawine bloß der Anfang.« Franz hatte offenbar ein denkbar ungutes Gefühl bei der Sache. Der *Zorn Gottes* schien bei ihm den Eindruck hinterlassen zu haben, als wäre ihm alles zuzutrauen.

»Schaden kann das sicher nicht«, erwiderte Monika und trat vor den Zapfhahn, um Anneliese abzulösen, die dringend einmal wohin musste.

»Ach übrigens. Das passt jetzt vielleicht nicht so ganz dazu.« Franz kam ihr auf der Vorderseite der Theke hinterher. »Aber kennst du den? Kommt ein Mann zum Psychiater …«

»Bitte keinen von deinen schlechten Witzen, Franzi. Gnade!«

»Wirklich nicht?«

»Nein.«

»Wieso denn nicht?«

»Weil schlechte Witze nerven.«

»Na gut. Wer nicht will, der hat schon.« Er warf eingeschnappt den Kopf zurück.

»Danke!«

»Obwohl der wirklich genial ist«, versuchte er es ein weiteres Mal.

»Glaube ich nicht.«

»Frechheit. Du weißt ja gar nicht, was du verpasst, Moni. Aber gut. Ganz wie die Dame meint.« Er kehrte leicht pikiert zu seinem Platz zurück, fummelte sein Handy aus der Hosentasche und wählte Max' Nummer.

5

»Geh, sei so gut und mach uns noch drei Halbe und drei Obstler, Sandy.« Rudi rief der Kellnerin die Bestellung mit lauter Stimme quer durch den *Alten Wirt* im Mittenwalder Ortsteil Gries zu. Er zeigte dabei mit dem Finger auf ihre fast leeren Gläser.

Seit einer guten halben Stunde saß er nun schon mit Max und Josef, die beide sehnsüchtig auf ihr Essen warteten, an dem Tisch direkt neben dem riesigen Kachelofen. Rudi hatte bereits zu Hause mit Dagmar und Jonas zu Abend gegessen und konnte sich somit voll und ganz auf den Getränkenachschub konzentrieren.

»Die Schnellsten sind die nicht gerade da herinnen«, beschwerte sich Josef. Er hatte einen mörderischen Hunger nach dem aufregenden Tag. Vor lauter Verzweiflung über die langsame Küche zwirbelte er die Enden seines weit abstehenden Schnurrbartes, als würde er dafür Akkordlohn bekommen.

»Das kannst du laut sagen«, stimmte Max ein, dem der Magen ebenfalls bis in die Kniekehlen hing. Hoffentlich bekomme ich keinen Unterzucker, dachte er. Da liegst du nämlich ruck zuck auf der Nase. Das ist alles andere als lustig.

Aber ein schönes Lokal war es trotzdem. Dunkle Holzvertäfelung rundherum, gedämpftes Licht aus guterhaltenen alten Lampen und massive Wirtshaustische, an denen man wie früher, vor der Entstehung der Designerlokale, gemütlich auf ebenso stabilen Stühlen saß. Seit sie hereingekommen waren, faszinierten Max die vielen Bilder und Fotografien an den Wänden. Alle möglichen Tiere des Waldes sowie Bergsteigermotive und Persönlichkeiten des Ortes waren darauf zu sehen. Die Mauernischen vor den Fenstern hatte jemand liebevoll mit Blumengestecken und Tannenzweigen geschmückt, und eine üppige Faschingsdekoration war ebenfalls vorhanden.

Moment mal. War nicht letzte Woche Kehraus gewesen? Doch, doch. Ganz sicher. Max wusste es, weil er am Aschermittwoch, also letzten Mittwoch, mit Monika in der Münchner Innenstadt beim traditionellen Fischessen gewesen war. Die Mittenwalder und ihre Gäste hatten hier drinnen bestimmt gefeiert und getanzt, was das Zeug hielt. Sogar eine kniehohe Bühne für die Kapelle hatte man in der Mitte des Saales zusammengezimmert. Aber wollte man das jetzt etwa alles bis nächstes Jahr stehen lassen? Nach dem langen Warten aufs Essen war er geneigt, es den Wirtsleuten zuzutrauen.

»Haltet nur noch ein paar Minuten durch. Es lohnt sich, Männer. Glaubt es mir.« Rudi grinste sie gerade bestimmt zum sechsten Mal, seit sie hier saßen, ermutigend an.

»Du hast gut reden, Rudi. Du hast dein Essen schon gehabt.« Max nahm das volle Bierglas entgegen, dass ihm die blonde, blauäugige Kellnerin aus Dresden hinüberreichte. »Aber wenigstens sind sie nett hier drinnen.« Er lächelte sie breit an. Und verdammt gut ausschauen tun sie auch, dachte er weiter, während er flüchtig den großzügigen Ausschnitt ihres Dirndls streifte.

Sandy lächelte freundlich zurück. »So, bitte schön, die Herrschaften. Das Essen kommt in zwei Minuten.«

»Ihr Wort in Gottes Ohr, schöne Frau«, meinte Josef, während sie zu guter Letzt noch die Schnäpse auf den Tisch stellte.

»Jetzt hör halt endlich mit dem Zwirbeln auf, Herr Stirner. Das macht einen ganz nervös.« Max hielt seinen Zeigefinger vor den Mund, in der Hoffnung, seinen Freund damit zur Ruhe zu bringen.

»Wenn ich Hunger habe, muss ich meinen Bart zwirbeln. Das war schon immer so. Zumindest seit ich einen Bart habe. Weißt du doch, Max.«

»Stimmt.« Lass es gut sein, Raintaler. Der hört erst auf, wenn er etwas zum Kauen zwischen die Kiemen kriegt. »Übrigens, das habe ich euch noch gar nicht erzählt. Franzi hat mich vorhin auf meinem Zimmer angerufen. Du weißt schon, Rudi. Mein Exkollege bei der Kripo, Hauptkommissar Wurmdobler. Er ist immer noch bei dem Laden. Ich hab dir schon mal von ihm erzählt. Erinnerst du dich?«

Rudi nickte. Max hatte es bisher noch bei keinem seiner Mittenwaldbesuche versäumt, ihm lang und breit von seinem besten Freund seit Kindertagen, dem nichtskifahrenden Franz Wurmdobler zu erzählen.

»Das freut uns, Max. Geht es ihm gut? Vermisst er dich?«

Josef konnte sich ein freches Grinsen nicht verbeißen. Wie alle engeren Freunde von Max wusste er genau, dass Max und Franz so gut wie unzertrennlich waren und so oft wie möglich die Köpfe zusammensteckten. Sowohl beruflich als auch privat. Man hätte fast eifersüchtig auf die beiden sein können, wenn man nicht gewusst hätte, dass das ein rechter Schmarrn gewesen wäre. Noch dazu unter erwachsenen Männern.

»Depp. Im Ernst, er hat mir von einem Verrückten in Monis Kneipe erzählt, der uns alle vom Namen her kannte und blöde Bemerkungen gemacht hat.«

»Kannte er mich auch?«, erkundigte sich Rudi erstaunt.

»Nein. Bloß meine engsten Münchner Freunde wie unseren Josef hier zum Beispiel.« Er zeigte auf sich selbst und Josef.

»Aber Verrückte laufen doch nicht erst seit gestern in irgendwelchen Kneipen rum.« Josef nahm sein Glas hoch und trank, mit der freien Hand weiterzwirbelnd, einen großen Schluck Bier. Wenigstens verdursten ließen sie einen hier nicht, wenn es schon kein Essen gab.

»Stimmt. Doch der muss einen besonderen Vogel gehabt haben. Er hat sich der *Zorn Gottes* genannt und laut Franzi gemeint, er würde uns alle von der Erdoberfläche fegen. Und den Schnupfen auch.« Max schüttelte nur den Kopf.

»Der *Zorn Gottes*? Ich hau mich weg.« Josef, der inzwischen mit dem Trinken fertig war, hielt sich den Bauch vor Lachen. »Und was soll das mit dem Schnupfen? Kapiere ich nicht. Ein weltverbesserischer Hals-Nasen-Ohren-Arzt vielleicht?«

»Möglich.« Max musste auch lachen. »Aber merkwürdig ist das schon.«

»Aber echt.« Josef schüttelte ungläubig den Kopf.

»Ich verstehe das mit dem Schnupfen auch nicht.« Rudi musste ebenfalls schmunzeln. Er nahm seinen Obstler und trank ihn auf Ex. Dann sprach er weiter. »Du meinst doch nicht, dass er etwas mit der Lawine zu tun hat, Max? Er ist doch in München.«

»Schon. Aber war er das heute Morgen auch? Er braucht doch gerade mal 90 Minuten von hier aus dorthin. Vorausgesetzt, die Straßen sind frei. Wie jeder andere im Übrigen auch.«

Max tippte mit dem Finger auf die neue Armbanduhr, die er sich letzte Woche bei Karstadt am Nordbad geholt hatte. Günstig, aber mit einem sehr übersichtlichen weißen Zifferblatt und schwarzen Zeigern. Fast wie eine kleine Bahnhofsuhr. Da er inzwischen bereits für die kleineren Schlagzeilen der Tageszeitung eine Lesebrille brauchte, konnte er so die Uhrzeit mit bloßem Auge wenigstens einigermaßen zuverlässig ablesen. Sogar im Dunkeln, wegen der Leuchtzeiger und -ziffern.

»Außerdem ist es unhöflich, allein zu trinken, Rudi. Stimmt's Josef?« Er nahm sein Stamperl zur Hand und stieß mit seinem Freund und Vereinskollegen an.

»Stimmt auffallend.«

Sie kippten den Schnaps in einem Sitz hinunter.

»Hat dein Franzi ihn denn nicht gleich festgenommen?«, wollte Rudi wissen, sobald sie wieder aufnahmefähig waren.

»Nein, er konnte entkommen.«

»Das ist schlecht.«

»Genau.«

Max betrachtete nachdenklich die Brandflecken auf der Tischplatte, die Hunderte von Zigaretten hier hinterlassen hatten, als das Rauchen in bayrischen Lokalen noch erlaubt gewesen war. Wer mag dieser Bursche nur sein?, fragte er sich bestimmt zum zehnten Mal, seit Franz ihm vorhin von dem merkwürdigen Vorkommnis in Monikas Kneipe erzählt hatte. Einer, den Franzi und ich einmal hopps genommen haben? Ist er deswegen so sauer auf uns und will uns von der Erde fegen? Vielleicht weil er unschuldig war und wir ihn zu unrecht in den Knast gebracht haben? Klein, dunkler Vollbart, schwarze Kleidung. Mist, das sagt mir im Moment leider überhaupt nichts.

»So, Männer. Jetzt macht euch auf etwas gefasst. Euer Essen kommt.« Rudi zeigte auf die groß gewachsene, schlanke Sandy, die sich mit einem riesigen Tablett ihrem Tisch näherte.

»Einmal das Hirschgulasch für den Herrn mit dem schönen Schnurrbart!« Sie stellte einen toilettendeckelgroßen weißen Teller mit einem riesigen Fleischberg darauf vor Josef auf den Tisch und lächelte ihm fröhlich ins Gesicht.

»Ja, der Wahnsinn!«, rief der aus, während ihm ihr kleines Kompliment eine leichte Röte der Verlegenheit ins Gesicht trieb. »Ist das für uns beide?« Er zwinkerte ihr keck zu.

»Nein, das Wiener Schnitzel für den anderen Herrn haben wir hier.« Sie nahm den Teller mit dem wagenradgroßen Schnitzel darauf, das seitlich davon herunterhing, vom Tablett und reichte ihn Max hinüber. »Einen Guten wünsche ich, die Herren.« Genauso schnell, wie sie aufgetaucht war, war sie auch wieder verschwunden.

»Und, habe ich zuviel versprochen?« Rudi musterte seine Hilfspolizisten aus der Stadt neugierig.

»Genug ist es auf jeden Fall«, erwiderte Max, immer noch mit großen Augen staunend. »Wenn es jetzt auch noch schmeckt, empfehle ich das Lokal jedem, den ich kenne.« Er schnitt sich ein großes Stück Fleisch ab, spießte es auf seine Gabel und begann genüsslich zu kauen. »Hervorragend. Genial. Echt super. Sehr guter Tipp, Herr Dienststellenleiter. Hast du übrigens mit Jonas gesprochen? Du weißt schon. Wegen dem Mädel von diesem Rainer.«

»Du meinst Sylvie, die Freundin von Georg Reiter, seinem Erzrivalen?«

»Genau. Was lief da eigentlich genau?« Max säbelte sich den zweiten Happen Schnitzel zurecht.

»Es schaut so aus, als hätte Rainer dem Georg nicht nur den Platz im DSV-Team vor der Nase weggeschnappt, sondern ihm auch noch die Liebste ausspannen wollen. Die Sylvie.«

»Also, wenn das kein besseres Motiv ist als ein Schnupfen, dann weiß ich auch nicht«, mischte sich Josef munter vor sich hinkauend ein.

»Sie sprechen da ein wahres Wort gelassen aus, Watson. Auf jeden Fall sollten wir diesem Georg und seiner Sylvie morgen einmal gründlich auf den Zahn fühlen.«

»Bestimmt keine schlechte Idee, Max. Neid und Eifersucht haben schon viel Unheil auf der Welt angerichtet.« Rudi sah aus, als wüsste er genau, wovon er sprach. Was auch weiter kein Wunder bei jemandem war, der fast sein ganzes Leben als Polizeibeamter verbracht hatte. »Willst du die beiden verhören, oder soll ich?«

»Mache ich gern. Mir ist übrigens vorhin auf dem Bett im Hotel eingefallen, wie der Täter heute Morgen vor uns ins Dammkar hinaufgekommen ist.«

»Und wie?«

»Es gibt nur zwei Möglichkeiten. Entweder er ist schon früh in der Dunkelheit los und mit Tourenskiern über das Kar hochgelaufen ...«

»Oder ...?«

»Oder er ist gestern Nachmittag mit der Bahn hochgefahren und hat dann über Nacht im Fels oder in der Nähe der Bergstation biwakiert oder ist dort durch ein Fenster eingebrochen.«

»Beides möglich, Max. Aber die leicht verschneiten Skispuren, die bis zur Sprengstelle hinaufführen, sprechen eindeutig für die Variante mit den Tourenskiern. Lutz und Sepp haben sie bis zum Bergwachthang hinunter verfolgt. Von dort muss er gekommen sein.«

»Na da schau her. Dann wissen wir doch schon eine ganze Menge.« Max schob sich gierig den nächsten Bissen zwischen die Zähne.

»Weitere Plastikstücke, die wir bereits zur Analyse ins Labor nach Garmisch geschickt haben, haben die beiden auch gefunden. Lutz hat sogar ein Haar gefunden. Mit etwas

Glück stammt es nicht von euch und gibt uns Hinweise auf den Täter.«

»Lutz hat ein Haar gefunden? Ist er mit dem Gesicht draufgefallen?«

Max lachte laut. Josef und Rudi stimmten ein.

»Na gut. Dann kam der Mistkerl also eindeutig mit Tourenskiern«, fuhr Max fort, nachdem sie sich wieder beruhigt hatten. Er stach seine Gabel in die kleine Schale mit dem lauwarmen Krautsalat neben seinem Teller. »Da muss er aber früh aufgestanden sein. Und saukalt war es nachts bestimmt auch.«

»Das wäre nicht das Problem. Es hatte letzte Nacht elf Grad Minus. Das ist gar nichts für einen trainierten Bergsteiger oder Skifahrer. Schon dreimal nicht, wenn er eine professionelle Bergausrüstung dabei hat.« Rudi winkte ab und zog einen kleinen Plastikbeutel aus seiner Anoraktasche. »Wärt ihr so nett und gebt mir jeder ein Haar? Damit wir die DNA mit der von dem gefundenen Haar abgleichen können.«

»Logisch.« Max rupfte sich ein kleines Büschel aus dem Kopf und reichte es dem Mittenwalder Inspektionschef. Also kommt dieser *Zorn Gottes* wohl eher nicht als Täter infrage, so heruntergekommen wie Franzi ihn mir geschildert hat, dachte er währenddessen. Der hat bestimmt nicht die nötige Kondition, um da hinaufzugelangen. Obwohl, wissen kann man das natürlich nicht. »Und an der Sprengung gibt es keinen Zweifel mehr?«

Auch Josef machte sich an seiner Frisur zu schaffen und steckte danach ein paar Haare in die kleine durchsichtige Tüte, die Rudi ihm hinhielt.

Der verstaute den kleinen Beutel wieder in seinem Anorak und bedeutete Sandy per Handzeichen, noch mal Bier mit Schnaps für sie alle zu bringen. Sie nickte ihm verstehend zu und eilte zur Zapfanlage, hinter der auch die Flaschen mit dem hochprozentigen flüssigen Obst in einem breiten dunklen Holzregal aufgereiht waren. »Schaut ganz so aus, Max.«

»Also doch Mord.«

»Oder ein Unfall.«

»Stimmt auch wieder. Sind jetzt die Kollegen aus Garmisch dabei?«

»Noch nicht. Dazu brauchen wir erst mehr Erkenntnisse. Und die besorgen wir uns erst mal selbst. Was die arroganten Garmischer können, das können wir schon lange.« Rudi blinzelte ihm verschwörerisch zu.

»Zum Beispiel wäre es interessant zu wissen, woher der Täter den Sprengstoff hatte.« Max starrte nachdenklich auf seine leere Gabel.

»Vielleicht geklaut. Ich frage gleich morgen früh bei der Karwendelbahn nach. Es gibt da so ein Depothäuschen an der Einstiegstelle zur Abfahrt. Früher haben dort die Pistenraupen geparkt, aber die fahren schon lang nicht mehr. Deswegen lagert dort jetzt das Pistenzubehör. Auch der Sprengstoff für die Lawinensprengungen.«

»Hätte er da übernachten können?«

»Wenn er einen Schlüssel hatte oder dort eingebrochen ist, warum nicht. Aber die Tourenskispuren, die nur bis zur Sprengstelle und nicht weiter hinaufführen, sprechen eindeutig dagegen.«

»Stimmt. Logisch. Dann hat er sich den Sprengstoff also bereits vorher dort besorgt. Oder woanders.«

»Das lässt sich morgen früh definitiv rausfinden. Die von der Karwendelbahn sollten ihre Bestände kennen. Das wird streng überwacht.« Rudi nickte zuversichtlich.

»Na gut. Warten wir's ab.« Max kratzte sich nachdenklich am Hinterkopf. Dann aß er schweigend weiter.

»München oder Mittenwald, das ist hier die Frage«, rezitierte er, nachdem sie satt und zufrieden ihre Bestecke beiseitegelegt hatten und zurückgelehnt die behagliche Wärme im Lokal genossen. Sowohl er als auch Josef mussten die Hälfte ihres Essen auf dem Teller liegen lassen. Trotz ihres anfänglichen Bärenhungers konnten sie die üppigen Portionen unmöglich bezwingen. »Wenn es ein Münchner war, muss er von irgendwoher gewusst haben, dass wir heute ins Dammkar wollten.«

»Du meinst, er hat uns daheim belauscht.« Josef zog nachdenklich die Stirn kraus. »Es stand ja nicht in der Zeitung. Und er muss außerdem sehr sportlich gewesen sein.«

»Oder jemand hat es ihm gesagt.«

»Aber wer sollte das tun?«

»Jeder.«

»Wie – jeder? Aus Versehen etwa?«

»Oder absichtlich, Josef. Und auf jeden Fall müsste der Täter dann jemand sein, der etwas gegen uns hat. Zumindest gegen einen von uns. Schätzungsweise eher gegen mich. Ich habe in meinem Leben sicher öfter mit bösen Buben zu tun gehabt als du.«

Max ließ die Reihe von Verdächtigen, die er im Lauf seiner Polizeikarriere dingfest gemacht hatte, an seinem inneren Auge vorüberziehen. Grob überschlagen mussten es ein paar Hundert gewesen sein. Vielleicht aber auch ein paar Tausend. Auf jeden Fall zu viele, um sich an jeden Einzelnen von ihnen erinnern zu können.

»Da gebe ich dir auf jeden Fall recht.«

»Mit dem Verräter ist es wohl nicht anders, sollte er den Kerl absichtlich informiert haben«, fuhr Max fort. »Das alles gilt aber natürlich nur für den Fall, dass der Täter einen von uns und nicht die beiden toten Jungs im Visier gehabt hatte.«

»Da sollten wir heute Nacht am besten mal gründlich in uns gehen, was meinst du?«

»Genau so schaut es aus, Watson. Und gleich morgen wird ermittelt.«

Max wischte sich den Mund gründlich mit seiner weißen Stoffserviette ab, legte sie zusammengefaltet neben seinen Teller und trank sein Bier auf einen Zug aus.

Keine Sekunde zu früh, denn im selben Moment kam Sandy mit der nächsten Runde angerauscht. Sie stellte die Gläser vor ihnen auf den Tisch, schenkte ihnen ein weiteres freundliches Lächeln, und war gleich darauf wieder verschwunden.

»Und wenn es ein Mittenwalder war, muss er gewusst haben, dass Rainer und Hubert heute ins Dammkar wollten.« Nachdem er der flotten Kellnerin gerade noch einmal in flirtender Absicht zugezwinkert hatte, schaute Josef nun nach Bestätigung suchend in die Gesichter der beiden Profis, die mit ihm am Tisch saßen.

»Was nicht weiter schwer gewesen wäre, weil die beiden sowieso jeden Tag da hinunterfuhren. Am Wochenende sogar schon morgens«, erwiderte Rudi. »Sie waren geradezu fanatische Skifahrer. Es gibt wohl niemanden im ganzen Ort, der nicht darüber Bescheid wusste.«

Der sportliche Inspektionschef kannte den Mittenwalder Skibetrieb wie kein anderer. Er selbst war auch ein paar Mal für den DSV gefahren. Sein bestes Ergebnis war dritter deutscher Meister im Riesenslalom gewesen. Damals, als er noch jung und topfit gewesen war. Heute machte ihm trotz seines durchtrainierten und nach wie vor jugendlichen Aussehens der Rücken schwer zu schaffen, ebenso eine beginnende Arthrose in der rechten Hüfte. Nicht einmal seine geliebten inoffiziellen Seniorenrennen würde er so noch fahren können, hatten ihm die Ärzte bereits vor Jahren versichert. Ja mei, alt werden war halt wirklich nichts für Feiglinge. Aber das Dammkar kam er trotzdem immer noch schneller hinunter als seine jungen Kollegen vom Revier. Auch der um etliche Jahre jüngere Max machte ihm in dieser Hinsicht nichts vor.

»Also kann es theoretisch so gut wie jeder im Ort gewesen sein«, meinte der jetzt.

»Jeder hier im Ort und jeder Ganove in München, der dich oder mich kennt. Praktisch jeder, der ein Motiv hat.« Josef hob belehrend dreinblickend den Zeigefinger.

»Selbstverständlich, Watson.« Max musste grinsen.

Der Josef arbeitet sich langsam richtig in die Materie ein, sagte er sich. Wer weiß, vielleicht übernehme ich ihn eines Tage sogar noch in mein Detektivbüro. Als Aushilfskraft. Das hätte auch noch einen angenehmen Nebeneffekt. Bei seinem Reichtum müsste ich ihn nicht mal bezahlen. Vielleicht lasse ich sogar ihn fürs Mitmachen bezahlen. So ähnlich wie in der Geschichte, in der Tom Sawyer seine Freunde gegen Entgeld Tante Pollys Zaun streichen lässt. Dann hätte ich endlich mal mehr auf der hohen Kante. Obwohl, so schlecht wie ich immer denke, geht es mir auch wieder nicht.

»So ist es und nicht anders«, stellte Rudi fest, während er seinen frischen Obstler Richtung Mund beförderte.

Von da an ließen sie den Fall bis morgen auf sich beruhen und tranken lieber weiter. Rudi erzählte ein paar Anekdoten aus der Bergwelt, und auch Max hatte einiges zur allgemeinen Erheiterung beizutragen, aus seiner Zeit als Kripobeamter. Natürlich kam Franz ebenfalls darin vor. Genauer gesagt hatte der kleine dicke Hauptkommissar mit seiner tollpatschigen Art die Hauptrolle in jeder seiner Erzählungen. Die Zeit verging wie im Flug. Ehe sie sich's versahen, war es halb zwölf.

»Bevor wir gehen, habe ich noch eine Frage, Rudi.«

»Logisch, Max.«

»Hat die schöne Sandy eigentlich einen Freund?«

»Wozu willst du das denn wissen? Du hast doch deine Moni.«

»Bloß so. Rein interessehalber. Wirklich. Nichts Besonderes.« Max schaute harmlos drein, als hätte er sich nach dem Wetterbericht für morgen erkundigt.

»Dass ich nicht gleich ganz laut lache.« Josef grinste kopfschüttelnd. Dann stand er auf und ging auf die Toilette, um der Natur ihren Lauf zu lassen.

Als er nach einer Viertelstunde immer noch nicht zurück war, wurde Max unruhig. Immerhin waren sie heute Morgen fast ums Leben gekommen. War vielleicht doch Josef das anvisierte Opfer gewesen, und der Täter war immer noch in der Nähe? Hier im Lokal? Warum nicht? Möglich wäre es. »Ich schaue mal, wo unser Dr. Watson bleibt«, meinte er und erhob sich schwerfällig wankend von seinem Stuhl.

»Soll ich mitkommen?«, bot ihm Rudi an, dem die leichten Koordinationsprobleme seines Bekannten aus München nicht verborgen geblieben waren.

»Das wäre sozusagen wunderbar.« Max grinste überdeutlich und besonders lang. So wie eben nur Betrunkene grinsen.

Sie wankten zu zweit auf die Tür mit dem Bild des kleinen Buben vor dem Pisspott zu, die sich gleich beim Eingang befand. Ihr Weg dorthin führte sie direkt an der Küche vorbei. Neugierig warfen sie einen Blick durch das offenstehende Servierfenster und blieben zugleich wie angewurzelt stehen.

»Jetzt schau dir bloß diesen Josef Stirner an«, entfuhr es Max. »Herrschaftszeiten. Das gibt es doch gar nicht.«

»Nicht zu fassen!«, stellte Rudi kopfschüttelnd fest.

6

»Bertold, Ferdl! Auf geht's, trinkt bitte aus. Wir schließen.«
Immer dieselben Kandidaten, die ihren Weg nicht hinaus-
finden, haderte Monika, während sie die letzten gespülten
Gläser in das wandgroße Regal hinter dem Tresen stellte.

»Sofort, Moni. Ich erkläre dem Ferdl gerade bloß noch
kurz die Relativitätstheorie«, stammelte der bärtige Bertold.
Er schielte dabei wie ein Brunnenputzer, und seine dünnen
schwarzen Haare standen, wie jedes Mal, wenn er einen
Rausch hatte, in allen Richtungen vom Kopf ab.

»Die kann ich euch auch erklären. Ich bin relativ müde,
und wenn ihr beiden nicht gleich in Lichtgeschwindigkeit
aufsteht, werde ich relativ sauer. Hamma uns?« Sie drehte
sich mit finsterer Miene zu ihnen um.

»Ist ja schon wieder recht.« Bertolds Wimpern flatter-
ten wie kleine Mottenflügel. Sein Blick erinnerte an einen
jungen Hund, der auf den Teppich gepinkelt hatte, obwohl
er genau wusste, dass er das nicht durfte. »Lass uns gehen,
Ferdl. Ich erkläre es dir draußen weiter.«

»Jawohl, Bertold. Hier drinnen hat man offensichtlich
kein Verständnis für die Naturwissenschaften.« Der kleine
Ferdl legte seinem besten Freund den Arm um die Hüften. Dann zog er ihn von seinem Barhocker hoch, und sie
wackelten gemeinsam auf den Ausgang zu. »Servus, die
Damen! Bis morgen.«

»Jawohl. Servus und eine gute Nacht«, schloss sich Bertold seinem Vorredner an.

»Servus, ihr zwei!« Anneliese grinste Monika zu.

»Fallt mir nicht hin. Servus.« Monika grinste zurück und
schüttelte den Kopf. Ihr seid mir schon so ein paar geniale

Suffköpfe, dachte sie. Sobald die beiden verschwunden waren, holte sie den Schlüssel aus ihrer Schürze und sperrte die Tür ab. »Gott sei Dank. Feierabend, Annie. Morgen noch mal dasselbe Spiel und am Montag in die Berge. Genial.«

»Man könnte meinen, du magst deinen Job nicht mehr«, frotzelte Anneliese, während sie sich einen Absacker einschenkte, ein Glas von dem goldgelben Grauburgunder aus der südlichen Steiermark. »Wie viel hast davon eigentlich noch?« Sie hielt die halb leere Flasche hoch, winkte damit und schaute Monika fragend an.

»Nur noch zwei Flaschen, ohne die, die du in der Hand hältst. Du darfst dir eine davon mit nach Hause nehmen, weil du mir so fleißig geholfen hast. Aber nur weil du es bist.«

»Ich bin mir der Ehre voll und ganz bewusst.«

»Darfst du auch. Keinem anderen würde ich etwas von meinen letzten Vorräten davon herausrücken. Wer weiß, wann ich wieder zu diesem Weingut bei Kitzeck komme.«

»Kannst du ihn nicht einfach nachbestellen?«

»Nicht bei diesem speziellen Winzer. Da muss ich persönlich hinfahren. Nimmst du dir die Flasche selbst raus?« Monika zeigte auf die Kühlung zu Annelieses Füßen.

Seit ihre Tochter Sabine im letzten Frühjahr ihr Abitur geschafft hatte und so gut wie nie mehr abends zu Hause anzutreffen war, half Anneliese Monika liebend gern in ihrer Kneipe. Meistens an den Wochenenden, wenn besonders viel los war. Mit dem Vermögen, das sie vor Jahren bei der Scheidung von ihrem steinreichen Ex Bernhard kassiert hatte, hätte sie es nicht im Mindesten nötig gehabt, zu arbeiten. Aber hier bei Monika war wenigstens Abwechslung geboten. Zehnmal besser, als allein daheim vor meiner Glotze zu sitzen, sagte sie sich immer wieder. Noch dazu, da sich ihre letzte Eroberung, der schöne Giuliano, den sie im Übrigen hier drinnen

kennengelernt hatte, vor einigen Wochen ohne Abschieds-
gruß in seine Heimat Italien abgesetzt hatte. Typisch Mann,
hatte sie damals gedacht und sich tagelang bei Monika ausge-
weint. Doch ein paar Wochen später war es dann auch wieder gut gewesen mit ihrem Liebeskummer. Seitdem unter-
stützte sie ihre beste Freundin regelmäßig beim Ausschenken
und Kassieren. Das Geld, das Monika ihr dafür bezahlen
konnte, verprassten sie meistens gemeinsam bei ihren ausgiebigen Shoppingtouren quer durch die Stadt. Weil Monika
sich viel zu selten etwas gönnen würde, wie Anneliese immer
sagte. Dass ihre Freundin als Wirtin einer kleinen Stehkneipe
schlicht nicht soviel Geld wie sie selbst zur Verfügung hatte,
kam ihr dabei offenbar gar nicht in den Sinn.

»Die nehme ich mir sogar sehr gern selbst, Moni. Er
schmeckt wirklich genial. Der beste Wein seit Jahren hier
drinnen.« Anneliese bückte sich und schnappte sich ihr Prä-
sent. »Rufst du mir ein Taxi? Wenn wir am Montag zum Skifahren wollen, gehe ich aus Konditionsgründen heute und
morgen mal etwas früher als sonst ins Bett. Außerdem ist
es halb zwei vorbei. So oder so spät genug.«

»Logisch.«

Monika rief in der Taxizentrale an, und keine zehn Minuten später stand es mit laufendem Motor vor dem Haus. Sie
ging noch mit vor die Tür.

»Bis morgen«, rief Anneliese winkend vom Auto aus,
bevor sie einstieg.

»Bis morgen!«

Monika winkte zurück, drehte sich um und sah zu, dass
sie so schnell wie möglich wieder in die warme Stube kam.
Es war empfindlich kalt heute Nacht. Soll ich Max noch
anrufen und fragen, wie es ihm geht?, überlegte sie, während sie über die schmale Holztreppe hinter dem Tresen zu

ihrer Wohnung hinaufstieg. Ach was. Lieber nicht. Bestimmt schläft er schon, nach dem Schock heute Morgen.

Sie holte ihren kuscheligen Winterschlafanzug und ihre Puschen aus dem Schlafzimmer und tapste damit ins Bad. Eine heiße Dusche würde ihr jetzt auf jeden Fall gut tun, wie jedes Mal nach der Arbeit. Sie zog sich aus und drehte das heiße Wasser auf.

Hoffentlich fahren die beiden morgen nicht wieder in dieses unselige Dammkar hinauf, dachte sie, während sie das neue Eisenkrautduschgel, das ihr Anneliese letzte Woche mitgebracht hatte, gleichmäßig auf ihrer Haut verteilte. Am Ende passierte wirklich noch etwas Schlimmes. Sie brauchte ihren Max doch noch. Auch wenn er ihr manchmal gewaltig auf die Nerven ging mit seiner oft so supergescheiten beleidigten Hypochonderart. Aber lieb war er eben auch. Doch, doch. Auf jeden Fall. Und gut aussehen tat er obendrein. Sie trocknete sich ab, zog ihren Schlafanzug an, schlüpfte erneut in ihre Puschen und putzte ihre tadellos weißen, gleichmäßigen Zahnreihen. Wenn er nur endlich damit aufhören würde, ihr mit dem Heiraten in den Ohren zu liegen. Von Anfang an hatte er nicht verstanden, dass sie sich einfach nicht fest an jemanden binden konnte. Das war doch nichts Schlimmes. Aber er tat immer so, als würde sie ihn nicht mögen, nur weil sie nicht mit ihm aufs Standesamt wollte.

Sie kehrte in ihr Schlafzimmer zurück und trat ans Fenster, um die Vorhänge zuzuziehen. Dabei blickte sie noch einmal kurz in das immer stärker tobende Schneetreiben hinaus. Im Sommer war das alles hier nicht wiederzuerkennen. Da blühte es überall, die Kastanie vor dem Haus trug ihre riesigen grünen Blätter, und man brauchte keine dicken Klamotten anzuziehen, in denen man sich fast nicht rühren konnte. Wann war es bloß endlich wieder soweit? Nicht, dass sie den Winter regelrecht hasste. Aber ihrer Meinung nach war die kalte Jahreszeit etwas für die Berge und für Weihnachten. Drei heilige Tage lang Schnee in der Stadt würden ihr vollauf genügen. Dann konnte der kalte Matsch wieder von den Straßen verschwinden, und die Temperaturen durften auf gut 24 Grad ansteigen. Nicht zu heiß und nicht zu kalt. Ach ja. Könnte man sich das Wetter doch so richten, wie man mochte. Das wäre einfach genial gewesen.

Moment mal. Was war denn das? Da stand doch einer vor dem Lokal. Was wollte der Kerl da? Er musste doch sehen, dass alles dunkel und geschlossen war. Pinkelte der etwa gerade an ihren Zaun? Nein. Es sah nicht so aus. Er hob den Kopf und sah zu ihr hinauf. Sie erkannte einen Mann mit Vollbart. War das etwa dieser verrückte *Zorn Gottes* von vorhin? Warum ging er nicht nach Hause? Jetzt winkte er ihr auch noch zu. War der spinnerte Kerl etwa auch noch ein Spanner? Sie wich hastig zurück und zog den Vorhang zu.

»Monika, du rufst auf der Stelle die Polizei!«, sagte sie laut zu sich selbst. »Mit Verrückten ist nicht zu spaßen.« Sie holte ihr Telefon aus dem Wohnzimmer und wählte den Notruf. »Schindler hier, von *Monikas kleiner Kneipe* in Thalkirchen«, meldete sie sich, nachdem der Diensthabende abgehoben hatte. »Ich habe, glaube ich, einen Spanner vor der Tür. Könnten Sie bitte einen Wagen vorbeischicken?«

»Wie kommen Sie darauf, dass es ein Spanner ist?«

»Er schaut andauernd zu meinem Fenster hinauf. Gewunken hat er mir auch. Vorhin war da so ein Verrückter in meinem Lokal. Der könnte es sein.«

»Verrückte gibt es viele. Vielleicht ist es ja ein Bekannter von Ihnen.«

»Nein, meine Bekannten kenne ich.« Hält der mich etwa für blöd?, dachte sie. »Kommt jetzt jemand oder nicht?«, hakte sie in deutlich schärferem Tonfall nach. »Oder soll ich Herrn Hauptkommissar Wurmdobler von der Kripo deswegen aus dem Bett werfen? Der ist nämlich ein sehr guter Freund von mir.«

»Nein, Frau Schindler. Lassen Sie den Herrn Hauptkommissar ruhig schlafen«, beeilte sich der Beamte. »Ich schicke jemanden vorbei. Die Kollegen sind in ein paar Minuten bei Ihnen.«

»Danke, Herr … Wie war Ihr Name noch gleich?«

»Berger, Frau Schindler. Polizeihauptmeister Berger.«

»Gut. Danke, Herr Berger.«

Sie legte auf und schlich leise zum Fenster zurück. Er konnte sie auf der Straße zwar bestimmt nicht hören, aber sicher war sicher. Langsam schob sie den Vorhang ein Stück weit auf und spähte durch den Spalt. Nichts. Die Straße vor ihrem Haus war leer. Normalerweise war sie nicht besonders ängstlich. Sie trainierte seit vielen Jahren Jiu-Jitsu und wusste sich ihrer Haut zu wehren. Aber gegen eventuelle Schusswaffen war selbst sie machtlos. War er hinter das Haus gegangen? Oder quetschte er sich außerhalb ihres Blickfeldes unten im Biergarten an die Mauer? Sie schloss den Vorhang wieder, holte den Baseballschläger, den ihr Max einmal zur Verteidigung gegen renitente Gäste dagelassen hatte, unter ihrem Bett hervor und schlich damit die Treppe hinunter. Egal, ob der Kerl vor oder hinter dem Haus stand, von der Kneipe aus würde sie ihn auf jeden Fall sehen können. Er würde sie nicht sehen, da es drinnen dunkler war als draußen.

Gott sei Dank hatten die Fenster Gitter. Als sie das Lokal übernommen hatte, war ihr das ein gewaltiger Dorn im Auge gewesen, weil Gitter ihrem Freiheitsbedürfnis 100prozentig nicht entsprachen. Aber ihre Entfernung durch eine Baufirma hätte einiges gekostet. Außerdem hatte Max gemeint, dass sie nicht schaden konnten, wenn sie einmal allein war. Also hatte sie sie drangelassen und war im Moment mehr als froh darüber. Trotzdem galt es, vorsichtig zu sein. Der Kerl konnte, wie gesagt, eine Waffe haben. Da nützten dann auch die Gitter vor den Fenstern nichts. War es wirklich dieser kleine bärtige *Zorn Gottes*, der ihr gerade solche Angst einjagte? Wollte er seine Drohung von vorhin wahr machen und nach dem Anschlag auf Max und Josef im Dammkar jetzt sie von der Erdoberfläche fegen? Verflixt noch mal. Wo blieb nur die Polizei?

7

»Hey, Leute. Ich bin gleich zurück. Sandy und Anna schreiben mir nur kurz das Rezept von diesem göttlichen Hirschgulasch auf.« Josef winkte fröhlich von dem geschirrüberladenen Küchentisch aus, an dem er mit der hübschen jungen Kellnerin und der nicht minder attraktiven Köchin saß, zu Max und Rudi hinüber, die mit offenem Mund vor der Speisenausgabe standen.

»Aha, äh, ... alles klar«, stammelte Max. Er hätte gerade noch 1.000 Euro darauf gewettet, dass sich Josef in der Küche vom *Alten Wirt* etwas ganz anderes als Kochrezepte von Sandy zeigen ließ. Jetzt bekam er stattdessen einen roten Kopf und winkte den dreien ebenfalls zu. »Komm, Rudi. Gehen wir aufs Klo«, wandte er sich anschließend an seinen Begleiter, der offensichtlich nicht weniger verwundert als er über die ganze Angelegenheit war. »Bis gleich, Josef.«

»Bis gleich, Max.«

Kurz nachdem Max und Rudi an ihren Tisch zurückgekehrt waren, trudelte auch Josef mit dem stolzen Grinsen eines siegreichen Eroberers ein.

»Das sind wirklich zwei nette Mädel«, berichtete er, während er sich setzte. »Eine hübscher als die andere, und großzügig sind sie auch noch.« Er zeigte stolz auf die Kette aus Wiener Würstchen, die er um den Hals trug.

»Das beruhigt uns aber. Und tolle Kochrezepte können sie auch aufschreiben«, erwiderte Max und grinste ebenfalls. »Sollen wir nicht aufbrechen? Ich werde langsam müde. Außerdem wartet morgen unser erstes Verhör auf uns.«

»Mit Georg und seiner Freundin Sylvie, meinst du?« Rudi blickte ihn fragend an.

»Logisch. Mit wem sonst? Oder sind dir in der Zwischenzeit noch andere Verdächtige eingefallen?«

»Im Moment leider nicht. Aber du hast recht. Mir reicht es auch für heute. Ich habe morgen Familientag, den möchte ich ungern verschlafen.«

»Wegen mir können wir auch gehen. Ich schau so bald wie möglich noch mal hier vorbei. Habe ich schon mit Sandy abgemacht.« Josef spülte die zwei Wiener, die er gerade von seiner Kette gezupft und gegessen hatte, mit dem Rest seines Bieres hinunter.

»Schon wieder Hunger? Vorhin hast du doch keinen Bissen mehr runtergekriegt«,

»Das sind ganz besondere Sandra-Wiener. Die schmecken immer.«

»Verstehe.« Max grinste immer breiter. »Dann ruf doch deine hübsche Sandy auch gleich mal zum Kassieren her.«

»Nichts da. Die Rechnung übernehme ich.« Rudi ließ sich die Gastgeberrolle hier in seinem kleinen Grenzort nicht streitig machen. »Ich schau schnell zu ihr an den Tresen. Ihr könnt gern schon mal vor die Tür gehen.«

»Ja, bestens. Man dankt.« Max legte die Hand wie zum Soldatengruß an die Schläfe.

»Ich bedanke mich auch vielmals«, schloss sich Josef an.

Sie standen auf, winkten der netten Kellnerin zum Abschied zu und traten in die kalte Nachtluft hinaus. Es hatte zu schneien begonnen. Kleine Flocken schwebten wie Federn aus Gold im gelblichen Licht der Straßenlaternen zu Boden.

»Aber ein bisserl jung ist sie schon, diese Sandy«, brach es unvermittelt aus Max heraus, während er einen riesigen Schneeball formte.

»Wie meinst du das?« Josef mimte die Unschuld vom Lande.

»Das weißt du ganz genau.« Max kannte Josef viel zu gut, um ihm seine Schauspielerei abzunehmen.

»Ach, Schmarrn. Ich finde sie einfach nur nett. Sonst nichts«, beharrte der und verstaute die restlichen Wiener Würstchen, die um seinen Hals baumelten, in seinen Anoraktaschen.

»Na gut. Ist eh dein Bier.« Max visierte mit seinem vollendeten Schneeball eine Straßenlaterne an, schleuderte ihn ihr mit einem lauten Stöhnen entgegen und traf einen guten Meter daneben. »Schon eigenartig, da will man bloß mal gemütlich mit seinem Freund zum Skifahren gehen und schon steckt man wieder im dicksten Kriminalfall. Schaut fast nach Bestimmung aus.«

»Vielleicht ist es das auch.« Josef zog seine Mütze über die Ohren und hob etwas Schnee auf, um daraus ebenfalls ein Wurfgeschoss zu formen. »Wahrscheinlich hat dich eine überirdische Macht ins Dammkar geschickt, damit du den Tod der jungen Burschen aufklärst.«

»Dann muss die dich aber auch mitgeschickt haben.«

»Wieso, wegen Sandy?«

»Schmarrn. Weil du mich ausgegraben hast.«

»Ach so. Vergiss es. Bestimmt hättest du es auch selbst geschafft.« Josef winkte ab.

»Sicher nicht. Danke noch mal. Du hast mir das Leben gerettet. Wenn ich mal was für dich tun kann, sag es einfach, okay?« Max blickte seinem Freund fest in die Augen.

»Jetzt hör schon auf, Max. Passt schon.« Josef drehte sich verlegen um, warf und traf genau die Mitte des Baumstamms auf der gegenüberliegenden Straßenseite. »Eins zu null!«

»Na, warte. Das gibt Revanche.« Max presste seinen nächsten Schneeball besonders fest zusammen, zielte so gut er konnte, holte aus und warf. »Scheiße!«, schimpfte er, nachdem er diesmal gut zwei Meter daneben getroffen hatte. »Ich geb's auf. Zu viel Bier.«

»Man kann auch nicht alles können. Du bist der bessere Skifahrer und Kriminalist und ich der bessere Schneeballwerfer.« Josef grinste breit. »Obwohl, so schlecht fahre ich auch wieder nicht Ski.«

»Stimmt auffallend. Wo bleibt denn bloß der Rudi?«

Max setzte ebenfalls seine Mütze auf, da ihm die Kälte an den Ohren zu nagen begann, und drehte sich zu der Wirtschaft in ihrem Rücken um.

»Vielleicht hat ja er was mit Sandy?« Josef hörte schlagartig auf zu grinsen. »Das würde mich aber schon nerven.«

»Rudi? Schmarrn. Nie im Leben. Der ist der treueste Ehemann, den du dir vorstellen kannst.«

Max war seit Jahren mit Rudi befreundet, und nie hatte der während der ganzen Zeit auch nur mit einer anderen als seiner geliebten Dagmar geflirtet. Und einen Seitensprung hat er schon gar nicht in Betracht gezogen. Geguckt hatte er schon immer mal gern, aber nie ernsthaft reagiert. Max war das am Anfang ihrer Freundschaft nicht geheuer gewesen. Er kannte so etwas bis dahin nicht und hatte es Rudi auch nicht ganz abgenommen. Bis ihn dieser eines Besseren belehrt hatte, indem er nach ihren munteren Gelagen stets allein nach Hause gegangen war.

»Sollen wir wirklich gleich morgen früh diesen Georg und seine Freundin befragen?« Josefs Gesichtsausdruck zeigte sich nicht gerade von Arbeitswut beseelt. Was andererseits auch kein Wunder war, nach allem, was sie heute durchgemacht hatten.

»Logisch. Habe ich doch vorhin schon gesagt.« Regel Nummer eins: Wenn Max einmal einen Entschluss gefasst hatte, ließ er sich nicht wieder davon abbringen. Manche mochten das überriebene Sturheit nennen. Doch in seinen Augen war es nichts als notwendige Beharrlichkeit, die den Ermittler dann auch früher oder später zum Erfolg führte.

»Aber erst schlafen wir aus. Ich bin ganz schön kaputt, merke ich gerade.«

»Du hast recht.« Regel Nummer zwei: Was die notwendige Beharrlichkeit betraf, sollte man flexibel bleiben, wenn es die Situation erforderte. »Aber wir sollten sie auf jeden Fall so zeitig wie möglich verhören. Je eher wir wissen, wo wir suchen müssen, umso schneller schnappen wir den Täter.« Max wagte einen letzten Versuch und warf diesmal drei Meter daneben. »Herrschaftszeiten. Mist, verdammter!«

»Genial. Du verschlechterst dich von Mal zu Mal. Noch einen?«

»Nix da. Schluss!« Max grinste, holte seine Handschuhe aus den Anoraktaschen und streifte sie über seine nassen Finger.

Rudi trat aus der Tür.

»Ja, wo bleibt er denn so lang, der Herr Inspektionschef?« Max blickte ihm neugierig entgegen.

»Ich habe Sandy wegen Georg Reiter und Sylvie Maurer befragt.« Rudi schloss den Reißverschluss seiner Winterjacke.

»Und?« Max schaute noch ein gutes Stück neugieriger als gerade eben drein.

»Nichts, leider. Sie kennt die beiden zwar und kannte entfernt auch Hubert und Rainer. Aber zu den Gerüchten, die im Umlauf sind, konnte sie nichts weiter sagen.« Rudi zog seine Handschuhe an und zuckte die Achseln.

»Gerüchte? Du meinst wegen dem Platz im DSV-Kader? Und wegen dem angeblichen Techtelmechtel zwischen Rainer und dieser Sylvie?«

»Genau.«

»Josef und ich besuchen diese Sylvie und ihren Georg morgen auf jeden Fall. Sobald wir einigermaßen fit sind. Stimmt's, Watson?« Max drehte sich zu seinem schnurrbärtigen Freund um. »Oder soll ich besser Wilhelm Tell sagen?«

»Logisch verhören wir sie.« Nachdem er noch zweimal den Baum getroffen hatte, zog Josef nun ebenfalls seine Handschuhe an. »Und du darfst mich natürlich auch Wilhelm Tell nennen, Max. Keine Frage.«

Rudi setzte ein Stirnband gegen die unbarmherzige Kälte auf. »Sag mal, Josef, hast du ein nervöses Leiden?«, wollte er währenddessen wissen.

»Nein, nicht dass ich wüsste. Wieso?«

»Sandy hat gemeint, dass sie dich sehr nett fände. Aber dieses Augenzucken müsse doch schlimm für dich sein.«

»Augenzucken? Spinnt die? Ich habe ihr doch bloß ein paar Mal zugeblinzelt. Das nennt man flirten.« Josef machte ein verdutztes Gesicht.

Max und Rudi lachten schallend.

»Wisst ihr was?«, meinte Rudi, sobald er wieder reden konnte. »Bevor wir alle ins Bett gehen, besuchen wir noch einen Freund von mir. Auf einen letzten Absacker. Was meint ihr?«

»Na ja, wir wollten zwar eigentlich gleich ins Hotel ...« Max hob die Faust vor den Mund und räusperte sich.

»Hör bloß auf, Raintaler. Als hättest du jemals irgendwem einen letzten Absacker ausgeschlagen. Noch dazu im Urlaub.« Jetzt war Josef an der Reihe laut aufzulachen.

»Na gut, meinetwegen. Wo soll's denn hingehen, Rudi?«

»Folgt meiner Fahne und lasst euch überraschen.«

»Welcher Fahne?«, erkundigte sich Josef leise bei Max.

»Er hat doch gar keine. Oder ist das bloß so ein blöder Spruch hier heroben.«

»Na, welche Fahne meint er wohl? Ich sage nur, von Apfelsaft bekommt man sie nicht.« Max schüttelte den Kopf. Manchmal stand sein alter Freund und Vereinskamerad vom FC Kneipenluft wirklich sauber auf der Leitung.

Sie gingen ein Stück weit Richtung Kranzberg und bogen dann links in eine verschneite Seitenstraße ein. Nach ungefähr 150 Metern stoppte Rudi vor einem bescheidenen Haus, in dem noch Licht brannte. Er drückte die Klingel neben dem Gartentor. Kurz darauf öffnete sich die Haustür. Ein gedrungener dunkelhaariger Mann im dicken Morgenmantel tauchte darin auf.

»Servus, Alex. Hast du einen Ouzo für mich und meine Freunde?«, rief ihm Rudi zu.

Ohne eine Antwort abzuwarten, drückte er die Klinke herunter und ging auf ihn zu. Max und Josef folgten ihm.

»Rudi? Bist du das?« Offensichtlich konnte Alex durch das wilde Schneegestöber hindurch nichts erkennen.

»Wer sonst? Und zwei Freunde habe ich auch noch dabei.«

»Aha. Na gut. Kommt schnell rein, Leute. Es ist kalt.«

Sie taten, wie ihnen geheißen wurde. Wenig später standen sie in einem überraschend großen Wohnzimmer, in dem ein urbayrischer Kachelofen zwischen griechischen Statuen und riesigen mediterran anmutenden Tonvasen für behagliche Wärme sorgte.

Wahnsinn, das schaut original aus wie im Aufenthaltsraum von dem kleinen Hotel auf dem Peloponnes, in dem ich mal mit Monika im Urlaub war, dachte Max. Und so ein Kachelofen in der Wohnung ist genial. Irgendwann schaffe ich mir auch so ein Ding an. Was macht ein Grieche aus

Griechenland wohl mitten in Mittenwald? Arbeiten wahrscheinlich. Logisch. Was sonst, beantwortete er sich seine inwendige Frage gleich selbst.

»Das sind zwei Freunde von mir aus München. Max und Josef«, stellte Rudi dem Gastgeber seine Begleiter vor. »Und das ist Alex«, wandte er sich danach an die beiden. »Ein alter Freund, der ursprünglich aus Griechenland kommt, wie man ohne Weiteres erkennen kann.«

Er zeigte auf die Skulpturen und die Fotos und Bilder an der Wand, deren hauptsächliche Motive karge felsige Berghänge, knorrige Olivenbäume, gemütliche Tavernen und das Meer waren.

»Freut mich, euch kennenzulernen, Leute. Rudis Freunde sind auch meine Freunde. Bitte setzt euch doch.« Der schnurrbärtige Alex deutete auf den großen Esstisch gegenüber der Terrassentür. »Auch ein schöner Bart«, stellte er mit Blick auf Josef fest. »Hat es lang gedauert, ihn wachsen zu lassen?«

»Nein. Eines Morgens bin ich aufgewacht, und er war da.«

Josef lachte. Die anderen stimmten ein, und damit war das Eis auch schon gebrochen.

Die Ankömmlinge nahmen Platz, Alex legte eine CD mit griechischer Musik ein, verschwand in seiner Küche und war kurz darauf mit einer Flasche Schnaps, Gläsern, Eis und einer Schale Oliven zurück. Dann trabte er erneut los und tauchte wenig später mit einem großen bunt bemalten Teller wieder auf. Weißbrot, gefüllte Weinblätter, Zaziki, Erdnüsse, Pistazien, eingelegte Krabben, Tintenfischstücke, Fischeiersalat und Schafkäse lagen darauf.

»Um Gottes willen, wir haben doch gerade gegessen«, protestierte Max. »Nicht dass ich noch einen Herzinfarkt kriege von der vielen Völlerei. Es soll schon so einige deswegen umgehauen haben.«

»Egal. Zum Tsipouro soll man immer etwas knabbern«, erwiderte Alex. »Sonst bekommt er einem nicht. Greift zu.« Er gab jedem eine Gabel und einen kleinen Teller.

»Tsipouro? Ich dachte, wir bekommen Ouzo.« Josef rümpfte misstrauisch die Nase.

»Kein Mensch in Griechenland trinkt heutzutage noch Ouzo«, klärte ihn Alex auf. »Außerdem schmeckt Tsipouro viel besser als Ouzo. Kein Vergleich. Ihr werdet sehen. Der hier kommt direkt aus meiner Heimat Kreta.« Er schenkte allen ein.

»Ich war schon ein paar Mal auf Kreta.« Rudi stach frohgemut eine Olive auf seine Gabel. »Herrliche Insel.«

»Die schönste Insel der Welt«, setzte Alex noch einen drauf. »Wenn du spätnachmittags bei mir zu Hause am Strand sitzt, leuchtet das Wasser in der schrägstehenden Sonne, als wären Millionen von Diamanten darin. Und wenn du dann reingehst, schwimmst du direkt in diese Diamanten hinein. Um dich herum ist nur Licht, glitzerndes helles Licht. Wenn du untertauchst, gibt es diese winzig kleinen Blasen. Sie leuchten wie feiner Staub von Diamanten. Du siehst Tausende von kleinen, bunten Fischen, die um dich herum schwimmen. Und wenn du wieder auftauchst und zurück zum Ufer schaust, siehst du unsere riesigen Berge. Ihre Gipfel sind oft bis in den Sommer hinein mit Schnee bedeckt.«

»Du meinst, so wie hier bei uns in den Alpen?« Max grinste ungläubig.

»Genau.« Alex bekam feuchte Augen. Er sprach aufgeregt weiter. »Unten zu ihren Füßen siehst du mein kleines Dorf an diesem herrlichen weißen Strand, mit seinen winzigen Häusern, die aussehen, als hätte ein Riese Würfel damit gespielt, so verstreut liegen sie da. Bemalt in sanften Blau- und Weißtönen. Glaubt mir, es könnte auf der ganzen Welt keine Häuser geben, die besser in diese Landschaft passen würden als sie.«

»Mann, da kriegt man regelrecht Fernweh nach dem Süden«, meinte Josef und ließ einen langen tiefen Seufzer verlauten.

»Nicht wahr?« Alex warf ihm einen dankbaren Blick zu. »Es ist heiß bei uns, und überall sind die Zikaden zu hören. Es riecht nach Salz, und am Strand blühen weiße Lilien. Und wenn du aus dem Wasser kommst, musst du dich überhaupt nicht abtrocknen, weil dich der warme Wind wie ein riesiger Fön trocken bläst.«

Herrschaftszeiten, dachte Max, der hört gar nicht mehr auf zu reden. Er scheint seine Heimat wirklich sehr zu lieben. Aber andererseits, warum auch nicht. Wir sind doch nicht anders. »Ja, Griechenland. Da wäre es jetzt schon schön«, sagte er laut. »Baden, sonnen, gut essen und trinken. Aber bei uns ist es auch nicht so schlecht, oder? Hier kann man im Winter auf den Bergen Ski fahren und im Sommer wandern. Und schwimmen kann man auch.«

»Und von Lawinen verschüttet werden.« Josef grinste, ohne sich dabei zu amüsieren.

Rudi nickte bestätigend.

»Aber auf Kreta ist es noch viel schöner, glaubt mir.« Alex schenkte allen noch einmal Tsipouro nach. »Wenn du zum Beispiel nachts am Strand spazieren gehst, mit einem netten Mädchen, das ist wie ein Traum. Das ist so schön, dass du andauernd nur noch Angst hast, dass du aufwachst und auf einmal alles vorbei ist. Wenn du sie dann küsst, leuchten die Sterne am Himmel auf einmal noch viel heller, und die Nachtigall singt noch viel schöner, und der Mond wirft eine tausend Kilometer lange, golden glitzernde Bahn auf das Meer.«

Das, was Alex gerade erzählte, kam Max auf einmal merkwürdig vertraut vor. Es berührte ihn tief. Er dachte an die vielen Male, die er mit Monika und Giovanni, ihrem gemeinsamen verstorbenen Freund in den italienischen Marken gewesen war. Wunderbare Tage und Abende hatten sie dort erlebt. Herrschaftszeiten, er sollte mal wieder mit Monika in den Süden fahren, ihre alte Liebe auffrischen, wie man so schön sagte. Schaden könnte es auf keinen Fall. Egal. Übermorgen würde sie sowieso herkommen. Langlaufen und dann in Seefeld Essen und Trinken gehen war zwar nicht dasselbe wie ein Urlaub im Süden, aber letztlich bestimmt auch nicht weniger Gaudi, als am Strand in der Sonne zu liegen. Und bei ihrem Mordfall hier würde sie ihnen ebenfalls helfen.

»Dann stellst du dir vor, wenn du jetzt mit ihr auf dieser golden glitzernden Bahn bist, könnt ihr bis nach Afrika gehen. Oder bis nach Amerika oder einmal um die ganze Welt.« Alex war nun endgültig nicht mehr zu bremsen. »Immer nur weiter. Über euch nur der blinkende Sternenhimmel, und unter euch nur das Meer.«

»Der Wahnsinn!« Josef dachte mit leuchtenden Augen darüber nach, wie es wohl wäre, wenn das Mädchen Sandy hieße.

»Oder noch besser, du gehst mit ihr auf der golden glitzernden Bahn bis zu dem Punkt da draußen, wo die Bahn den Himmel trifft«, schwärmte Alex weiter. »Dann geht ihr nur noch einen einzigen kleinen Schritt weiter und schon seid ihr im Himmel. Wisst ihr, Leute, so ist meine Heimat. So ist Kreta. Nur einen kleinen Schritt vom Himmel entfernt.«

Er wischte sich schnell ein paar kleine Tränen aus dem Gesicht, hob sein Glas an den Mund und trank es beherzt in einem Zug aus. Dann schenkte er allen erneut nach. »Trinkt, meine Freunde. Solange wir trinken, leben wir.«

»Und so lange wir leben, trinken wir«, fügte Josef schmunzelnd hinzu.

»Wie lange trinkst du schon hier, Alex?«, wollte Max wissen, während er über Josefs Spruch in sich hineinlachen musste.

»30 Jahre.«

»Und warst du schon wieder in deiner Heimat?«

»30 Mal. Jedes Jahr zu Ostern besuche ich mein Dorf.«

»Prost, Alex. Danke für deine Gastfreundschaft und deinen hervorragenden Schnaps. Der stellt jeden Obstler glatt in den Schatten.« Max hob sein Glas. Die anderen taten es ihm gleich, und alle stießen miteinander an.

»Aber eines habt ihr nicht da unten auf Kreta«, meinte Josef, mit einem breiten Grinsen seine Bartenden zwirbelnd, nachdem sie getrunken hatten.

»Was denn?« Alex sah ihn neugierig an.

»Das Oktoberfest.«

Das Wohnzimmer bebte unter dem lautstarken Gelächter der drei gestandenen Bayern und des zugewanderten Griechen, der nunmehr seit 30 Jahren in ihrem wunderschönen Land lebte.

8

Das Blaulicht des Streifenwagens warf blinkende Schatten in den schmalen Schankraum. Monika atmete erleichtert auf. Endlich, die Jungs vom Revier waren da. Ihre rechte Hand, mit der sie den Baseballschläger hielt, hatte sich so sehr um den Griff verkrampft, dass sie nun ihre gesamte Kraft und Konzentration aufwenden musste, um ihn wieder loszulassen. Sie lehnte ihn hinter dem Tresen an die Wand und eilte zur Tür, um die zwei Polizisten, die sie durch das Fenster auf das Haus zukommen gesehen hatte, hereinzulassen.

»Das hat ja ganz schön gedauert«, begrüßte sie die beiden, während sie eintraten.

»Tut uns leid, Frau Schindler. Aber wir haben gerade noch einen Verkehrsunfall aufgenommen. Zurzeit kracht es überall in der Stadt. Das Wetter. Ich bin Polizeihauptmeister Richard Moser. Das hier ist mein Kollege Polizeiobermeister Heinz Frank.«

»Grüß Gott«, kam es freundlich von Polizeiobermeister Frank.

»Grüß Gott, die Herren.«

»Also, was war los?« Richard Moser ergriff erneut das Wort.

»Hier ist einer um das Haus herumgeschlichen. Ein Mann mit Vollbart. Es sieht so aus, als wäre er jetzt fort. Aber sicher bin ich mir da nicht.« Monika blickte immer noch aufs Äußerste beunruhigt von einem zum anderen.

»Gut. Dann bleiben Sie bitte hier drinnen. Herr Frank und ich schauen uns einmal draußen um.«

Moser zog seine Waffe aus dem Holster, schaltete die Stablampe, die er mitgebracht hatte, ein und trat in das

Schneegestöber hinaus. Sein jüngerer Kollege mit dem kurzen Ho-Chi-Minh-Bart folgte ihm, nachdem er Monika aufmunternd zugenickt hatte, was wohl soviel wie *keine Angst, wir kümmern uns darum* heißen sollte.

Monika sperrte ab, nachdem sie draußen waren. Dann begab sie sich hinter den Tresen und schenkte sich auf den Schreck erst einmal einen doppelten Obstler ein. Nachdem sie das Glas auf Ex geleert hatte, setzte sie sich auf den Barhocker gleich neben dem Eingang und wartete. Mist. Ausgerechnet jetzt muss Max beim Skifahren sein, dachte sie. Typisch Männer. Wollte man seine Ruhe haben, hockten sie einem auf der Pelle, doch sobald man sie brauchte, waren sie nicht da. Normalerweise war sie nicht so ängstlich, aber heute war einfach zu viel Unheimliches passiert. Erst die Sache mit der Lawine im Dammkar heute Morgen, dann dieser sogenannte *Zorn Gottes* vorhin, und jetzt auch noch ein Spanner vor ihrem Haus. Hatte etwa alles miteinander zu tun? Auf jeden Fall würde sie Max später anrufen, um ihm ausführlich von den Ereignissen hier zu berichten. Franzi würde sie ebenfalls verständigen. Schließlich war er bei der Kripo und ein guter Freund. Und wenn er ihr nur alle zwei Stunden ein paar seiner Leute vorbeischickte. Zur Sicherheit. Lautes Klopfen an der Tür schreckte sie aus ihren Gedanken auf.

»Frau Schindler! Wir sind es«, ertönte es von draußen.

Sie erkannte die Stimme von Polizeihauptmeister Moser und öffnete. »Und?«

»Nichts. Da ist niemand. Spuren konnten wir auch keine entdecken. Es schneit viel zu stark.«

Richard Moser trat ein, nahm wie zum Beweis seine schneebedeckte Dienstmütze ab und klopfte sie gründlich an seinem Oberschenkel aus.

»Aber er war da.«

»Ich glaube es Ihnen. Nur was die Spuren betrifft, Fehlanzeige.« Moser platzierte die Mütze wieder über seinen großen fleischigen Ohren.

»Und wenn der Kerl sich bloß in der Nähe versteckt hat, weil er Sie gesehen hat? Und sobald Sie weg sind, kommt er wieder?« Monika machte sich wirklich Sorgen. Einen Spanner hatte sie bislang noch nie vor dem Haus gehabt. Normalerweise sollten diese Typen nicht gefährlich sein. Aber was, wenn doch? Oder wenn es doch dieser verrückte *Zorn Gottes* war? Den durfte man nicht außer Acht lassen, und unberechenbar war er sicherlich obendrein.

»Passen Sie auf, Frau Schindler. Wir machen es so.« Moser zog seine nasse Lederjacke aus und nahm erneut die Dienstmütze vom spärlich blond behaarten Kopf. »Sie machen uns jetzt einen schönen Kaffee, und wir bleiben noch eine Weile da. Wenn der Kerl das sieht, verschwindet er bestimmt. Den Rest der Nacht fahren wir dann noch zwei, drei Mal zur Kontrolle bei Ihnen vorbei. Sind wir im Geschäft?« Er hängte die Jacke über die Lehne des nächststehenden Stuhls und legte seine Kopfbedeckung auf der Sitzfläche ab.

»Sind wir, Herr Moser. Vielen Dank.« Monika ging erleichtert zu ihrer Kaffeemaschine hinüber, während sich die beiden an die Bar setzten. Nach ein paar Minuten kehrte sie mit zwei vollen Tassen zurück. »Darf's auch ein kleines Stamperl zum Aufwärmen sein?«, erkundigte sie sich, während sie die heißen Getränke vor ihnen abstellte.

»Normalerweise immer gern. Aber im Dienst leider nicht.« Moser lächelte sehnsüchtig und gab vier Stück Zucker in seinen Kaffee.

»Aber ich könnte schon einen vertragen, Richard. Ich muss ja nicht fahren«, wandte Heinz Frank ein, während er seine Mütze auf den Tresen legte. Seine Jacke behielt er an.

»Von mir aus. Aber dann bist du ein echtes Kameraden-schwein.«

»Also ja?« Monika blickte Heinz fragend an.

»Gern. Es muss auch Kameradenschweine geben.« Der junge durchtrainierte Polizeiobermeister grinste seinem älteren Kollegen breit ins Gesicht.

Monika schenkte ihm einen Obstler ein und stellte die Flasche danach in die Kühlung zu ihren Füßen zurück. »Da war vorhin so ein Verrückter hier im Lokal, der hat so ähnlich wie der Spanner ausgesehen«, sagte sie dann. »Klein, schwarze Kleidung, dunkler Vollbart. Er hat damit gedroht, dass er meinen Freund und mich und all unsere Freunde vom Erdboden fegen will.«

»Und sonst hat er nichts getan?« Heinz kippte seinen Schnaps.

»Nein. Er hat nur geschimpft wie ein Rohrspatz und ist wie ein Irrer auf der Stelle gehüpft.«

»Dann war er bestimmt harmlos. Die Stadt ist voll von solchen seltsamen Vögeln.« Arrogante Wichtigtuer, spinnerte UFO-Beobachter, Junkies auf einem schlechten Trip, paranoide Suffköpfe, damit hatten sie es andauernd zu tun. Heinz schob sein leeres Glas zu ihr über den Tresen.

»Noch einen?«

»Gern. Auf einem Bein steht sich's so schlecht.«

»Aber dann ist Schluss, Kollege. Nicht dass du mir am Ende noch in den Wagen reiherst.« Polizeihauptmeister Richard Moser schüttelte den erhobenen Zeigefinger und grinste nun ebenfalls breit.

»Wie soll einem denn von zwei so winzigen Schnäpsen schlecht werden, Richard? Kannst du mir das bitte mal erklären?« Heinz zeigte auf das kelchförmige Gläschen, das Monika gerade erneut füllte.

Nachdem sie damit fertig war, ließ sie die Flasche sicherheitshalber gleich auf dem Tresen stehen.

»Aber dieser *Zorn Gottes*, wie er sich nannte, sah wirklich so aus, als würde er seine Drohung wahrmachen wollen«, griff sie dann den Faden wieder auf.

»Wie hieß der? *Zorn Gottes*?« Richard Moser blickte sie ungläubig grinsend an.

Heinz verschluckte sich an seinem Obstler und prustete ihn wie ein Feuerspucker quer über den Tresen. Dann ereilte ihn ein nicht enden wollender unerbittlicher Lachkrampf. Er hielt sich mit zusammengekrümmtem Oberkörper den Bauch und fiel dabei fast vom Barhocker. »Was ist denn … das … bloß für eine Scheiße. Nicht … zu … fassen«, stammelte er zwischendrein, sobald er wieder etwas besser Luft bekam.

»Doch, er nannte sich wirklich so, *Zorn Gottes*.« Monika musste, ohne es zu wollen, mitlachen. Der Name war auch wirklich zu bescheuert.

»Wissen Sie, wer das war?«, fragte Heinz, als er sich wieder etwas beruhigt hatte. »Das war der Klaus Kinski. Der ist von den Toten wieder auferstanden, um sich an der ganzen Welt für ihre Ignoranz zu rächen.« Seine nächste Kicherattacke folgte umgehend.

»Aber der Kinski hatte doch keinen schwarzen Bart«, widersprach Richard, der nun ebenfalls gackern musste.

»Dann hat er sich halt einen wachsen lassen!« Heinz brüllte vor Lachen. Er stand von seinem Barhocker auf, taumelte unkoordiniert im Raum umher, kniete sich auf den Boden und schlug immer wieder mit der flachen Hand auf die Sitzfläche des Stuhls, der direkt vor ihm stand.

»Wenn ich gewusst hätte, dass er so wenig verträgt, hätte ich ihm ein Wasser eingeschenkt«, wandte sich Monika grinsend an Richard Moser. »Woher kennen Sie beide den Kinski überhaupt? Muss man den als Polizist kennen?«

»Nein, aber als Kinofan. Und das sind wir beide«, erwiderte er, während er mit dem Kinn in Heinz' Richtung deutete. »Der beruhigt sich gleich wieder, Frau Schindler. Das sind bloß die Nerven. Wir schieben schon die ganze Woche über Doppelschicht. Das Elend, das wir zu sehen bekommen – Sie würden es nicht glauben.«

»Doch, würde ich. Mein Freund war früher bei der Kripo.«

»So? Wie heißt er denn?«

»Raintaler.«

»Was, der Max?«

»Ja.«

»Das glaube ich jetzt aber nicht.« Richard fasste sich erstaunt an die Stirn. »Den Max kenne ich. Wir sind zusammen Streife gefahren. Damals, vor 100 Jahren, gleich nach der Polizeischule.«

»Echt? Wieso hat er mir noch nie von Ihnen erzählt?« Monika machte große Augen. Erstaunlich, wie klein die Welt doch immer wieder war.

»Na ja. Wir waren nur ein paar Mal miteinander unterwegs, wenn ich ganz ehrlich bin.« Er grinste verlegen. »Wahrscheinlich kennt er mich gar nicht mehr. Er ist dann auch bald zur Kripo gewechselt. Aber ich erinnere mich noch genau an ihn. Ein sportlicher, gut aussehender Typ. Meistens grantig. Aber schwer in Ordnung. Musik hat er auch gemacht.«

»Das ist mein Max. Besser hätte ich ihn auch nicht beschreiben können.« Monika holte noch zwei Gläser und goss ihnen nun allen von dem Schnaps ein. »Darauf müssen wir auf alle Fälle trinken«, meinte sie währenddessen.

»Na gut. Einer kann nicht schaden«, erwiderte Richard. »Aber dann müssen wir los. Ich komme gern wieder einmal vorbei, wenn ich freihabe und wenn der Max da ist.« Er schien sich wirklich zu freuen, von seinem Uraltkollegen gehört zu haben.

»Da habt ihr euch bestimmt einiges zu erzählen. Im Moment hat er bloß keine Zeit. Irgendwer hat im Dammkar einen Anschlag auf ihn und seinen Freund verübt.« Monika schaute besorgt drein. Sie verspürte im Moment nur ein umfassend mulmiges Gefühl, so als hätte man ihr den Boden unter den Füßen weggezogen. Kein Wunder bei der ganzen Aufregung.

Sie stießen an und tranken.

»Ein Anschlag auf ihn und seinen Freund? Den Franz Wurmdobler etwa?« Richard Moser hatte sein Glas wieder abgestellt und sah sie neugierig an.

»Was, den Franzi kennen Sie auch?«

»Logisch. Die zwei waren doch immer unzertrennlich.«

»Ich kenne ihn auch«, mischte sich Heinz ins Gespräch, der sich von seinem Lachanfall anscheinend wieder einigermaßen erholt hatte. »Der Wurmdobler hat mich mal an einem Tatort zusammengestaucht. Sind die beiden in Gefahr?«

»Ja. Aber ich meine nicht den Franzi, sondern den Josef Stirner. Mit dem geht Max immer zum Skifahren.« Monika nahm erneut die Obstlerflasche zur Hand und blickte Heinz fragend an.

Der nickte nur stumm und schob ihr unauffällig sein Glas hin.

»Aha. Den kenne ich nicht. Was für ein Anschlag war das denn im Dammkar?«, wollte Richard wissen.

»Sie wurden gestern früh von einer Lawine verschüttet, die jemand anscheinend mit Absicht losgesprengt hat.«

»Oha! Da ist nicht lustig.«

»Genau das dachte ich auch, als er es mir erzählt hat. Vielleicht war es ja dieser *Zorn Gottes*. Franzi fand ihn sehr verdächtig.«

»Franzi? Franz Wurmdobler? War der etwa vorhin auch hier?« Richard zog staunend die Brauen hoch.

»Ja.«

»Und warum hat er den Kerl nicht gleich festgenommen?«

»Der Bursche konnte vorher entkommen.« Monika fuhr nervös mit der Hand an der Tresenkante entlang.

»Mist.«

»Aber echt.«

9

»Da singt dieser Udo Jürgens immer vom griechischen Wein, dabei ist der Tsipouro viel besser.«

Max hatte Mühe, geradeaus zu gehen. Einmal wegen des starken Schneegestöbers, das ihm die Tränen in die Augen trieb, sodass er fast nichts mehr sehen konnte, und natürlich auch wegen des vielen griechischen Schnapses.

»Da kann ich dir nur recht geben.« Josef blieb stehen und versuchte mit seiner Zunge ein paar der umhersausenden weißen Flocken zu fangen. »Haben wir als Kinder immer gemacht«, kommentierte er das für einen Erwachsenen zu anderer Tageszeit sicherlich zumindest sehr merkwürdig anmutende Verhalten.

Es war vier Uhr vorbei. Seit gut zehn Minuten befanden sie sich zu zweit auf dem Heimweg. Rudi hatte sich vor Alex' Haus von ihnen verabschiedet, weil er genau in die andere Richtung musste. Der Grieche war ein hervorragender Gastgeber gewesen. Sie hatten getrunken, gegessen und gelacht bis zum Abwinken und darüber sogar ihr Lawinenunglück vergessen. Jetzt versuchten sie gut gelaunt ihren Weg zum Hotel zu finden. Bislang blieb es allerdings bei dem Versuch, sie hatten keine Ahnung, wo sie sich befanden. Straßenschilder konnte man keine erkennen, und fragen konnten sie niemanden, da sie allein auf weiter Flur unterwegs waren.

Max erinnerte sich an das einzige Mal, als er zusammen mit Franz beim Skifahren gewesen war. In der Nähe von Kitzbühel hatten sie damals für drei Tage ein billiges, aber gemütliches Doppelzimmer gemietet. Max hatte dem völligen Skineuling Franz im Schnelldurchgang den Pflug und den Stemmbogen beigebracht und ihn dann auf dem Idiotenhügel sich selbst überlassen. Als er am späten Nachmittag zurückkam, war Franz verschwunden. Max hatte eine geschlagene Stunde an der Schneebar auf ihn gewartet, dann war es ihm zu dumm geworden und er war ins Hotel zurückgekehrt. Auch dort war weit und breit kein Franz zu finden gewesen. Erst spät in der Nacht hatte jemand laut an die Tür ihres Doppelzimmers geklopft. Max hatte geöffnet. Franz war vor ihm gestanden. Bester Dinge, aber reichlich durchgefroren. Er hatte berichtet, dass er recht bald keine Lust mehr auf Skifahren gehabt habe, weil es ihn andauernd nur von den Beinen geholt hatte und er stattdessen lieber mit einem Österreicher, den er auf der Piste kennengelernt hatte, auf eine Hütte in der Nähe gegangen war. Dort hätten sie dann sehr guten Schnaps getrunken. Was für ein Schnaps es genau gewesen wäre, wisse er nicht mehr, aber sehr gut sei er gewesen. Auf dem Nachhauseweg hätte er den Tiroler dann aus den Augen verloren, weil er dringend pinkeln musste, und wäre auf einmal völlig allein mitten in einem total verschneiten Wald gestanden. Nur Stille und Dunkelheit um ihn herum. Nachdem er zwei Stunden herumgeirrt war, hatte ihn dann Gott sei Dank eine Pistenraupe aufgegabelt und mit ins Dorf genommen.

Was für ein Glück, dachte Max jetzt. Sonst würden seine Knochen heute wohl immer noch irgendwo dort unter den Bäumen herumliegen, und Jahrtausende später würde jemand den Ötzi aus Kitzbühel entdecken. Eifrige Wissenschaftler würden herausfinden, dass er ziemlich klein und dick gewesen war, eine vergrößerte Leber hatte und wohl erfroren war.

Zwei Scheinwerfer näherten sich. Max hob den Arm vor die Augen, damit sie ihn nicht blendeten. Da rast einer aber ganz schön flott durch die Nacht, schoss es ihm durch den

Kopf, während die Lichter immer schneller auf sie zukamen. Hey, hey, hey. Was macht der denn da? Spinnt der?

»Josef, pass auf! Der will uns überfahren!«

Er schubste seinen Freund über die hüfthohe Hecke, an der sie gerade vorbeigingen, und sprang blitzschnell hinterher. Keine Sekunde zu spät. Da, wo sie gerade noch gestanden waren, raste jetzt ein dicker Jeep im Affenzahn über den Gehsteig. Kurz darauf war er um die nächste Ecke verschwunden.

»Ja, leck mich doch am Arsch. Was war denn das für ein Irrer?« Max stand schwer atmend auf und klopfte sich den nassen Schnee aus der Kleidung. »Alles okay bei dir?«

Er blickte auf Josef hinunter, der immer noch auf dem Boden saß und so aussah, als müsste er erst einmal seine Gedanken ordnen.

»Wollte der uns umbringen?«

»Keine Ahnung. Aber eigenartig ist das schon. Ausgerechnet da, wo wir gerade entlanggehen, muss der von der Straße abkommen?« Max blickte nachdenklich und immer noch geschockt in die Richtung, in die das Fahrzeug verschwunden war. »Eigentlich kann das gar kein Zufall sein. Vor allem nach der Sache von gestern früh im Dammkar.«

»Das meine ich aber auch.« Josef erhob sich jetzt ebenfalls. »Schaut so aus, als wären wir quitt, Max.« Er sah seinen Freund lang an.

»Wieso quitt?«

»Mit Leben retten.«

»Ach so. Ja, schaut ganz so aus.« Max kratzte sich verlegen am Hinterkopf. »Hoffentlich bist du nicht allzu schnell wieder dran.«

»Hoffentlich. Herrje, ich bin stocknüchtern nach dem Schreck.«

Josef schüttelte den Schnee aus seinen Haaren. Dann bückte er sich, um seine Mütze aufzuheben, die er beim Sturz in den schneebedeckten Vorgarten verloren hatte, klopfte sie gründlich aus und zog sie über den Kopf.

»Geht mir genauso. Gott sei Dank haben wir uns nichts gebrochen bei unserer Hechtrolle.«

»Hast du sein Nummernschild erkannt?«

»Leider Fehlanzeige.«

»Gehen wir weiter?«

»Logisch. Oder willst du hier übernachten?« Max stieg über die Hecke auf die Straße zurück. »Herrschaftszeiten, wenn ich bloß wüsste, wo wir hinmüssen. So groß ist der Ort doch wirklich nicht. Aber hier hinten im Gries schaut jede Straße gleich aus. Vor allem nachts bei Schneetreiben.« Er drehte sich ärgerlich um sich selbst und versuchte, wenigstens eine grobe Richtung auszumachen. »Versuchen wir es da vorn links. Ich glaube, wir sind viel zu nah am Kranzberg.« Schlotternd rieb er seine trotz der Handschuhe eiskalten Hände aneinander und zeigte dann auf die nächste Seitenstraße.

»Alles ist besser, als hier stehen zu bleiben. Am Ende kommt der Irre zurück und fährt uns diesmal richtig platt.« Josef kam ebenfalls über die Hecke geklettert.

»Eben.«

Sie machten sich auf den Weg. Zehn Minuten später erreichten sie den menschenleeren Obermarkt. Gott sei Dank. Jetzt wusste Max Bescheid. Von hier aus ging es ungefähr einen Kilometer weit Richtung Österreich, dann mussten sie rechts abbiegen und schon würden sie vor ihrem kleinen aber feinen Hotel hinter dem Kurpark stehen. Vorausgesetzt, sie verliefen sich nicht erneut und wurden irgendwo im Nirgendwo vom Kältetod dahingerafft.

Entgegen allen Befürchtungen schafften sie die Strecke schneller, als sie gedacht hatten. Als Max aufsperren wollte, stellte er fest, dass sie offenbar neuerlich vor einem Problem standen. »Habe ich dir den Schlüssel gegeben?«, fragte er Josef vorsichtig.

»Ich glaube nicht.« Josef tastete seine Kleidung von oben bis unten ab. »Nein. Kein Schlüssel.«

»Herrschaftszeiten! Dann ist er weg. Ich muss ihn bei dem Sprung über die Hecke verloren haben. Hat sich denn zurzeit alles gegen uns verschworen? Die schlafen doch alle längst.«

Max zeigte auf das weißgetünchte Haus mit den zwei großflächigen Lüftlmalereien. Einmal vom heiligen St. Martin, der gerade seinen Mantel teilte, und dann vom heiligen Florian, der das Haus vor Feuer schützen sollte. Wer weiß, vielleicht brannte auch genau deswegen nirgends mehr Licht. Ein Kurzschluss war schnell passiert, und ehe man sich's versah, stand die ganze Hütte in Flammen.

»Du willst doch nicht etwa zurückgehen und ihn suchen?«

»Bist du wahnsinnig? Nein, wir läuten jemanden raus. Was soll's.«

»Sehr gut. Ich bin dabei. War auch mehr eine rhetorische Frage.« Josef nickte eifrig. Er war inzwischen bis auf die Knochen durchgefroren und würde es keine fünf Minuten länger in der Eiseskälte hier draußen aushalten.

Max klingelte solang Sturm, bis das Licht hinter der Jalousie des Fensters neben der Eingangstür anging.

»Bin schon da. Bin schon da«, ertönte wenig später eine verschlafene Männerstimme ungehalten aus dem Inneren.

Kurz darauf drehte sich der Schlüssel im Schloss, und es wurde ihnen geöffnet. Der grauhaarige, leicht übergewichtige Hausherr stand ungekämmt im weißen hoteleigenen Bademantel vor ihnen. Seine Beine lugten, in blau-weiß gestreifte Pyjamahosen gehüllt, darunter hervor. Die Füße steckten in bequemen grauen Filzpantoffeln mit einem gestickten grinsenden Mausgesicht darauf.

»Ein bisserl früh am Tag, um einen solchen Radau zu veranstalten, meine Herren«, schimpfte er grantig, während er die beiden Münchner in die mit viel dunklem Holz ausgestattete Empfangshalle einließ.

»Tut uns leid, Herr Mautner. Aber wir wurden fast überfahren und haben dabei unseren Schlüssel verloren«, erwiderte Max.

»Was? Überfahren? Mitten in der Nacht? Sind Sie verletzt?« Mautner war auf einmal die Liebenswürdigkeit in Person. In Notfällen half man, da schimpfte man nicht. Das wusste er noch aus seiner aktiven Zeit bei der Freiwilligen Feuerwehr.

»Nein, Gott sei Dank nicht. Nur sauber durchgefroren. Wir bräuchten dringend einen Schnaps, bevor uns eine Lungenentzündung erwischt.« Max stampfte fröstelnd von einem Bein auf das andere.

»Schnaps. Natürlich, meine Herren. Wir wollen ja nicht, dass jemand krank wird. Bitte folgen Sie mir an die Bar.«

Der Hotelier schlurfte eilig voraus, sperrte die Tür zum Gastraum auf und begab sich, vorbei an den mit Besteck und Tellern für das Frühstück eingedeckten Tischen, hinter den langen urigen Holztresen, an dessen oberer Blende jede Menge abgebrochene alte Skispitzen befestigt waren.

»Was darf's denn sein?«

»Obstler? Der wärmt doch gut durch, oder?«

Es schien, als wollte Max den Eindruck erwecken, dass er noch nie davon gehört hatte, dass die Menschheit gelegentlich hochprozentige Getränke herstellte und diese später auch noch konsumierte. Wieso tust du eigentlich so unschuldig?, fragte er sich. Spinnst du? Bist du noch besoffen von dem Tsipouro bei Alex? Oder meinst du, du machst so einen guten Eindruck auf den alten Hotelier? Der kippt doch bestimmt selbst gern einen, so wie er ausschaut.

»Da habe ich etwas Besseres«, erwiderte Mautner mit erhobenem Zeigefinger. »Einen steifen Grog, wie sie ihn im kalten Norden trinken. Was halten Sie davon?«

»Klingt gut! Was meinst du, Josef?«

»Perfekt. Hauptsache, er wärmt.«

Josef zitterte am ganzen Körper. Im Gegensatz zu Max setzte er sich nicht auf einen der bequemen breiten Barhocker, sondern blieb daneben stehen und schlug sich ein ums andere Mal mit den flachen Händen auf die Oberschenkel, die Arme und die Schultern.

»Damit er besonders gut wirkt, nehmen wir einen kräftigen Strohrum. Ich mache mir auch gleich einen. Seit gestern früh habe ich so ein komisches Kratzen im Hals.«

Der Hotelier nahm drei große Tassen von der Ablage neben der Espressomaschine und füllte den Wasserkocher, der hinter ihm stand, bis zum Rand, bevor er ihn auf das Heizelement zurückstellte und einschaltete.

»Mit einem Kratzen im Hals fängt es meistens an«, erwiderte Max, während er in sich hineingrinste. Wusste ich's doch, dass er gern einen zischt, dachte er. Logisch. Als ehemaliger Hauptkommissar hat man eben eine hervorragende Beobachtungsgabe.

»Genau«, stimmte Josef vehement zu. »Wehret den Anfängen. Nichts wie her mit dem gesunden Strohrum.«

»Eben«, bestätigte Mautner und schenkte ihre Tassen schon einmal weit über die Hälfte mit dem österreichischen Rachenputzer voll.

»Passt da überhaupt noch heißes Wasser rein?«, erkundigte sich Max noch breiter grinsend als gerade eben.

»Mehr als genug.« Gerold Mautner grinste zurück.

»Was ist denn das für ein Lärm, meine Herren? Da kann doch kein Mensch schlafen.«

Der ältere flachbrüstige Herr, der auf einmal, wie der Hotelchef, in weißem Bademantel und Pantoffeln bei ihnen im Raum stand, sprach mit einem starken Hamburger Akzent. Er blickte sie ärgerlich aus verquollenen Augen über die vergoldeten Ränder seiner nahezu viereckigen Brille hinweg an. Die wenigen aschblonden Haare auf seinem Haupt standen kreuz und quer in die Gegend.

»Entschuldigung, Herr Knesebeck«, antwortete Mautner. »Es handelt sich um einen Notfall. Die beiden Herren hier wurden gerade fast überfahren und haben dabei ihren Schlüssel verloren. Jetzt sind sie halb erfroren und brauchen dringend einen kleinen Grog zum Aufwärmen.«

»So, so. Das ist ja schlimm.« Der Norddeutsche schüttelte anteilnehmend den Kopf. »Einen Grog, sagen Sie?«

»Ja. Gegen die drohende Erkältung.«

»Etwa mit Ihrem leckeren Strohrum?«

»Ja.«

»Hm. Na gut.« Der Hamburger näherte sich dem Tresen. »Machen Sie mir vielleicht auch einen? Ich habe seit gestern früh so ein komisches Kratzen im Hals.«

»Gern, Herr Knesebeck.« Gerold holte noch eine Tasse. Er kam jetzt immer mehr in Fahrt. Was sollte es auch? Diese Nacht war so oder so gelaufen. »Möchte jemand Erdnüsse oder Salzletten dazu?«

»Gern.« Knesebeck nickte. »Ich bin übrigens Thomas«, stellte er sich daraufhin vor.

»Servus, Thomas. Ich bin der Max. Und das schlotternde Elend neben mir ist der Josef.«

»Und ich bin der Gerold«, fügte Mautner hinzu.

Sie schüttelten sich die Hände.

Wenig später war der Grog fertig, und alle machten sich gierig darüber her.

»Gerold? Bist du das? Wo bist du denn?« Die aufgebrachte Frauenstimme kam aus dem Empfangsraum.

»Hier im Gastraum an der Bar, Fanni.« Der Hotelier zuckte zusammen. »Vorsicht, Leute«, zischte er. »Mit meiner Dulcinea ist nicht zu spaßen, wenn sie mitten in der Nacht geweckt wird.«

»Ja, seid ihr denn alle miteinander narrisch geworden?«, war es kurz darauf von der Tür her zu hören. Die rundliche Frau mit den roten Backen und den verwuschelten Haaren, die dort, wie Gerold und Thomas in einen Morgenmantel gehüllt, stand, sah entrüstet zu ihnen hinüber. »Hast du schon mal auf die Uhr geschaut, Gerold?«

»Logisch, Fanni. Aber das hier ist ein dringender Notfall. Herr Raintaler und Herr Stirner wurden fast überfahren.« Gerold hob mit astrein gespieltem Bedauern im Blick die Arme.

»Aha. Du und deine Notfälle, dass ich nicht lache. Wie man sieht, leben sie doch noch. Jetzt geht es aber husch, husch ab ins Bett, meine Herren. Die anderen Gäste wollen schlafen.«

Sie musterte jeden Einzelnen von ihnen streng.

»Wir könnten eine Pyjamaparty feiern, werte Frau Mautner«, meinte Thomas mit vollem Mund und spülte die Salzlettenpampe darin gleich darauf schnell mit einem großen Schluck Grog hinunter. Frei nach dem Motto *was ich intus habe, das kann mir keiner mehr nehmen.*

»Da möchte ich aber nicht wissen, was Ihre Frau dazu sagen würde, Herr Knesebeck«, erwiderte sie.

»Ach was, meine Emma schläft den Schlaf der Gerechten. Vor acht Uhr wacht die nicht auf. Dank Schlaftabletten und Ohrenstöpseln.«

Thomas kicherte albern und schnappte sich die nächste Handvoll Salzletten.

»Was trinkt ihr denn da überhaupt? Kakao?« Fanni deutete auf die Tassen. Der überdeutliche Ausdruck des Missmuts in ihrem Gesicht wich dabei dem der naturgegebenen weiblichen Neugierde.

»Grog«, erwiderte Josef, der sich direkt angesprochen fühlte, weil sie ihn zuletzt fixiert hatte.

»Grog, wirklich?« Sie zögerte.

»Jetzt sagen Sie bloß, dass Sie seit gestern früh auch so ein komisches Kratzen im Hals haben.« Max grinste.

»Genau. Woher wissen Sie das?« Sie sah ihn mit großen Augen an.

»Es war nur so eine Ahnung«, erwiderte er lachend. »Auf die Frauen, meine Herren!«

»Jawohl, auf die Frauen!«, kam es ihm Chor zurück.

Sie tranken. Danach schloss Fanni die Tür zum Gastraum, damit die anderen Gäste nicht geweckt wurden, und Gerold nahm geschwind noch eine Tasse für sie von der Ablage.

10

»Was sagst du da? Den *Zorn Gottes* habt ihr schon mal verhaftet?« Monika staunte nicht schlecht über die Neuigkeit, die ihr Franz gerade am Telefon mitgeteilt hatte.

»Ganz genau, Moni. Nachdem du mich gestern wegen deinem Spanner angerufen hast, habe ich vorhin noch mal unsere alten Fälle durchstöbert, und dabei ist mir seine Akte in die Hände gefallen. Ich hatte vorgestern schon andauernd das Gefühl, dass ich ihn von irgendwoher kenne. Er heißt Waldemar Richter.«

»Ja, da schau her. Und das alles so früh am Montagmorgen.«

Sie hatte recht. Es war wirklich früh. Kurz vor acht.

»Ja mei, der frühe Vogel fängt den Wurm, heißt es doch. Max und ich wurden damals wegen einer Schlägerei ins *Weiße Bräuhaus* gerufen. Dieser Richter hatte sich mit einem Tisch voller Italiener angelegt und war nicht mehr zu bremsen gewesen. Wir mussten uns zu zweit auf ihn drauflegen, bis er endlich Ruhe gab.«

»Aber wenn er so brutal ist, könnte er doch für uns alle gefährlich sein. Am Ende hat er vorgestern wirklich die Lawine im Dammkar verursacht.«

Sie packte ihren Toilettenbeutel in den handlichen schwarzen Rollkoffer, der aufgeklappt auf ihrem Bett lag.

»Das glaube ich weniger. Er ist ein Schläger und Dieb, aber kein Mörder.« Franz sprach im Brustton der Überzeugung, wie es nur ein Hauptkommissar bei der Kripo kann oder ein Pfarrer bei der Sonntagspredigt. Oder ein Politiker im Fernsehen.

»Woher willst du das wissen?«

Das Telefon in die Halsbeuge geklemmt, durchsuchte sie den Stapel T-Shirts, den sie vorhin neben dem Koffer platziert hatte, bis sie ihr dunkelbraunes Lieblingsteil mit den langen Ärmeln gefunden hatte.

»Er ist einfach nicht der Typ Mensch, der andere umbringt.« Er klang nach wie vor so, als wäre er sich seiner Sache absolut sicher.

»Ich dachte immer, jeder könne zum Mörder werden.«

Sie ging zum Kleiderschrank hinüber, kramte ihre warmen Skisocken sowie die Skiunterwäsche aus der mittleren Schublade und legte sie ebenfalls in den Koffer.

»Na ja. Schon. Aber in diesem Fall glaube ich es einfach wirklich nicht.« Seine Stimme hörte sich leicht unwillig an.

»Weil du es nicht glauben willst?« Monika wusste zwar, dass sie sich mit ihrer Sturheit gerade wieder einmal unbeliebt machte, aber das war ihr egal. Wenn Fragen offen waren, mussten sie geklärt werden. So war sie nun mal. Da gab es nichts daran zu rütteln.

»Nein, aus Erfahrung. Aber im Prinzip ist diesbezüglich natürlich immer alles möglich.« Franz stöhnte ungeduldig auf.

»Also glaubst du nicht, dass wir uns gerade alle in Lebensgefahr befinden, Franzi?«

»Nein, das glaube ich definitiv nicht. Aber mir wäre trotzdem wohler zumute, wenn wir den Kerl festgesetzt hätten.«

»Sucht ihr ihn denn?«

»Logisch. Er hat uns alle bedroht und um dein Haus ist er wahrscheinlich auch noch herumgeschlichen. Da würde ich schon ganz gern wissen, was es damit auf sich hat.«

»Du meinst also, ich kann unbesorgt mit Annie nach Mittenwald fahren?«

»Logisch. Bei Max seid ihr sicher. Und auf der Fahrt haltet ihr am besten einfach die Augen offen.«

»Na gut, Franzi. Danke für deinen Anruf. Ich richte Max aus, was du mir über diesen Waldemar Richter erzählt hast. Ich muss jetzt Schluss machen. Annie wartet.«

»Alles klar. Hals- und Beinbruch. Servus.«

»Danke. Servus.«

Sie legten auf.

Nachdem Monika noch ihren warmen Rolli und warme Jeans sowie einen leichten schicken Pulli für das Abendessen eingepackt hatte, klappte sie ihren Koffer zu, verschloss ihn und trug ihn über die schmale Holztreppe von ihrer Wohnung in den Schankraum hinunter. Dort nahm sie ihren Skianorak vom Garderobenhaken, streifte ihn über, setzte die bunte Mütze, die ihr Max letzten Dezember auf dem Weihnachtsmarkt gekauft hatte, auf den Kopf, schnappte sich ihre Handschuhe und trat, den Rollkoffer im Schlepptau, vor die Tür, wo ihr Auto bereits vollgetankt auf sie wartete. Ihre Langlaufskier und die Stöcke hatte sie vorhin schon hineingelegt. Sogar ihre Schlittschuhe hatte sie für den Fall der Fälle im Kofferraum bei den Langlaufschuhen verstaut. Jetzt platzierte sie den Koffer daneben, warf einen letzten Blick auf das Haus, stellte zufrieden fest, dass die Tür und alle Läden geschlossen waren, setzte sich auf den Fahrersitz und drehte den Zündschlüssel im Schloss herum. Der neue knallrote A4 sprang auf der Stelle an. Super. Braves Auto. Der Kurzurlaub konnte beginnen. Und zu schneien hatte es auch noch aufgehört. Wenn das kein gutes Omen war, was dann?

Gestern hatte sie zuerst noch Angst davor gehabt, was alles passieren könnte, wenn dieser Waldemar Richter wieder bei ihr im Lokal auftauchte. Doch nachdem gleich zu

Anfang vier ihrer kräftigsten Stammgäste hereingekommen waren und sich Anneliese wenig später auch noch eingefunden hatte, waren ihre diesbezüglichen Befürchtungen schnell wieder verflogen gewesen. Zu Recht, wie sich in der Folge zeigen sollte. Richter hatte sich den ganzen Abend nicht blicken lassen, und später, nach der Sperrstunde, hatte auch niemand vor ihrem Haus gestanden. Erleichtert war sie auf der Stelle eingeschlafen und erst heute Morgen bestens erholt wieder aufgewacht. Ideale Vorraussetzungen für einen ausgiebigen Langlauftag in der frischen Bergluft.

Punkt halb neun stand sie vor der prächtigen zweistöckigen Villa, die Anneliese vor Jahren bei der Scheidung von ihrem Bernhard zugesprochen bekommen hatte, und klingelte.

»Hallo, Moni! Schön, dass du da bist«, wurde sie freudestrahlend von ihrer besten Freundin begrüßt, nachdem diese ihr geöffnet hatte. »Stell dir vor, ich habe alles fertig gepackt und bin zur Abfahrt bereit. Komm doch kurz rein.«

»Du hast fertig gepackt? Unglaublich, Annie.« Monika lächelte überrascht, während sie in den lichtdurchfluteten quadratischen Vorraum trat. Normalerweise schaffte es Anneliese nie, auch nur annähernd pünktlich zu sein. Egal, ob man sich mit ihr in der Stadt verabredete oder eine Flugreise in den Süden unternahm.

»Na ja. Ich muss nur noch schnell im Keller nach meinen Langlaufskiern suchen. Ich weiß gar nicht mehr, wo ich die letztes Jahr abgestellt habe.«

»Kein Problem. Ich packe solang schon mal dein anderes Zeug in den Kofferraum.« Monikas Lächeln fror ein. Alles klar. Ahnte ich es doch, dass die Sache mindestens einen Haken hat, dachte sie. Es wäre auch zu schön gewesen, wenn Annie wenigstens ein einziges Mal wirklich mit allem fertig gewesen wäre. Aber egal. Es würde schon nicht so lang dauernd, bis sie ihre Bretter fand. Hoffentlich.

»Super. Danke, Moni.« Anneliese entfernte sich nach hinten in Richtung Kellertreppe. »Die Sachen sind im Wohnzimmer.«

»Willst du das alles mitnehmen? Wir bleiben doch nur bis morgen!«, rief ihr Monika entsetzt hinterher, nachdem sie das geräumige, teuer mit Antiquitäten und dicken Teppichen eingerichtete Wohnzimmer zu ihrer Linken betreten hatte. Kopfschüttelnd blickte sie auf die zwei riesigen Hartschalenkoffer, die neben dem Klavier auf dem glänzenden Parkettboden standen.

»Logisch. Wir gehen doch heute Abend aus. Da möchte ich auf alle Fälle ein paar modische Alternativen dabei haben«, erwiderte Anneliese fröhlich über ihre Schulter hinweg.

»Na dann. Prost Mahlzeit, Schindlerin«, murmelte Monika und schleppte das erste Ungetüm zum Auto hinaus.

Keine halbe Stunde später ließen sie die Autobahnabzweigung nach Starnberg hinter sich und fuhren bei strahlendem Sonnenschein auf die imposante Kulisse der Berge zu. Anneliese hatte ihre Skier wider Erwarten gleich gefunden, da sie direkt neben der Kellertreppe gelehnt hatten, und so war einer pünktlichen Abfahrt Gott sei Dank nichts mehr im Wege gestanden.

»Der Typ hinter uns könnte auch mal überholen«, beschwerte sich Monika. »Der sitzt gleich bei uns auf der Rückbank, wenn er so weitermacht.«

Sie versuchte im Rückspiegel zu erkennen, ob der Fahrer des dunkelblauen BMW hinter ihr einen Vollbart hatte. Der *Zorn Gottes* wollte ihr einfach nicht mehr aus dem Sinn gehen.

»Schalte doch mal das Licht ein. Was meinst du, wie schnell der abbremst, weil er denkt, es wären deine Bremslichter.« Anneliese drehte sich um und bedeutete dem aufdringlichen Hintermann mit wilden Handzeichen, Abstand zu halten.

»Ist schon an. Außerdem nötige ich niemanden. Aber was ganz anderes. Stell dir vor, Max und Franzi haben diesen *Zorn Gottes* von vorgestern früher schon mal verhaftet.«

Monika blickte erneut nervös in den Außenspiegel. Kam dieser Irre hinter ihnen gerade etwa noch ein Stück näher?

»Was? Diesen Verrückten, der bei uns in der Kneipe war?«

»Genau den. Er heißt Waldemar Richter.« Monika trat aufs Gaspedal, um den lästigen Burschen hinter ihrem Kofferraum abzuhängen. Im selben Moment blinkte der, scherte nach links auf die Überholspur aus und zog breit grinsend und winkend an ihnen vorbei.

»Mein Gott. Was für ein dämlicher Machoarsch. Ich dachte, die Gattung wäre längst endgültig ausgestorben.« Monika schüttelte genervt den Kopf und nahm den Fuß vom Gas.

»Die Dummheit stirbt nie aus.«

Anneliese schaltete das Radio ein und suchte nach einem Sender mit interessanter Musik. Ergebnislos. Sie drehte es gleich wieder ab.

»Ich habe eine CD im Player. Lass die doch mal laufen«, schlug ihre beste Freundin und Chauffeurin vor.

»Okay.«

Kurz darauf ertönte *It's My Life* von Bon Jovi.

»Yes! Das nenne ich geile Autofahrmusik.« Monika drehte lauter und trommelte den Takt auf dem Lenkrad mit. »Und dann noch dieses Hammerwetter. Genial!«

Anneliese setzte ihre neue Gucci-Sonnenbrille auf und grölte wie Monika lauthals den Refrain mit. Dann war auf einmal die ganze Autobahn vor ihnen voller roter Bremslichter.

»Mist. So weit hinten hat es sich noch nie gestaut«, fluchte Monika. Dieses beschissene Oberau. Warum bauten die da nicht endlich auch einen Tunnel oder eine Umgehungsstraße hin, wie bei Farchant. Jede Oma, die mal eben zum Bäcker rüber wollte, drückte auf die scheiß Fußgängerampel dort, und kein Mensch kam in die Berge.

»Wir haben doch Zeit.«

»Schon, aber nicht bis heute Abend.« Die Thalkirchner Kneipenwirtin schaltete genervt den Motor ab.

»Wird schon nicht so schlimm werden.«

»Das sagst du so in deinem jugendlichen Leichtsinn, Annie. Schau dir das doch mal an. Bis zur Ampel in Oberau sind es mindestens noch zwölf Kilometer, und durch Garmisch müssen wir dann auch noch durch. Da warten wir locker zwei Stunden.« Monika klang nicht völlig verzweifelt, aber ihre gute Laune von eben lief gerade höchste Gefahr, sich alsbald in reine Gebirgsluft aufzulösen. »Fehlt bloß noch, dass der *Zorn Gottes* in der Nähe ist und auf uns schießt.«

»Geh, Schmarrn, Moni. Möchtest du ein Croissant? Ich habe heute Morgen extra welche aufgebacken.« Anneliese wusste genau, was ihre beste Freundin jetzt aufheitern würde. Sie kramte in dem kleinen Rucksack, den sie beim Einsteigen mit auf ihren Beifahrerplatz genommen hatte.

»Gern. Gibt es auch Kaffee dazu?«

»Aber sicher. Das ist ja nicht wie bei armen Leuten hier.« Anneliese zauberte eine Thermosflasche und zwei Tassen aus ihrem Rucksack.

Monika ließ sich von ihrem launigen Spruch zumindest zu einem leichten Grinsen motivieren. Was sollte es auch? Grantig werden war keine Lösung. Jetzt half nur Geduld.

Wer nach Garmisch fuhr, wusste schließlich, dass es am Ende der Autobahn immer einen Stau gab. Auch wenn der Verkehr diesmal wirklich ungewöhnlich früh zum Erliegen kam. Sie waren doch gerade erst an der Ausfahrt nach Murnau vorbeigekommen. Hatte es weiter vorn etwa einen Unfall gegeben? Egal. Da mussten sie jetzt durch, wenn sie heute noch nach Leutasch zum Langlaufen wollten. So oder so.

Der dunkelblaue BMW mit dem Macho darin stand auf einmal direkt neben ihnen. Monika schaute kurz zu ihm hinüber. Sie hatte ihn vorhin, weil alles so schnell gegangen war, gar nicht richtig wahrgenommen. »Oh Gott, schau dir mal den Deppen genauer an, der uns vorhin überholt hat, Annie.« Sie lehnte ihren Kopf zurück, damit ihre Freundin freie Sicht hatte.

»Wahnsinn! Wie sieht der denn aus? Ist das ein Gangster? Meinst du, der *Zorn Gottes* hat ihn hinter uns hergeschickt?« Anneliese lachte laut auf. »Warte, Moni. Ich hab's. Das ist der Hape Kerkeling. Wetten?«

Der kurz geratene, braun gebrannte Mann, der gerade so über das Lenkrad des riesigen Autos hinwegblicken konnte, lächelte mit blinkenden Goldzähnen zu ihnen herüber. Hinter seiner hohen Stirnglatze streckten sich ein paar restliche, dünne, unnatürlich schwarz gefärbte Haare Richtung Autodach. Seine überlangen Schneidezähne standen wie bei einem Kaninchen vor. Die schmale Oberlippe war mit einem dünnen Schnurrbart, wie man ihn im mediterranen Raum bevorzugte, geschmückt. Auf der kleinen Stupsnase thronte eine verspiegelte Pilotensonnenbrille. Am Ringfinger der schmalen Hand, mit der er ihnen gerade fröhlich zuwinkte, trug er einen klobigen goldenen Siegelring.

»Nein, falsch. Das ist Borat in Miniaturausgabe«, spekulierte Monika und bekam gleich darauf einen Lachkrampf.

Ihr Ärger wegen des Staus war mit einem Mal genauso schnell vergessen, wie er gekommen war.

»Fehlt nur noch dieser unmögliche Badeanzug, den er in seinem Film angehabt hat.« Für Anneliese gab es ebenfalls kein Halten mehr. Sie prustete los und verschüttete dabei fast den Kaffee, den sie gerade für Monika einschenkte.

Der eingebildete Südländer neben ihnen hörte natürlich nicht, dass er gerade zum Opfer ihres Spotts wurde. Er glotzte weiter zu ihnen herüber und lächelte dabei unentwegt.

»Ich glaube, der hält sich für dermaßen unwiderstehlich, dass er gar nicht merkt, wie wir ihn verarschen.«

Monika schüttelte immer noch kichernd den Kopf. Sie traf in ihrer Kneipe auf alle möglichen eigenartigen Typen, wie zum Beispiel den *Zorn Gottes*. Aber einen derart von sich selbst überzeugten Volltrottel wie diesen hier hatte sie schon lang nicht mehr erlebt.

»Irgendwie sieht er fast aus wie der Bandit aus Winnetou I, dieser Santer.« Anneliese reichte Monika ihren Kaffee.

»Meinst du den Adorf? Stimmt! Wenn der Typ hier nicht so winzig wäre und ohne die langen Zähne könnte es glatt hinkommen.«

»Aber der Adorf ist kein solcher Machodepp.« Anneliese schüttelte gackernd den Kopf.

»Natürlich nicht. Ich liebe ihn. Der große Bellheim. Genial. Oder in Kir royal als Klebstofffabrikant Heinrich Haffenloher. Hammer!«

Monika hatte einen Moment lang zu lachen aufgehört. Mario Adorf war einer ihrer absoluten Lieblingsstars. Jeder Vergleich mit dem lächerlichen Grinsdeppen da drüben wäre eine Beleidigung für ihn gewesen.

»Oder es ist wirklich der Borat«, gab Anneliese zu bedenken, während sie sich inzwischen nur noch mit verzerrtem

Gesicht den wackelnden Bauch hielt. »Das gibt es doch oft, dass die Schauspieler in Wirklichkeit viel kleiner sind als im Film. Schau dir bloß mal Humphrey Bogart an oder Tom Cruise.«

»Oder Peter Maffay.«

»Der ist doch kein Schauspieler.«

»Aber klein.«

»Stimmt auch wieder.« Anneliese krähte erneut los. Dann beruhigte sie sich wieder etwas. »Hey, was ist das? Es geht weiter. Schau doch nur, Moni. Das sieht doch schon mal ziemlich gut aus.«

»In der Tat, liebste Freundin.«

Monika startete den Motor und sah zu, dass sie ihrem Vordermann hinterherkam. Den BMW mit dem dauergrinsenden Mini-Borat am Steuer ließen sie links liegen. Wenn der uns vom *Zorn Gottes* hinterhergeschickt worden sein sollte, dann ist er auf jeden Fall keine große Gefahr, dachte sie. Den Winzling mache ich zur Not ganz alleine fertig. Mit zusammengebunden Händen.

Der Stau löste sich auf, und sie kamen gut voran. Alles andere wäre an einem Montagmorgen auch mehr als verwunderlich gewesen. In Garmisch gab es noch einmal eine kleine Verzögerung vor einer Baustelle. Aber nachdem sie die Olympiaschanzen und das Kreiskrankenhaus am südöstlichen Ortsende passiert hatten, ging es flott weiter. Vorbei am Biathlon- und Langlaufzentrum Kaltenbrunn, dessen weiterer Streckenverlauf zumeist im Schatten lag, erreichten sie Klais und bogen nach rechts über die Bahngleise in Richtung Schmalenseehöhe ab. Eine Abkürzung nach Mittenwald, die normalerweise nur Einheimische kannten. Der Rest fuhr den langen Umweg über die etwas schneller befahrbare Umgehungsstraße, die an Krün vorbeiführte.

100 Meter nach dem Ortsende fanden sie sich allein auf der Straße wieder.

»Hast du gewusst, dass die Magdalena Neuner hier in der Gegend am Anfang immer trainiert hat?«, erkundigte sich Anneliese bei ihrer Fahrerin.

»Logisch. Die kommt doch gleich drüben aus Wallgau.« Monika zeigte nach links über die verschneiten Buckelwiesen hinweg. »Trotzdem würde ich heute gern in Leutasch Langlaufen gehen. Es ist so schön dort. Sonne, viel Platz, die schneebedeckte hohe Munde über allem. Und wenn wir keine Lust mehr auf unsere Skier haben, können wir auch ein Stück weit ins Gaistal hineinwandern, wo sich der gute alte Ludwig Ganghofer damals herumgetrieben hat.«

»Machen wir, Frau Professor.« Anneliese liebte die Olympiaregion Seefeld mitsamt ihrer näheren Umgebung genauso sehr, wie ihre beste Freundin das tat. Die Sache mit dem berühmten Heimatdichter und Schriftsteller, der um 1900 einen Großteil seiner Zeit in seinem Jagdhaus im Gaistal verbracht hatte, war ihr allerdings neu. Normalerweise achtete sie auch nicht so sehr auf historische Details wie Monika. Egal wo sie hinfuhren, ihr war der Genuss im Hier und Jetzt wichtiger.

»Hey, was soll denn das? Spinnt der Typ total?« Monika riss das Steuer nach rechts herum, trat voll auf die Bremse und kam knapp neben dem Straßengraben zum Stehen.

11

»In der Nacht von Samstag auf Sonntag um Viertel nach vier kam auf der Umgehungsstraße zwischen Mittenwald und Krün ein Landrover von der Straße ab. Der 20jährige Fahrer, der sich allein darin befand, war sofort tot, als das Fahrzeug gegen einen Baum prallte. Offensichtlich war er nicht angeschnallt und betrunken gewesen. Der Arzt hatte noch am Unfallort eine Blutprobe abgenommen, 2,4 Promille. Und jetzt noch das Wetter: Sonne bei plus drei Grad, also ideal zum Skifahren oder Langlaufen. Oder für eine kleine Schneewanderung. Das waren die Nachrichten bei Radio Oberland. Es ist 10.05 Uhr. Und jetzt wieder Musik.«

»Gott sei Dank wird es ein bisschen wärmer. Meinst du, das war der Typ, der uns Samstagnacht über die Hecke geschickt hat?« Josef biss mit großem Appetit in die Quittenmarmeladesemmel, die er sich gerade geschmiert hatte.

Er und Max hatten der Meldung aus den fast unsichtbaren Boxen unter der Decke des Frühstücksraumes ihres Hotels interessiert zugehört.

»Schaut ganz so aus. Die Uhrzeit kommt hin, und ein Jeep war es auch. Also doch kein weiteres Attentat, wie wir vermutet haben, sondern bloß ein unzurechnungsfähiger unseliger Suffkopf. Herrschaftszeiten, so schlimm hätte seine Strafe wegen mir auch wieder nicht ausfallen müssen.« Max trank noch einen Schluck von Fanni Mautners köstlichem Kaffee.

Auch sonst war das Frühstück bei den Mautners eine Magen- und Augenweide. Auf dem geschmackvoll mit Blumendekoration und buntem Geschirr ausgestatteten Büfett lag alles ausgebreitet, was das Herz begehrte: von Rühreiern, gekochten Eiern, Wurst, Schinken und Käse über Müsli und Früchte bis zu Fisch, Yoghurt, angemachten Salaten und ausgefallenen selbstgemachten Marmeladen. Selbst kalorienreiche Sonderwünsche wie Bratwürste oder Bauernfrühstück mit Speck wurden von Fanni gern entgegengenommen und erfüllt.

Max und Josef saßen bereits seit einer halben Stunde an ihrem blütenweiß gedeckten Zweiertisch gleich beim Fenster. Sie ließen es sich ausgiebig schmecken, da sie wussten, dass ein kräftezehrender Langlauftag mit Monika und Anneliese auf sie wartete. Beide freuten sich darauf. Aufgrund des Schreckens nach den lebensbedrohlichen Ereignissen am Samstag früh im Dammkar ließen sie ihre neuen Abfahrtsskier gern auch noch für einen weiteren Tag auf dem Skiträger von Josefs Auto. Denn eines war klar, beim Langlaufen würden sie auf jeden Fall nicht so schnell von einer Lawine überrollt werden. Zumindest solange sie sich von steilen Berghängen fernhielten.

Nachdem Monika gestern Mittag um eins bei Max angerufen hatte, um ihm von dem Spanner vor ihrem Haus und dem nächtlichen Polizeieinsatz zu erzählen, war er aufgestanden und hatte mit Josef zunächst Georg Reiter und danach dessen Freundin Sylvie Maurer, die wie Georg noch bei ihren Eltern wohnte, besucht. Reiter hatte ein fast perfektes Alibi für die Tatzeit um kurz nach neun im Dammkar vorzuweisen gehabt. Er war am Samstag um Viertel nach zehn mit seinen Eltern beim Einkaufen gewesen, nachdem sein Vater von der Arbeit heimgekommen war. Er hätte also schon verdammt schnell das Dammkar hinunter und durch den Ort fahren müssen, um nach dem Anschlag rechtzeitig um zehn daheim zu sein. Prinzipiell möglich wäre es natürlich gewesen, vor allem für einen durchtrainierten Skirennläufer wie ihn. Aber da er zudem den Eindruck eines eher schüchternen, braven Burschen machte, war Max geneigt, sich vorerst nicht auf ihn als Täter festzulegen. Noch dazu weil Georgs Freundin Sylvie wenig später ausgesagt hatte, dass Rainer Staller ihr lediglich ein einziges Mal ein kleines Bussi auf dem Schulweg gegeben hätte. Mehr wäre da nie gewesen. Somit wäre also zumindest dieser Teil von Georgs Motiv hinfällig gewesen. Dennoch besaß Max Erfahrung genug, um ihn nicht ganz aus dem Kreis der Verdächtigen auszuschließen. Er und seine Freundin konnten genauso gut gelogen haben. Vor allem an das lediglich *kleine Bussi*, das Rainer Staller Sylvie gegeben haben sollte, mochte Max nicht so recht glauben. Außerdem war da immer noch die Sache mit dem Platz im DSV-Kader, den Rainer Georg weggeschnappt hatte.

Am Abend hatten sie dann Rudi zu Hause besucht, zum Abendessen und um ihn vom Stand ihrer Nachforschungen zu unterrichten. Seine Dagmar hatte groß aufgekocht. Viel getrunken wurde nicht. Dagmar mochte prinzipiell keinen Alkohol, und den drei Männern hatte die Samstagnacht nach wie vor in den Knochen gesteckt. Besonders Max und Josef. Immerhin hatten sie noch bis Sonntagmorgen um sechs mit den Mautners und Thomas Knesebeck Grog zum Aufwärmen getrunken.

»Schon zehn Uhr vorbei. Wollten Moni und Annie nicht längst da sein?«, erkundigte sich Josef, während er sich seine dritte Honigsemmel schmierte.

»Wahrscheinlich wieder mal Stau an der Autobahnausfahrt.« Max legte vier Scheiben Emmentaler auf seine halbe Mohnsemmel.

»Im Radio haben sie aber gar nichts davon gesagt.«

»Das hier ist auch das Oberlandradio, Josef. Die Autobahnausfahrt liegt fast noch im Murnauer Moos.«

»Na und? Ist das etwa kein Oberland?«

»Doch, schon. Weilheim–Schongau gehört noch dazu. Aber andererseits auch wieder nicht so richtig. Weil es da schon so flach ist.«

»Aha. Na, du musst es ja wissen. Warst wohl in einem früheren Leben Erdkundelehrer, was? Herrje. Hoffentlich kommen sie bald. Das Wetter ist wirklich traumhaft.«

»Hoffe ich auch.«

»Max? Josef? Ist bei euch beiden alles in Ordnung? Braucht ihr noch irgendetwas? Kaffee vielleicht?« Die leicht üppige, brünettgelockte Fanni Mautner stand neben ihnen und blickte fürsorglich wie eine Mutter auf sie herab. Seit ihrer Grogorgie gestern früh duzten sie sich gegenseitig.

»Alles bestens, Fanni«, antwortete Max. »Ein Hochgenuss wie immer, dein opulentes Frühstück.«

»Das freut mich.« Sie grinste geschmeichelt.

»Können wir das mit der Rechnung gleich erledigen, wo wir dich schon mal da haben?« Max machte Anstalten, seine Brieftasche aus der Hosentasche seiner Skihose zu ziehen.

»Machen wir nachher am Empfang, wenn ihr geht. Okay?«

»Alles klar. Wir melden uns dann, sobald wir aufbrechen.« Er ließ sein Geld stecken.

»Ich bin die ganze Zeit über da.« Sie lächelte ihnen noch einmal zu und ging weiter zum Tisch der Knesebecks.

Thomas Knesebeck hatte vorhin lediglich kurz wortlos zu ihnen herübergeblinzelt. Schon gestern hatte er ihnen nur aus der Ferne zugenickt. Wahrscheinlich hat ihm seine gestrenge Frau den Kontakt zu ihnen untersagt, hatte Max daraufhin gemeint, und Josef hatte nur zustimmend gegrinst. Jetzt saß der hagere Hamburger frisch gekämmt vor seinem Frühstück und vermied es tunlichst, zu ihnen hinüberzusehen.

»Der Thomas macht sich noch in die Hosen aus Angst vor seiner Frau«, meinte Josef amüsiert. »Vor der hätte ich aber, ehrlich gesagt, auch Angst. Da bin ich wirklich lieber Junggeselle.« Er nickte mit dem Kopf in Richtung der kräftig gebauten rothaarigen Hamburgerin mit dem Gesicht einer Bulldoge, die gerade mit ihrem dritten Teller Wurst und Käse zu ihrem Platz zurückkehrte.

»Dito«, erwiderte Max, blickte zu dem ungleichen Paar hinüber und lachte.

»Hey! Sind sie das nicht?« Josef zeigte auf den Parkplatz hinaus, den sie von ihrem Fenster aus einsehen konnten.

»Tatsächlich, Monis neuer Audi. Nichts wie los.«

Sie standen auf und stürmten vor das Haus, um Monika und Anneliese zu begrüßen.

Nachdem die beiden Männer ihre Sachen in Josefs großzügigem 7er-BMW verstaut und bei Fanni bezahlt hatten, fuhren sie alle zusammen zu Rudis Appartement. Dagmar hatte Max gestern Abend bei der Verabschiedung noch die Schlüssel mitgegeben. Sie fanden zwei Parkplätze direkt vor der Tür und schafften ihr Gepäck in den ersten Stock hinauf.

»Ist das schön!«, stieß Monika begeistert aus, sobald Max die Tür aufgesperrt hatte.

Sie standen in einem modern eingerichteten, großzügigen Vorraum, der offensichtlich auch gleichzeitig als Gemeinschaftsraum inklusive großem Esstisch aus hellem Holz und perfekt ausgestatteter Küchenzeile in der gleichen Farbe diente.

»Mit allen Schikanen,«, erklärte Max stolz. »Drei schöne Doppelzimmer, drei Balkone, drei Duschen und zwei Badewannen mit Massagedüsen. Na, wie habe ich das gemacht?«

»Und sogar inklusive Immobilienmakler«, scherzte Josef mit Blick auf seinen Freund. Er erntete dafür herzliche Lacher von allen Anwesenden.

»Aber saukalt ist es auch.« Anneliesse klapperte mit den Zähnen.

»Egal, wir sind doch sowieso den ganzen Tag auf der Loipe.« Max ließ sich seine Freude über die großzügige, fast schon exklusive Wohnstätte nicht nehmen. Hier würde er zur Not sogar dauerhaft einziehen und sich dabei pudelwohl fühlen.

»Ich würde sagen, wir verstauen schnell unsere Sachen und fahren dann gleich nach Leutasch. Euer Kriminalfall hat doch sicher etwas Zeit. Was meint ihr?« Monika nahm den Griff ihres Rollkoffers in die Hand. »Wer nimmt welches Zimmer?«

»Kriminalfälle haben nie Zeit, Moni. Aber deinen freien Tag heute verbringen wir so weit wie möglich zusammen. Versprochen. Zur Unterbringung: Ich würde vorschlagen, du gehst mit Josef zusammen in das größte Zimmer. Annie und ich nehmen die zwei anderen.« Max grinste provozierend.

»Sehr witzig, Max Raintaler. Wir lachen dann später.« Monika steuerte auf das nächstbeste Zimmer gleich rechts von ihnen zu. »Komm schon, du Spinner«, forderte sie ihn auf, während sie die Klinke herunterdrückte.

»Na gut, füge ich mich halt in mein Schicksal.« Während er von ihr durch die Tür geschoben wurde, blickte er über die Schulter hinweg auf die anderen zurück. »Bis später, Leute. Und unser Fall darf heute ruhen. Aber nicht ganz«, fügte er dann wieder an Monika gewandt hinzu. »Der Attentäter fängt sich nicht von selbst. Wir werden die Sache auf jeden Fall möglichst bald miteinander durchdiskutieren müssen.«

»Logisch. Wie immer halt«, erwiderte sie, während sie hinter ihm eintrat.

»Wie, bis später? Ich denke, wir gehen gleich Langlaufen.« Anneliese sah verwirrt zu Josef hinüber.

»Machen wir auch, Anneliese«, ließ Max aus dem Inneren des Zimmers verlauten. »Ich muss mich nur noch schnell umziehen und eine von den Blutdrucktabletten nehmen, die mir Moni mitgebracht hat.«

»Wir haben doch alle die Langlaufsachen an.« Anneliese schüttelte verwirrt den Kopf. Was ging hier denn gerade vor? Hatte sie etwas verpasst?

»Stimmt. Aber ich brauche dringend wärmere Unterwäsche.« Noch während Max sprach, fiel die Tür zu seinem und Monikas Zimmer ins Schloss.

»Ich glaube, wir legen uns am besten eine halbe Stunde hin, Annie«, meinte Josef mit einem breiten Grinsen. »Kann gut sein, dass sich das Umziehen der beiden etwas in die Länge zieht.«

»Meinst du wirklich?« Sie machte ein ungläubiges Gesicht.

»Meine ich. Okay, wenn ich hier rein gehe?« Er zeigte auf das erste Zimmer zu ihrer Linken.

»Ich hätte aber gern eine Badewanne mit Massagedüsen.«

»Moment.«

Er öffnete die Tür und verschwand. Eine Minute später war er wieder zurück. »Du hast das Zimmer mit der Badewanne. Ich hab auf jeden Fall keine. Also, bis später.«

»Na gut. Bis später.« Sie zuckte mit den Achseln und öffnete die Tür des nächsten Zimmers. »Am besten ziehe ich mir auch wärmere Unterwäsche an. Es ist viel kälter als in München hier oben.«

»Gute Idee. Tu das.« Josef schloss seine Tür.

Eine Dreiviertelstunde später war die Sache mit dem Umziehen zur allseitigen Zufriedenheit erledigt. Sie stiegen zu viert samt Langlaufausrüstung in Josefs großen BMW und fuhren los Richtung bayrisch-österreichische Grenze.

»Das haben wir euch noch gar nicht erzählt«, platzte Monika nach gut 100 Metern unvermittelt heraus. »Vorhin hat uns so ein Depp mit seinem BMW bei Klais fast in den Graben gedrängt. Wir haben ihn vorher schon im Stau auf der Autobahn gesehen. So ein südländischer Typ mit Goldzähnen.«

»Wirklich? Du meinst mit Absicht?« Max wurde hellhörig. War da am Ende etwa doch jemand hinter ihnen allen her?

»Weiß ich nicht. Könnte aber gut sein. Stimmt's, Annie?«

»Stimmt«, kam es entschlossen vom Beifahrersitz.

»Und wir wurden Samstagnacht fast von einem Jeep überfahren.« Max legte seinen Arm um Monikas Schulter. Er machte ein nachdenkliches Gesicht.

»Was? Und das sagst du mir erst jetzt?« Sie blickte erschrocken zu ihm hinüber.

»Ich wollte dich gestern am Telefon nicht noch mehr beunruhigen, Moni. Die Sache mit der Lawine, deinem komischen *Zorn Gottes* und dem Spanner vor deinem Haus hat für meinen Geschmack gereicht.«

»Und jetzt auch noch der Kerl mit dem BMW und euer Jeep. Das gibt es ja gar nicht. Da ist doch jemand hinter uns allen her.« Sie schüttelte aufgebracht den Kopf. »Ach, und das habe ich auch ganz vergessen. Franzi hat herausgefunden, wer dieser *Zorn Gottes* ist, der vorgestern bei mir in der Kneipe war.«

»Und?« Max sah sie neugierig von der Seite an.

»Er heißt Waldemar Richter. Franzi und du, ihr habt ihn wohl einmal im *Weißen Bräuhaus* festgenommen, weil er dort randaliert hat.«

»Ach, der? Stimmt, der war wirklich zornig. So ein stink-aggressiver Zwerg, der sich mit jedem anlegen wollte. Sucht Franzi nach ihm?« Max erinnerte sich noch genau an die Szene. Der Kerl hatte so gut wie jeden im Lokal angepöbelt. Solang, bis Franz und er ihn mit vereinten Kräften überwältigt und aufs Revier mitgenommen hatten.

»Ja.«

»Super. Dann wissen wir vielleicht bald mehr. Das mit dem Jeep war übrigens höchstwahrscheinlich kein Anschlag, sondern ein betrunkener junger Mann«, räumte er ein. »Er hat kurz darauf einen tödlichen Unfall gehabt. Haben sie jedenfalls vorhin im Radio gemeldet.«

»War es auch sicher derselbe, der euch überfahren wollte?«

»Nein. Sicher ist das nicht. Aber er könnte es gut gewesen sein, wenn man die Uhrzeit betrachtet. Zwei Jeeps mitten in der Nacht im kleinen Mittenwald erscheinen mir unwahrscheinlich. Obwohl … andererseits fährt hier jeder Zweite so ein Ding.«

Max kratzte sich nachdenklich am Hinterkopf. Also vielleicht doch ein gezielter Mordversuch an ihm und Josef? Möglich war es auf jeden Fall. Herrschaftszeiten aber auch.

»Du meintest aber nicht mich mit dem BMW?«, erkundigte sich Josef, der nur mit einem Ohr zugehört hatte, grinsend in ihre Gesprächspause hinein bei Monika.

»Schmarrn. Der Typ, der uns fast in den Graben gedrängt hat, fuhr aber auch einen BMW. Natürlich nicht so einen schönen wie du, Josef.«

»Das will ich auch schwer gehofft haben. Aber Spaß beiseite, Leute. Eine auffällige Anhäufung seltsamer Geschehnisse haben wir da im Moment schon. Oder, Max?«

Josef suchte im Rückspiegel das Gesicht seines Freundes und Vereinskollegen beim FC Kneipenluft. Als verdienter Exkommissar musste der doch am besten wissen, was hier gerade abging oder nicht.

»Das kannst du laut sagen, Watson.«

Max betrachtete die in der Vormittagssonne silbrig glitzernde Winterlandschaft, die an ihnen vorbeirauschte. Weite weiße Flächen, schneebedeckte Heustadel, Bäume und Sträucher, und über allem die Berge mit ihren verschneiten steilen Flanken ringsumher. So eine schöne Welt und so viele kriminelle Bewohner. Hatten es etwa gleich mehrere Ganoven gleichzeitig auf ihn und seine Freunde abgesehen? Waren die Anschläge von einer einzelnen Person geplant, die verschiedene Täter losgeschickt hatte? Zum Beispiel von diesem *Zorn Gottes* oder Waldemar Richter, wie er richtig hieß? Oder war er das im Dammkar selbst gewesen und war danach sofort wieder nach München zurückgekehrt? Natürlich konnte es sich bei alledem auch nur um saudumme Zufälle handeln. Doch wenn nicht, was sollte das Ganze dann? Die erste Frage, der es nachzugehen galt, war die nach einem Motiv. Wenn Max das hätte, wäre die Suche nach dem Täter schon wesentlich einfacher. Logisch. Natürlich wusste er, dass das leichter gesagt als getan war. Im Grunde genommen konnte jeder Ganove, den er jemals in und um München herum verhaftet hatte, inklusive diesem *Zorn Gottes*, für die gefährlichen Übergriffe verantwortlich sein. Und ein Einheimischer, der die beiden Jungs vom Skiklub loswerden wollte, kam zumindest für die Sache mit der Lawine ebenso als Täter infrage. Wer war der Fahrer des

Jeeps in der Nacht auf den Sonntag gewesen? Wirklich dieser junge Kerl, der sich anschließend selbst umgebracht hatte? Etliche Verdächtige und keine vernünftige Spur. Knifflige Angelegenheit.

»Verdammte Scheiße!« Josef riss das Steuer herum und stieg mit aller Kraft auf die Bremse, bis der Wagen zum Stehen kam.

»Hilfe!«, rief Anneliese erschrocken.

»Hey, was soll das, Josef?«, wollte Max wissen, den es bei dem halsbrecherischen Manöver trotz Gurt mit der Nase gegen Annelieses Kopfstütze gedrückt hatte.

»Wie war das gerade, Moni? Euch wollte einer in den Graben drängen? Der hier wollte uns gerade garantiert umbringen. Schaut euch mal den Felsen vor uns an.« Josef keuchte vor Schreck. Er war nur knapp einen Meter vor einer massiven Steinwand zum Stehen gekommen.

»Wen meinst du?«, fragte Max.

»Den Kerl mit dem blauen 5er-BMW und dem Münchner Kennzeichen, der uns gerade überholt hat und da vorn um die Ecke rauscht.« Josef zeigte mit dem ausgestreckten Arm auf die Straße vor ihnen.

»Was? Ist das etwa unser Depp von der Autobahn? Der uns bei Klais geschnitten hat?« Monika blickte entsetzt von einem zum anderen.

»Ich glaube, er war es, Moni.«

Anneliese räusperte sich leise. Sie war angesichts der Tatsache, dass sie gerade fast zu Mus gequetscht worden wäre, bislang sprachlos geblieben.

»Jetzt bekomme ich aber langsam wirklich Angst.« Monika starrte, nach wie vor erschrocken, durch die Windschutzscheibe auf die Straße hinaus.

»Hinterher, Josef. Den schnappen wir uns. Mach schon.«

Max rüttelte an Josefs Sitz, um den Thalkirchner Millionenerben und Hobbyfußballer aus seiner Schockstarre zu holen. Wenn das wirklich der Kerl war, der es zuvor bereits auf Monika und Anneliese abgesehen hatte, mussten sie ihn auf jeden Fall erwischen, handfest verhören und dann gegebenenfalls der Polizei übergeben.

»Na gut, Max. Auf dein Risiko.«

Josef setzte ein Stück weit zurück und gab der 360-PS-Maschine seiner dunkelgrauen Nobelkarosse die Sporen. Sie rasten wie mit einem Rennwagen die engen Serpentinen ins Leutschtal hinauf.

»Nicht so schnell, Josef! Aufpassen!«, rief Anneliese.

»Schneller!«, trieb Max ihn an. »Aus dem Schwein mach ich Hackfleisch.«

Der Torwart des FC Kneipenluft drückte noch mehr auf die Tube. Doch gleich darauf wurde er zur nächsten Vollbremsung gezwungen. Ein Bus war vor ihnen aufgetaucht und nahm nahezu die gesamte Breite der Straße ein. Josef musste erneut rückwärts fahren, bis er endlich bei der letzten Ausweichstelle angelangt war.

»Verdammte Scheiße!«, fluchte Max. »Ausgerechnet jetzt muss dieser Volldepp daherkommen. Herrschaftszeiten noch mal. Zefix! Der Typ mit dem BMW geht uns doch durch die Lappen. Mist, Mist, Mist!« Er trommelte außer sich mit den Fäusten auf Annelieses Rückenlehne herum.

»Hey! Geht's noch, Herr Raintaler?«, beschwerte die sich genervt. »Hau auf deinen eigenen Sitz, wenn du schon unbedingt hauen musst.«

»Keine Angst. Den hole ich schon noch ein, Leute.«

Josef ließ den Bus passieren und trat anschließend mit grimmiger Miene das Gaspedal bis zum Anschlag durch.

12

»So was kann normalerweise gar nicht passieren. Der hat doch bestimmt ein *x-drive*.«

»Du meinst dieses neuartige Traktorsystem?« Der dunkelhaarige gemütliche Revierinspektor Johann Steigert von der Polizeiinspektion Seefeld sah seinen sportlichen rothaarigen Kollegen Inspektor Raimund Bleigeber fragend an. Endlich konnte er auch mal einen technischen Fachbegriff anbringen. Das mit dem Traktorsystem hatte er neulich in einer Autozeitschrift gelesen. Sonst war Raimund immer derjenige, der sich mit solchen Sachen auskannte.

»Traktionssystem, Johann. Nicht Traktorsystem. Und ganz so neu ist das auch nicht mehr. Aber genau das meine ich. Damit fährt der doch wie auf Schienen.« Raimund blickte erneut zu dem 7er-BMW mit dem Münchner Kennzeichen vor ihnen hinüber, der kurz vor Unterkirchen fast bis zur Fahrertür in einer riesigen Schneewehe am Straßenrand feststeckte.

»Er muss auf jeden Fall einen Affenzahn draufgehabt haben.« Johann kratzte sich nachdenklich am kurzgeschorenen Hinterkopf. Herrje. Der Raimund war ihm einfach überlegen, was die Technik betraf. Das musste er sich wohl langsam endgültig eingestehen. »Und dann hat er wegen dem Eis die Rechtskurve nicht mehr erwischt.«

»Auf jeden Fall.« Raimund nickte zustimmend. »Soll ich einen Abschleppwagen rufen?«

»Gute Idee. Mach das. Ich geh schon mal hin und schau nach, ob jemandem etwas passiert ist.«

Johann zog den Reißverschluss seiner dunkelblauen Jacke über seinen stattlichen Bauch hinauf bis unters frischrasierte

Kinn, setzte in aller Seelenruhe seine Dienstmütze auf und öffnete die Fahrertür des Streifenwagens.

»Grüß Gott, die Herrschaften«, machte er sich freundlich bemerkbar, als er bei Max, Monika und Anneliese ankam, die gerade unter lautem Ächzen und Stöhnen versuchten, Josefs Auto aus seiner Schnee- und Glatteisfalle zu befreien. »Gehören Sie zu dem Wagen?«

»Ja, wir sind die Mitreisenden«, erwiderte Max, dem vor Anstrengung trotz der Minusgrade bereits der Schweiß auf der Stirn stand. »Und der Fahrer sitzt hinter dem Steuer. Wie es sich gehört.«

»Ist jemand verletzt?«

»Nein.«

»Sie können aufhören zu schieben. Das schaffen Sie sowieso nicht. Der Schnee ist viel zu tief. Mein Kollege ruft gerade einen Abschleppwagen.« Johann lächelte wissend.

»Genial. Vielen Dank.«

Max nahm erleichtert seine Hand vom rechten vorderen Kotflügel, richtete sich auf und stapfte aus der meterhohen weißen Pracht auf die Straße hinaus. Monika und Anneliese, die bei geöffneten Fenstern seitlich an den mittleren Fahrzeugsäulen geschoben hatten, stellten ihre vergeblichen Bemühungen ebenfalls ein.

»Die Kurven hier im Schatten sind tückisch«, meinte Johann. »Da ist oft eine leichte Eisschicht auf der Straße, selbst wenn gestreut wurde.«

»Das haben wir gemerkt.« Max grinste ohne das geringste Anzeichen von Fröhlichkeit im Gesicht.

»Waren Sie recht schnell unterwegs?« Johann musterte sein Gegenüber neugierig.

»Nein. Wir sind ganz normal gefahren. Vorschriftsmäßig.«

Max war natürlich nicht blöd. Wenn er jetzt eine überhöhte Geschwindigkeit einräumte, würde Josef auf jeden Fall Ärger bekommen. Er wusste, dass diesbezüglich mit keinem Streifenbeamten dieser Welt zu spaßen war, österreichische eingeschlossen.

»Hat der Wagen kein Traktionssystem?«

»Kein was?«

»Traktionssystem.«

»Traktorsystem?«

»Traktionssystem.«

»Was ist denn das?«

»So ein System halt, mit dem man nicht von der Straße abkommt.«

»Ach so. Keine Ahnung. Da fragen Sie am besten den Fahrer. Er ist auch der Besitzer.« Max, der sich, ähnlich wie Raimund, nicht die Bohne mit technischen Dingen auskannte, zeigte auf Josefs halb geöffnetes Fenster. »Ich selbst fahre einen R4.«

»Ich meine ja bloß. Weil so etwas mit einem Traktionssystem normalerweise nicht passiert. Außer man ist eben viel zu schnell.« Ganz offensichtlich versuchte der dicke Gendarm, sein Gegenüber aus der Reserve zu locken.

»Mag sein. Aber anscheinend passiert es doch. Auch bei langsamer Fahrt.«

Max ließ sich nicht provozieren. Er beugte sich vor und klopfte sich gründlich den Schnee von den Langlaufhosen.

»Was ist los? Habt ihr keine Lust mehr?«

Josef war ausgestiegen und kam auf sie zu.

»Die Herren von der Polizei sind so nett und rufen einen Abschleppwagen, Josef.« Monika ließ charmant ihre schneeweißen Zähne aufblitzen. »Dann sind wir vielleicht bald doch noch in der Loipe.«

»Ja super. Danke. Grüß Gott, Stirner mein Name.« Josef schüttelte Johann die Hand.

»Revierinspektor Steigert, von der Polizeiinspektion Seefeld. Ist das Ihr Wagen, Herr Stirner?«

»Ja.« Josef lächelte zurückhaltend.

»Und gefahren sind Sie auch?«

»Sicher.«

»Den Führerschein und den Fahrzeugschein, bitte.«

»Natürlich.« Josef händigte ihm die verlangten Papiere aus.

Johann warf einen kurzen Blick darauf und gab sie ihm zurück. »Waren Sie zu schnell?«

»Zu schnell? Auf gar keinen Fall. Stimmt's, Max?«

»Stimmt. Du bist vorschriftsmäßig gefahren.« Max nickte entschieden. »Übrigens, Herr Steigert, gut, dass wir Sie hier haben. Wir möchten gern eine Anzeige machen«, fuhr er fort.

»Gegen Schneewehen?« Der Revierinspektor lachte glucksend.

»Nein. Gegen den Fahrer eines dunkelblauen 5er-BMW mit Münchner Kennzeichen. Er hat uns auf dem Herweg von Mittenwald derart brutal geschnitten, dass wir fast in einem Felsen gelandet wären. Er muss das mit Absicht gemacht haben.«

»Aha. Können wir natürlich gern aufnehmen. Das genaue Kennzeichen haben Sie nicht?«

»Nein, leider. Wird schwierig, oder?«

»Ja. Dunkelblaue BMWs mit Münchner Kennzeichen haben wir hier zuhauf. Das ist ein Naherholungs- und Touristengebiet.« Johanns eindeutiger Blick ließ jede Hoffnung auf Erfolg der Aktion im Keim ersticken.

»Mist. Habe ich mir auch schon gedacht.« Max ließ resigniert die Schultern hängen.

»Wieso glauben Sie denn, dass er das mit Absicht gemacht hat? Was sollte der Fahrer gegen Sie haben?«

»Das wenn ich wüsste.«

Max schüttelte langsam den Kopf. Dem Mann von der Lawine im Dammkar oder vom verrückten Waldemar Richter in München zu erzählen, würde keinen Sinn machen. Im Gegenteil, der bis jetzt noch gemütliche Revierinspektor würde höchstens misstrauisch werden und am Ende nur seinen Verdacht betätigt sehen, dass sie nicht vorschriftsmäßig gefahren waren, um den BMW, der sie geschnitten hatte, einzuholen.

»Sie haben den dunkelblauen 5er aber nicht zufällig verfolgt und sind dabei in die Wehe hier geraten?«, kam auch schon prompt die nächste Frage.

»Nein. Viel zu viel Verkehr. Außerdem gibt es für so etwas doch die Polizei.« Max schaute so treuherzig und ehrlich drein, wie man nur dreinschauen konnte. Seine Mitreisenden nickten zustimmend und wirkten dabei nicht weniger überzeugend.

»Wie auch immer«, meinte Johann, der genau wusste, dass er den sympathischen Fahrer ohne Radarmessung, Zeugen oder sonstige Beweise sowieso nicht drankriegen konnte. Er wandte sich Josef zu. »Das Wichtigste ist jetzt, dass wir Ihren Wagen wieder flott bekommen, Herr Stirner. Sonst bekommen wir einen Riesenstau.«

»Das wäre natürlich super.« Josef nickte eifrig. »Also, das Flottkriegen natürlich, nicht der Stau.«

Und ich bin an dem ganzen Schlamassel schuld, dachte Max. Schließlich habe ich Josef zu der Verfolgungsjagd angestiftet. Der Typ mit dem 5er ist aber auch gefahren wie ein Henker. Selbst wenn er nicht soviel Vorsprung gehabt hätte, wären wir ihm wohl niemals hinterhergekommen. Ist es etwa ein richtiger Profi, den man auf uns angesetzt hat? Aber wenn ja, warum denn bloß? Herrschaftszeiten, warum will mir denn einfach kein überzeugendes Motiv einfallen?

»Abschleppdienst ist unterwegs.« Der junge Inspektor Raimund Bleigeber mit den abstehenden roten Ohren und dem kleinen Kinnbart näherte sich der Gruppe am Straßenrand. »Ein tolles Auto haben Sie da«, stellte er mit bewundernden Blicken über die flache Dachlinie des nagelneuen 7ers streifend fest. »Sehr elegant und zugleich sportlich.«

»Aha. Da spricht wohl ein Kenner«, freute sich Josef.

»Ach wo. Ist bloß ein kleines Hobby von mir.« Raimund winkte verlegen ab. »Ich mochte Autos schon als Kind.«

»Wollen Sie sich mal ans Steuer setzen?« Josef lächelte mit der Art von Lässigkeit, die prinzipiell nur Leuten zu eigen war, die eine solche Traumkarosse aus der Portokasse bezahlen konnten.

»Sie meinen, ich …«

»Logisch. Warum nicht? Wenn es Ihr Hobby ist.«

»Was meinst du, Johann? Soll ich?« Raimund sah seinen Kollegen unsicher von der Seite an.

»Spricht nichts dagegen, solang du nicht damit abhaust.« Johann lachte mit wackelnder Wampe. »Nein, Schmarrn. War bloß ein Scherz, Herr Stirner. Er kommt aus der Schneewehe sowieso nicht heraus.«

»Schon klar.« Josef begleitete Raimund zur Fahrertür.

Max hatte sich von den anderen abgewandt und war ein paar Meter weit die Straße hinunterspaziert, um über alles nachzudenken. Dabei stach ihm die eindrucksvolle Kulisse des Wettersteingebirges in die Augen, dessen Gipfel hoch über ihnen weiß funkelnd im Sonnenlicht erstrahlten. Fast jeden davon hatte er in den letzten Jahren zusammen mit Monika bestiegen. Natürlich im Sommer und im Herbst.

Bis auf die Knochen verschwitzt und fertig, aber stolz und zufrieden waren sie jedes Mal gewesen. Er empfand es als wahres Glück, dass Monika die Natur genauso sehr liebte wie er. Was hätte er nur mit einer Freundin anfangen sollen, die nie aus der Stadt heraus wollte? Immerzu nur Kaffeetrinken gehen oder in den Biergarten? Oder ins Schwimmbad, und wenn es ganz hart kam, in den Zoo? Er hätte den frischen Wind hier draußen zur Sommerzeit zu arg vermisst, das herrlich klare kühle Wasser der Seen, das beruhigende Murmeln der kleinen Bäche, die sich allerorten ihren Weg durch den Fels bahnten. Und das Skifahren im Winter wäre ihm auch sauber abgegangen, sein liebster Sport noch weit vor dem Fußball- und Tennisspielen daheim in München.

»Max, pass auf, der Abschleppwagen!«

Annelieses Stimme riss ihn aus seinen Gedanken. Er drehte sich um, bedankte sich winkend bei ihr und trat einen Schritt beiseite.

Einmal war er mit Monika in den Dolomiten unterwegs gewesen. Sie hatten gerade den Gipfel des Seekofel erreicht, als es zu regnen begann. Der Rückweg hatte sich als eine einzige lebensgefährliche Rutschpartie erwiesen. Als sie dennoch heil im Tal angekommen waren, hatten sie sich geschworen, nie wieder in die Berge zu gehen. Ihr heiliger Eid hatte aber nur zwei Wochen lang gehalten, dann waren sie dem Ruf der Wildspitze ins Ötztal gefolgt. Es war herrlich gewesen. Max hatte den Berg zuvor in einer Illustrierten beim Zahnarzt wiederentdeckt gehabt und für sie ausgesucht, weil er früher bereits einmal mit seinem Vater dort hinaufgestiegen war. Er hatte dabei das aufregendste und faszinierendste Bergerlebnis seiner gesamten Kindheit und Jugend gehabt. Im Winter, mit Fellen unter den Skiern, waren sie bis zum Nordwestgrat gekommen und dann über den Gletscher wieder abgefahren. Gigantisch.

»Na, Herr Detektiv, überlegst du, wie du den Burschen, der uns geschnitten hat, zu fassen bekommst?«

Monika stand neben ihm und schenkte ihm ein warmherziges, strahlendes Lächeln. Dann gab sie ihm unvermittelt ein Küsschen auf die Wange.

»Womit habe ich das denn verdient?« Max lächelte zurück.

»Nichts. Nur so.«

»Na ja. Es wäre natürlich super, wenn wir den Kerl hätten«, beantwortete er ihre Frage. »Vielleicht wären wir dann auch wegen der Sache im Dammkar schon schlauer. Wer weiß?«

»Ja, wer weiß. Kommst du dann? Unser Wagen ist gleich wieder fahrtüchtig.« Sie zeigte auf den Mann vom Abschleppdienst, der gerade ein Stahlseil an der Karosserie von Josefs BMW befestigte.

»Hoffentlich ist nichts kaputtgegangen. Ich habe schon ein ganz schlechtes Gewissen, weil ich Josef vorhin so zur Eile angetrieben habe.«

»Wird schon nicht so wild sein. Außerdem ist seine Bonzenkarre doch bestimmt vollkaskoversichert.« Sie winkte ab.

»Stimmt. Gott sei Dank.«

Sie gingen zurück zu den anderen und sahen dabei zu, wie der Abschleppwagen Josefs Auto aus der Schneewehe zog.

Nachdem die Formalitäten erledigt waren, verabschiedeten sie sich von ihren zuvorkommenden Helfern und fuhren weiter Richtung Gaistal, bis sie bei Kirchplatzl den Einstiegspunkt zur leicht befahrbaren Loipe erreicht hatten. Man musste und wollte Rücksicht auf Anneliese nehmen, die von ihnen allen am schlechtesten trainiert war, weil sie zu Hause außer dem Nahkampf bei ihren gelegentlichen

Shoppingausflügen keine großartigen sportlichen Aktivitäten unternahm. Max, Josef und Monika war das egal. Sie würden auch beim Genusslanglauf auf einer einfachen Strecke auf ihre Kosten kommen. Schließlich schien die Sonne und sie hatten Urlaub, wenn man die unguten Ereignisse der letzten Tage einmal außer Acht ließ.

»Ihr könnt gern vorausfahren«, meinte Anneliese, nachdem sie alle ihre Bretter unter die Füße geschnallt hatten. »Ich fahre gemütlich in meinem Tempo, und wir treffen uns dann wieder hier.«

»Alles klar, Annie. Aber hier treffen wir uns garantiert nicht. Es ist viel zu kalt zum Warten. Siehst du das Hotel da vorn?« Max zeigte auf das imposante Gebäude nicht weit von ihnen auf der anderen Seite der Buchener Landesstraße.

»Ja.«

»Die haben auch ein Restaurant. Da findest du uns später, okay? Der Koch dort ist ein Genie. Sagt man jedenfalls.«

»Wunderbar. So machen wir es.«

»Aber denk daran, dass wir am Abend in Seefeld zum Essen gehen wollen, Annie. Bis 19 Uhr solltest du auf jeden Fall wieder da sein.« Josef grinste amüsiert.

Er wusste natürlich genau, dass sie bis zum Abend längst erfroren oder zumindest halbtot vor Anstrengung sein würde. Jetzt war es gerade mal 13 Uhr. Sechs Stunden in dieser Eiseskälte wären für jeden von ihnen ein schieres Ding der Unmöglichkeit. Geschweige denn für die unsportliche Anneliese.

»Verarschen kann ich mich selbst, Josef. Pass du lieber auf, dass du dich nicht verläufst, du niederbayrischer Hinterwäldler.« Anneliese bedachte ihn mit einem nicht ganz ernst gemeint strafenden Blick. »Außerdem habe ich um drei unbedingt Hunger. Das weiß ich jetzt schon.«

»Ich auch«, stimmte Monika ein. »Also spätestens um drei im Hotelrestaurant. Bis dann, Annie.«

»Bis dann.« Anneliese winkte den anderen zum Abschied mit ihrem Skistock zu.

Sie sah ihnen noch eine Weile nach, wie sie mit flotten Schritten in die weit geöffnete, sonnenüberflutete Talsenke vor ihnen hineinskateten. Dann startete sie ebenfalls. Immer schön langsam, einen Schritt vor den anderen, so wie sie es letztes Jahr bei diesem enorm gut aussehenden Langlauflehrer in Sankt Moritz gelernt hatte. Leider war er verheiratet und gegenüber jeglichen Flirtversuchen ihrerseits völlig immun gewesen. Egal. So etwas kam schon mal vor, wenn man als Frau die 40 überschritten hatte. Nichts Besonderes. Hauptsache, es blieben immer noch genügend Männer übrig, die sich von ein paar Falten im Gesicht nicht stören ließen. Und das war, was Anneliese betraf, beinahe täglich der Fall. Genaugenommen durfte sie sich also nicht im Geringsten beschweren.

Nach einer guten halben Stunde gelangte sie an eine Kreuzung, bei der ein Loipenschild nach links und ein anderes nach rechts zeigte. Sie entschied sich dafür, nach links in den verschneiten Wald einzubiegen, dann wäre sie sicher schneller und hätte die anderen bald überholt. Dachte sie zumindest. Kurze Zeit später stand sie allein auf weiter Flur und entschied sich dafür, die Loipe zu verlassen und ein Stück weit abseits davon durch die freie Natur zu laufen. Sie sackte dabei kaum ein. Der Schnee trug sie locker. Mein Gott, wie herrlich, freute sie sich. Keine Menschen, wunderbarer Sonnenschein und ein Wald wie im Märchen. Was hatten diese Leute in den Medien bloß immer mit ihrem endlosen Gequake über den Umweltschutz? Hier war doch alles in bester Ordnung. Die Nadeln der kräftig gewachsenen Bäume waren saftig grün. Links und rechts des Weges murmelten ab und zu kleine, fast vollständig zugefrorene Bächlein vor sich hin, und die Luft war einfach herrlich frisch und klar. Und von globaler Erwärmung konnte man bei den Minusgraden hier oben nun wahrlich nicht reden. Wahrscheinlich war die Menschheit in den letzten Jahren schlicht und ergreifend übervorsichtig geworden. Jeder wollte am liebsten nur noch für immer gesund bleiben und auch noch ewig leben.

Während sie sich, mit sich und der Welt zufrieden, umblickte, bemerkte sie auf einmal, dass sie vor einem breiten, nur am Rand zugefrorenen Bachlauf stand, an dem es nicht weiterging.

»Soll ich zurücklaufen oder weiter rechts einen Übergang suchen?«, fragte sie sich halblaut. »Zurück ist mir eigentlich zu weit. Und da vorn rechts muss es doch jeden Moment auf die Loipe zurückgehen, wenn mich nicht alles täuscht. Bestimmt.«

Sie nickte entschlossen, um sich selbst Mut zu machen, und bog nach rechts ab. Kurz darauf hörte sie das Knacken eines Astes hinter sich. Erschrocken drehte sie sich um.

13

»Ein leichtes Weißbier, bitte.«

Max wollte nach dem anstrengenden Lauf erst einmal unbedingt seine Elektrolyte wieder auffüllen. Und was wäre dazu wohl besser geeignet gewesen, als ein leichtes Weißbier, der Sportlertrunk schlechthin? Nichts. Das wusste er von den Siegesfeiern des FC Kneipenluft und des FC Bayern her, und in der *Apothekenumschau*, die immer bei seinem Hausarzt auslag, hatte es auch einmal gestanden.

»Für mich bitte auch«, schloss sich Josef seinem Freund an.

»Und ich möchte bitte erst mal eine Apfelschorle.«

Monika lächelte den grauhaarigen Ober, der aufrecht wie ein Zinnsoldat in schwarzer Hose, weißem Hemd und schwarzer Weste neben ihrem Tisch stand, freundlich an.

»Sehr gern. Kommt sofort, die Herrschaften«, erwiderte er und entfernte sich schnellen Schrittes in Richtung Tresen, um ihre Bestellung an den Schankwirt weiterzugeben.

Das Lokal in dem Sporthotel, in dem sie sich mit Anneliese verabredet hatten, war gemütlich mit viel dunklem Holz eingerichtet. Seitlich der Fenster hingen, zusammengerafft und von einem weißen Band gehalten, geschmackvolle helle Stoffvorhänge. Auf den Tischen lagen umstickte weiße Deckchen, auf denen je eine lange rote Kerze und der Halter mit den Getränkekarten standen. Ein Ort, der dazu einlud, länger bei einem guten Essen und gepflegten Getränken sitzen zu bleiben.

»Wo die Annie bloß bleibt.« Monika schaute suchend

durch das Fenster auf die Straße hinaus. »Es ist schon Viertel nach drei.«

»Die kommt schon, Moni.« Max tätschelte ihren Unterarm. »Du weißt doch, dass sie nicht die Schnellste ist.«

»Hast recht. Außerdem ist sie nie besonders pünktlich. Egal. Sie wird schon gleich da sein. Sagt mal. Mich beschäftigt schon die ganze Zeit über eine Frage: War das wirklich Absicht von dem Typ im BMW vorhin, dass er uns an den Straßenrand gedrängt hat? Oder hatte er es einfach nur eilig?«

»Schwer zu sagen.« Max nahm einen Zahnstocher zur Hand und fing an, die Löcher im Salzstreuer damit auszustechen. Als er ihn zuvor spaßeshalber auf seiner Handfläche getestet hatte, war nichts herausgekommen, und so etwas ärgerte ihn prinzipiell. Da musste er nicht einmal etwas zu essen bestellt haben. Das erste kleine Manko hier drinnen. »Aber nach den Vorkommnissen in den letzten Tagen würde es mich zumindest nicht wundern, wenn es Absicht gewesen wäre«, fuhr er fort.

»Geht mir genauso«, meinte Josef, der gerade nebenbei die Bierdeckel, die auf dem Tisch lagen, zählte. Ein kleiner Tick, den er seit seiner Kindheit pflegte. Ab und an zählte er alles Mögliche, was es in seinem Umfeld zu zählen gab. Bierdeckel, Zaunlatten, Begrenzungspfosten oder Straßenlaternen. Am liebsten aber natürlich die Zinsen, die aus dem von seinem Vater geerbten Millionenvermögen auf seinem Konto eingingen. »Erst werden wir von einer Lawine verschüttet, dann will uns mitten in der Nacht ein Jeep auf die Hörner nehmen, und jetzt auch noch das mit dem BMW. Das kann doch kein Zufall mehr sein.«

»Und dann hat der Typ mich und Annie auch noch bei Klais fast ungespitzt in die Landschaft gerammt«, fügte Monika kopfschüttelnd hinzu. »Den Kerl in meiner Kneipe, diesen Waldemar Richter nicht zu vergessen. Alles wirklich ein bisschen viel für reinen Zufall.«

»Meine ich auch. So, fertig!« Max grinste zufrieden und stellte den instandgesetzten Salzstreuer an seinen Platz zurück.

»Und was machen wir jetzt?« Josef blickte fragend in die Runde.

»Den Burschen mit dem BMW werden wir sicher nicht einfach so aufgrund seines Münchner Kennzeichens erwischen«, erwiderte Max. »Da hat der dicke Gendarm heute Mittag ganz recht gehabt. Aber wir werden den Attentäter aus dem Dammkar weitersuchen, bis wir ihn haben. Und wer weiß, vielleicht kommen wir damit auch automatisch an unseren tödlichen Fahrer ran.«

»Und an den Kerl vor meiner Kneipe? Und an diesen Waldemar Richter, den *Zorn Gottes*?« Monika, die gleich beim Fenster saß, nahm mit einem dankbaren Lächeln die Apfelsaftschorle entgegen, die ihr der Ober gerade mit einer galanten Geste über den Tisch reichte.

»Wie gesagt, alles ist möglich.« Max strahlte beim Anblick seines gut eingeschenkten Weißbiers. Eine wunderschöne weiße Krone auf einem schlanken Körper von edelster Bernsteinfarbe. Das nenne ich wahre majestätische Erhabenheit, freute er sich innerlich.

»Wünschen die Herrschaften zu speisen?« Der Ober zückte Stift und Block, nachdem er auch Josef sein Bier vor die Nase gestellt hatte.

»Mit dem Essen warten wir noch. Es kommt noch jemand. Oder was meint ihr?« Monika warf Max und Josef einen schnellen Blick zu.

»Na gut. Wir warten«, brummte Max, jetzt schon wieder nicht mehr ganz so blendend gelaunt. Er hatte Hunger.

»Genau.« Josef nickte bestätigend.

»Sehr gern. Wie die Herrschaften wünschen. Wenn Sie soweit sind, sagen Sie bitte einfach Bescheid. Bedanke mich höflichst.«

Der Kellner steckte Zettel und Stift wieder weg und begab sich gemessenen Schrittes von dannen.

»Der tut gerade so wie ein englischer Butler«, amüsierte sich Max, während er ihm hinterher blickte.

»Ja mei. In Österreich weiß man halt noch, wie man die Gäste behandelt«, dozierte Josef. »Das ist nicht so wie in unserer Münchner Erlebnisgastronomie, wo du froh sein kannst, wenn dich die arroganten Schnepfen vom Service überhaupt eines Blickes würdigen. Anwesende natürlich ausgeschlossen.«

»Das will ich aber auch schwer hoffen, Josef.« Monika, die wusste, dass er recht hatte, musste grinsen. »Jetzt könnte Annie aber wirklich kommen.« Sie sah auf ihre Uhr. »Halb vier. Hoffentlich ist ihr nichts passiert.«

»Geh, was soll ihr denn hier passieren?« Max schüttelte grantig den Kopf. Er hatte verdammt noch mal richtig Hunger. Und jetzt das. Jedes Mal war es dasselbe mit dieser verwöhnten Zicke Anneliese Rothmüller. Immer hatte sie eine Extrawurst auf Lager.

»Jemand könnte ihr etwas antun. Oder etwa nicht?« Sie trommelte unruhig mit den Fingern auf der Tischplatte herum.

»Weil im tiefen dunklen Wald die Räuber sind? Da haben die aber eher vor Annie Angst als umgekehrt.« Max lachte hämisch. Hoffentlich hat ihr jemand was angetan, dann kann sie mir wenigstens nicht mehr auf den Geist gehen, die blonde Nervensäge, dachte er nicht ganz im Ernst. Komm schon, sei nicht gar so kratzbürstig, Raintaler. Immerhin ist sie die beste Freundin deiner Freundin. Ganz so schlimm ist sie nun auch wieder nicht. Obwohl …

»Hör auf zu lachen, Max. Das ist nicht lustig. Im Wald ist es gefährlich.« Monika bedachte ihn mit einem strafenden Blick.

»Wieso eigentlich im Wald?« Josef schaute verwirrt von einem zum anderen.

»Wie du vielleicht bemerkt hast, führt die Loipe ein gutes Stück lang durch den Wald«, klärte Monika ihn auf. »Und wenn man da falsch abbiegt, kann man sich sauber verlaufen.«

»Aber bloß, wenn man eine Frau ist und Annie heißt.« Max lachte erneut schadenfroh. Jetzt ist es dann aber wirklich wieder gut, Raintaler. Wie kann man nur so boshaft sein?

»Oder sie wurde entführt«, kam es von seiner gutaussehenden schwarzhaarigen Freundin. Sie schaute ihn und Josef ängstlich an.

»Aber wer sollte sie denn entführen?« Max legte beruhigend seine Hand auf ihren Arm.

»Zum Beispiel der Kerl, der uns heute von der Straße abdrängen wollte.«

»Das glaube ich weniger. Woher sollte der denn wissen, wo wir Langlaufen gehen? Er war doch vor uns.«

Max schüttelte den Kopf. Was sich diese Amateure bloß immer für einen ungereimten Blödsinn ausdachten. Mit solchen abstrusen undurchdachten Theorien wäre er früher bei der Kripo nicht weit gekommen.

»Er könnte uns hier irgendwo aufgelauert haben. Was weiß denn ich?«

Schwups, da war es schon, das nächste Schmarrnargument.

»Wohl eher nicht. Dann hätten wir sein Auto bestimmt

gesehen. Aber wir können sie trotzdem suchen gehen, wenn du willst. Okay?« Er schaute ihr lang und ernsthaft in die Augen.

»Wenn sie in einer halben Stunde immer noch nicht da ist, auf jeden Fall.« Sie schob seine Hand weg und senkte nachdenklich ihren Blick.

»Gut. Machen wir.«

»Ich bin dabei. Aber jetzt brauch ich erst mal einen großen Schluck von diesem göttlichen Getränk hier.« Josef, der ihr Gespräch natürlich mitbekommen hatte, hob sein Weißbierglas und trank es in einem Sitz halb leer. »Köstlich. Das nenne ich Urlaub.«

Nachdem sie weitere 20 Minuten gewartet hatten, wurde es Monika anscheinend endgültig zu bunt. Ohne ein Wort stand sie ruckartig auf und zog sich an.

»Willst du uns etwa hierlassen?«

Max zeigte auf sich und Josef, während er zu ihr hinaufblickte.

»Ihr könnt hier bleiben oder mitkommen. Ist mir egal. Ich gehe auf jeden Fall. Annie hat jetzt fast eine Stunde Verspätung. Das ist eindeutig zu lang.« Sie setzte ihre Mütze auf und streifte resolut die Skihandschuhe über.

»Aber zahlen dürfen wir schon noch?«, wandte Max, von ihrer plötzlichen Eile nicht sonderlich überrascht, ein. Er kannte sie lang genug, um zu wissen, dass sie nun mal so war, wie sie gerade war. Sobald ihr ein Vorhaben in den Kopf kam, musste das, wenn irgend möglich ohne Aufschub, auf der Stelle in die Tat umgesetzt werden.

»Ich erledige das, Max. Geht ihr ruhig schon vor. Wir sehen uns dann gleich am Einstieg zur Loipe.« Josef trank den letzten Schluck von seinem zweiten leichten Weißbier und erhob sich ebenfalls von seinem Platz.

»Okay. So machen wir es. Also komm, Moni.« Max setzte nun auch seine Mütze auf.

»Gut.« Sie eilte voraus.

»Am besten bleibt einer hier und wartet. Und die anderen fahren die Strecke einmal ganz ab und rufen nach ihr. Was meinst du?« Max legte freundschaftlich seinen Arm um sie, nachdem sie ihre Skier aus dem Skiständer vor dem Lokal genommen hatten.

»Gute Idee. Das fehlte gerade noch, dass Annie etwas Schlimmes zugestoßen ist. Ich habe wirklich Angst um sie.«

»Mach dir keinen Kopf. Wir finden sie schon.« Er versuchte, so ruhig wie möglich zu klingen, um sie nicht noch mehr aufzuregen.

Lächelnd erinnerte er sich an den vorletzten Sommer, als Anneliese von einem Tag auf den anderen verschwunden gewesen war. Monika war damals felsenfest davon überzeugt gewesen, dass ihre beste Freundin von jemandem entführt worden war. Bis sich nach ein paar Tagen herausgestellt hatte, dass die flotte Blondine nur mal eben mit ihrem damals neuesten Schwarm übers Wochenende nach Italien gedüst war. Ohne eine Nachricht zu hinterlassen oder von dort aus kurz mal anzurufen. Max hatte gleich vermutet, dass nichts Schlimmes passiert war, aber Monika war fast nicht mehr zu beruhigen gewesen. Er hatte es völlig verantwortungslos von Anneliese gefunden, sich so zu benehmen. Wäre es sein bester Freund gewesen, der sich damals so mir nichts dir nichts verdünnisiert hätte, wäre Max keine andere Wahl geblieben, als ihm den Laufpass gegeben. Derart unzuverlässige Leute konnte er nicht gebrauchen. Für ihn waren das nichts als rücksichtslose Egoisten. Es gibt eben Leute, die immer nur ihr eigenes Wohl im Sinn haben, hatte er sich damals gesagt, und Annie gehörte seiner Meinung nach dazu. Auch wenn sie ansonsten noch so nett tat oder vielleicht sogar auch war. Wahrscheinlich sitzt sie längst irgendwo bei Kaffee und Kuchen, hat uns völlig vergessen, ratscht mit den Einheimischen und lässt es sich gut gehen, dachte er.

Als sie beim Einstieg zur Loipe ankamen, hatte Josef sie wie versprochen eingeholt. »Kalt ist es geworden.«

»Saukalt«, bestätigte Max. »Am besten fahren wir beide den Kurs noch mal ab und Moni wartet hier. Okay, Josef?«

»Können wir gern machen. Ich habe zwei leichte Weißbier zur Verbrennung getankt. Das sollte locker für eine ausführliche Suchrunde reichen. Lustig, klingt fast wie Suchhunde.« Josef grinste, dass die seitlich hochgezwirbelten Enden seines Schnurrbartes senkrecht in die Luft zeigten.

»Falls Annie vor euch ankommt, gehe ich gleich mit ihr ins Lokal zurück. Sie ist bestimmt fast erfroren.« Monika zeigte mit dem ausgestreckten Arm auf das große weiße Gebäude mit den dekorativen Holzbalkons, aus dem sie gerade gekommen waren.

»So machen wir es. Na dann. Auf geht's!«

Max stieg in seine Bindungen und spurtete los. Josef beeilte sich, ihm hinterherzukommen.

Monika schaute den beiden eine Weile nach, dann begann sie mit kleinen Gymnastikübungen, um die Kälte zu vertreiben, die immer erbarmungsloser von allen Seiten her unter ihre Kleidung kroch. Die Sonne war gerade hinter den Bergen verschwunden. Nur das hintere Ende des Tales wurde noch direkt von ihr bestrahlt. Wo mochte Anneliese nur stecken? Normalerweise konnte man sich hier doch gar nicht verirren. Das hieß, fast nicht. Wenn man im Wald versuchte, abzukürzen, konnte es durchaus passieren, dass man nach einer Weile die Orientierung verlor. Den eigenen Spuren rückwärts zu folgen, wäre da wohl die beste Möglichkeit, wieder zurückzufinden. Doch was, wenn die nicht mehr zu sehen waren? Zum Beispiel, weil man eine Weile lang in einer anderen Spur gegangen war und auf einmal nicht mehr wusste, welche die eigene war.

Sie hatte sich als Kind selbst einmal verlaufen gehabt. Allerdings nicht im Winter, sondern im Sommer. Es war damals zwar wärmer gewesen als heute, aber die beängstigenden Gefühle dabei würde sie trotzdem nie wieder haben wollen. Es war beim Pilzesammeln mit ihren Eltern passiert. Dabei hatte sie sich zu tief in ein Tannendickicht hineingewagt und war auf einmal allein dagestanden. Keine Eltern mehr, nichts zu hören, nichts zu sehen. Sie hatte gerufen, war panisch umhergerannt und hatte nach kurzer Zeit überhaupt nicht mehr gewusst, wo sie war. Daraufhin hatte sie fürchterlich zu weinen und zu schreien begonnen, bis sie stockheiser war und kaum noch einen Ton herausbrachte. Dann waren nur noch die unheimlichen Geräusche des Waldes um sie herum gewesen. Murmelnde Bäche, schreiende Vögel, knackende Äste und der Wind, der leise durch die Bäume strich. Sie hatte damals gedacht, ihr letztes Stündlein habe geschlagen. Doch kurz darauf hatte sie von irgendwoher Stimmen gehört. Sie war ihnen wie von sämtlichen Höllenhunden gejagt entgegengerannt und hatte kurz darauf ihre Eltern wiedergefunden. Drei Stunden war sie allein unterwegs gewesen. Ihre Mutter hatte genau wie sie gelacht und geweint, als sie sie in die Arme schloss und minutenlang nicht mehr losließ.

»Na, junge Frau!«

Monika erschrak und drehte sich neugierig um. »Annie? Bist du das?«

»Wer denn sonst? Herrschaft, habe ich mich verlaufen, Moni. Ich bin heilfroh, dass ich wieder bei dir bin.«

Anneliese kam näher, stöhnte erschöpft auf und löste erst einmal die Langlaufskier von ihren Füßen.

»Ich auch. Das kannst du mir glauben. Gott sei Dank ist dir nichts passiert. Sag mal, wo warst du denn so lang? Wir haben uns alle solche Sorgen gemacht.«

Monika ging auf sie zu und umarmte sie.

»Wie gesagt, ich habe mich verlaufen. Wollte durch den Wald abkürzen und kam erst irgendwo ganz weit hinten im Tal wieder raus.«

»Also der Klassiker. Großstadtblondine verirrt sich im Wald.«

Monika musste grinsen. Teils aus Erleichterung, teils über die Tatsache, dass Anneliese wirklich das seltene Talent hatte, immer wieder in vermeintliche Katastrophen zu geraten. Schon während ihrer gemeinsamen Schulzeit war die Rothmüllerin, wie sie damals jeder genannt hatte, von einer Kalamität in die nächste gestolpert. Gott sei Dank war ihr aber schon damals nie etwas Ernsthaftes dabei zugestoßen.

»So könnte man die Schlagzeile wohl formulieren. Und dann dachte ich auch noch, jemand würde mich verfolgen. Stell dir das bloß mal vor, du bist ganz allein auf weiter Flur, und auf einmal kommt irgend so ein übler Kerl daher.«

»Der Horror! Und? War einer hinter dir her?«

»Nichts. Reine Einbildung.« Anneliese lachte erleichtert. »Habt ihr schon gegessen?« Sie lehnte ihre Skier und die Stöcke an den Holzzaun, der den Zugang zur Loipe vom nächsten Privatgrundstück abtrennte. »Wo sind die anderen?«

»Antwort eins, wir haben nur getrunken, noch nicht gegessen. Antwort zwei, die anderen sind noch mal in die Loipe gestiegen, um dich zu suchen.«

»Ach du Schande. Bei dieser Kälte. Da werden sie aber sauer auf mich sein.«

»Glaube ich nicht. Du kennst die beiden doch. Die brauchen mehr Auslauf als junge Hunde. Trotz ihres hohen Alters.« Monika grinste noch breiter und zeigte dann über die Straße. »Da hinten in dem Hotel ist ein nettes, warmes Lokal. Da gehen wir zwei jetzt hinein, und du bestellst dir erst mal einen heißen Tee.«

»Aber mit Rum.«

»Logisch. Gehen wir?«

»Ja.«

Sie nahmen ihre Stöcke und Skier unter die Arme und stapften los.

Der Tisch, an dem Monika vorhin mit Max und Josef gesessen hatte, war noch frei. Sie setzten sich und bestellten ihre Getränke bei dem vornehmen grauhaarigen Ober, der sogleich mit der Karte herangeeilt war.

»Ein saublödes Gefühl, wenn man keine Ahnung mehr hat, wo man lang muss«, gestand Anneliese, nachdem sie ihren ersten Schluck Tee mit Rum getrunken hatte. »Hast du mich denn wenigstens ganz arg vermisst?«

»Hab ich, Annie. Aber mal unter uns, man läuft im Wald auch keine Abkürzungen.« Monika erhob ihren Zeigefinger. »Das müsstest du als erwachsene Frau eigentlich wissen. Oder?«

»Weiß ich auch. Hast ja recht. Aber ich war mir so sicher, dass nichts passieren kann.« Anneliese zeigte auf die leuchtende Silhouette des hoch auf dem gegenüberliegenden Hang gelegenen Bergwaldes. »Die Sonne ist bald weg. Hoffentlich verirren sich unsere Männer nicht auch noch bei der Suche nach mir.«

»Hoffe ich auch, glaube ich aber nicht«, erwiderte Monika. »Hauptsache, sie fallen nicht wieder irgendeinem Anschlag zum Opfer.«

14

»Servus, Max. Rudi hier.«

»Hallo, Rudi. Was verschafft mir die Ehre?«

Max war gerade eben an den Loipenrand gefahren, um sein musizierendes Handy aus der Tasche zu nehmen und dranzugehen. Da Josef und er bei ihrer Suche nach Anneliese einen sauberen Zahn draufgehabt hatten, schnaufte er wie eine Dampflok. Die dicken Nebelschwaden, die beim Ausatmen vor seinem Mund entstanden, unterstrichen diesen Eindruck noch.

»Nichts Gutes, befürchte ich.« Rudi hörte sich deprimiert an.

»Was ist passiert?«

»Sylvie Maurer ist verschwunden.«

»Wer?«

Max hatte ihn nur schlecht verstanden. Er zog seine feuchten Handschuhe aus, damit er sein Telefon fester ans Ohr drücken konnte.

»Sylvie, die Freundin von Georg Reiter. Unserem bisher einzigen Verdächtigen. Du weißt schon.«

»Oha. Seit wann ist sie weg?« Herrschaftszeiten, das fehlt uns gerade noch, dass dem Mädel auch noch etwas zugestoßen ist. Das ist ja wie verhext zurzeit.

»Seit gestern Abend. Sie brach wie immer eine Stunde vor dem Abendessen von zu Hause aus zum Joggen am Kranzberg auf. Seitdem hat sie niemand mehr gesehen.«

»Und warum wird sie erst jetzt vermisst.«

»Ihre Eltern haben gedacht, sie wäre bei Georg.«

»Ist sie aber nicht. Stimmt's?« Logisch, Raintaler. Vermisst heißt normalerweise immer noch, dass keiner weiß, wo sie sich aufhält.

»Nein.«

»Nimmt sie jedes Mal eine bestimmte Strecke zum Joggen?«

»Ja.«

»Also weiß ihr Umfeld, wann sie dort zu finden ist. Es könnte sie aber auch jemand, der von außen kommt, beobachtet haben.«

Max sah zu, wie Josef gerade hinter einem kleinen Wäldchen aus seinem Blickfeld fuhr. Er würde einen schönen Zahn zulegen müssen, wenn er ihn wieder einholen wollte.

»Um herauszufinden, wo die beste Gelegenheit wäre, ihr etwas anzutun?«

»Genau das meine ich, Rudi. Habt ihr irgendwelche Spuren von ihr entdeckt?« Max kaute nervös auf seiner Unterlippe herum. Das Ganze war langsam wirklich nicht mehr lustig.

»Nein. Auch ihre Eltern sind die Strecke vor uns schon zweimal abgegangen. Nichts. Nicht die geringste Spur von ihr.« Rudi hörte sich so an, als hätte er bereits die Hoffnung aufgegeben, das Mädchen lebend wiederzufinden.

Max sah das ähnlich. Wer sollte verletzt im Jogginganzug eine ganze Nacht und einen Tag in dieser Kälte überleben? Höchstens ein Übermensch, wie zum Beispiel Reinhold Messner. Normalerweise wäre das aber völlig unmöglich gewesen. Zurzeit hatte es nachts an die zehn bis 15 Grad minus. Aber stopp, natürlich bestand noch eine Möglichkeit, dass sie am Leben war. Wenn sie entführt worden oder heimlich abgehauen war. »Herrje, das klingt wirklich nicht gut. Hat sich ein Erpresser gemeldet?«

»Du meinst, sie wurde entführt? Nein. Bis jetzt hat sich noch niemand gemeldet.«

»Aha.« Also keine Entführung. Oder würden sich die Erpresser erst noch melden? »Das ist eine richtig dicke Scheiße, Rudi.«

»Finde ich auch.« Rudi klang resigniert.

Rudi ratlos. Max musste an Udo Lindenbergs Song denken.

»Aber vielleicht ist sie auch einfach abgehauen. Aus irgendeinem Grund, den wir nicht kennen.«

Man sollte nicht immer mit dem Schlimmsten rechnen. Doch leider stellte sich das Schlimmste im Nachhinein oft genug als berechtigte Befürchtung heraus. Das schien eine Art kosmisches Naturgesetz zu sein.

»Möglich. Meine Leute suchen aber auf jeden Fall weiter nach ihr.«

»Kann man da am Kranzberg irgendwo runterfallen? Zum Beispiel, wenn man aus Versehen stolpert?« Max stieg von einem Bein aufs andere. Ihm wurde langsam kalt.

»Normalerweise nicht. Höchstens im Laintal. Da gibt es eine kleine Schlucht.«

»Habt ihr da schon nachgesehen?«

»Nein. Da kann man nur bergwandern, aber nicht joggen. Außerdem ist das laut ihren Eltern nicht ihre Strecke.«

»Schaut trotzdem mal hin. Vielleicht wollte sie eine extraharte Runde drehen.« Max wusste aus seiner Erfahrung bei der Münchner Kripo, dass bei Fällen wie diesem die verrücktesten Sachen passiert sein konnten. Dinge, an die vorher niemand auch nur im Traum gedacht hätte.

»Okay, machen wir. Guter Tipp, Max.«

»Habt ihr Georg Reiter gefragt, wo er letzte Nacht war?« Konnte doch sein, dass an der Sache mit diesem Georg und seiner Eifersucht auf den toten Rainer Staller mehr dran war, als sie zunächst gedacht hatten?

»Logisch, Max. Den habe ich mir gleich als Ersten persönlich vorgenommen. Es schaut aber so aus, als wäre er die ganze Zeit über zu Hause gewesen und hätte fürs Abitur gelernt. Jedenfalls sagt das seine Mutter.«

»Mist. Das wäre wohl auch zu einfach gewesen.«

»Eben.« Rudi lachte humorlos auf. »Wo bist du gerade?«

»Mit den anderen in Leutasch beim Langlaufen. Josef und ich suchen gerade Anneliese. Sie ist ebenfalls verschwunden. Sieht so aus, als hätte sie sich verlaufen.«

»Was? Wirklich? Ja, um Himmels willen. Soll ich die österreichischen Kollegen alarmieren?«

Rudi kannte Anneliese natürlich, und Max meinte bereits letztes Jahr beobachtet zu haben, dass der fesche Mittenwalder sich auch ein bisserl in die schöne blonde Münchnerin verguckt hatte. An diesem total verschneiten Abend, als sie alle zusammen in Seefeld beim Tanzen gewesen waren. Natürlich hätte der treue und überkorrekte Ehemann das niemals zugegeben, wenn ihn jemand danach gefragt hätte. Aber für seine Verhältnisse hatte er in Max' Augen fast schon mit ihr geflirtet.

»Nein. Lass gut sein, Rudi. Dazu haben wir immer noch Zeit. Wahrscheinlich sitzt sie längst mit Moni bei einer heißen Gulaschsuppe.«

Max konnte nicht wissen, wie recht er mit seiner Vermutung hatte.

»Wie du meinst, Max. Aber gib mir bitte sofort Bescheid, wenn ihr sie gefunden habt. Und wenn nicht, natürlich auch. Ich leite dann alles Notwendige in die Wege. Ja, so ein Irrsinn das alles.«

Rudi war nun offensichtlich nicht mehr nur sehr besorgt um Sylvie Maurer, sondern auch um Anneliese. Max quittierte es mit einem leisen Lächeln.

»Finde ich auch«, erwiderte er. »Man kommt sich vor wie im Bermudadreieck. Lass uns auflegen, Rudi. Mich friert's. Es ist saukalt.«

»Okay, ich muss auch weitermachen, Max. Kommt ihr gleich zurück, sobald ihr Anneliese gefunden habt?« Rudis Stimme klang wieder etwas fester und sachlicher. Anscheinend hatte es ihm gut getan, mit einem kompetenten Exkriminaler aus der Stadt zu sprechen.

»Logisch. Ich melde mich bei dir, sobald wir im Appartement sind. Habt ihr übrigens was über den Sprengstoff rausgefunden?«

»Ach ja. Hab ich in der Hektik ganz vergessen. In der Hütte neben der Dammkareinfahrt fehlt nichts. Der Sprengstoff muss also von woanders hergekommen sein.«

»Habt ihr einen Verdacht, von woher?«

»Da gibt es viele Möglichkeiten. Vom Internet bis zu den Sprengstoffdepots anderer Skiorte hier in der Umgebung. Aber jetzt müssen wir erst mal das Mädchen finden.«

»Stimmt. Und was ist mit dem Haar aus dem Dammkar? Was sagt das Labor?«

»Es ist auf jeden Fall nicht von dir oder Josef. Von Lutz ist es auch nicht.«

»Das wäre auch noch schöner.«

»Stimmt.«

»Also wahrscheinlich vom Täter.«

»Schaut so aus. Leider haben wir bisher aber keine Übereinstimmung mit unseren Dateien gefunden.«

»Wenigstens können wir ihn damit endgültig überführen, sobald wir ihn erwischen.« Max blickte zu den Sternen hinauf, die nun immer heller über ihm blinkten.

»So sehe ich das auch.«

»Na gut, Rudi. Wir hören voneinander.«

»Alles klar. Servus, Max.«

»Servus. Bis dann.«

Meine Herren. Das war jetzt aber wirklich eine insgesamt eher sehr unbefriedigende Situation, in der sie sich alle zusammen befanden. Was war denn nur los? Eine Verschwörung? Wenigstens ein Haar des Täters hatten sie. Besser als nichts. Er verstaute schnatternd vor Kälte sein Handy im Anorak, zog seine Handschuhe an und sah zu, dass er Josef so schnell wie möglich einholte, bevor er hier noch anfror.

Gleich hinter dem nächsten Wäldchen wurde ihm klar, dass er sich ruhig hätte Zeit lassen können. Sein Freund und Vereinskamerad beim FC Kneipenluft stand gemütlich am Pistenrand und wartete auf ihn. Obwohl es bereits nicht mehr ganz hell war, erkannte er ihn gleich an seiner unnachahmlichen Körperhaltung, Becken nach vorn, Schultern nach hinten.

»Was ist los, alter Junge? Keine Power mehr?« Josef grinste breit übers ganze Gesicht.

Wahrscheinlich freut er sich gerade mordsmäßig darüber, dass er den Konditionsgott Raintaler platt gemacht hat, dachte Max. Er kann ja nicht wissen, dass ich telefoniert habe. »Für dich reicht's allemal, Josef. Rudi hat gerade angerufen. Sylvie Maurer, die Freundin von Georg Reiter, ist verschwunden.« Er grinste nicht zurück. Dafür war ihm die Angelegenheit zu ernst.

»Wie – verschwunden? Abgehauen?«

»Kann sein. Genauso gut kann sie aber auch einen Unfall gehabt haben oder sie ist entführt worden. Oder jemand hat ihr was angetan.«

»Schöne Scheiße. Ich hatte mir ein Skiwochenende ehrlich gesagt anders vorgestellt.« Josef hörte auf zu grinsen und schüttelte nachdenklich den Kopf. »Keine Spur von ihr?«

»Keine Spur.«

»Das arme Mädel. Jetzt fehlt eigentlich bloß noch, dass wir Anneliese nicht mehr finden.«

»Das wollen wir nicht hoffen. Lass uns die Runde schnell zu Ende fahren und schauen, ob sie schon bei Moni angekommen ist, okay? Ich hab da so ein Gefühl im Bauch.«

Max stieg eilig in die Loipe zurück.

»Alles klar, Max. Aber halt dich mit dem Tempo etwas zurück. Mir langt's für heute mit dem Sport.«

»Soviel zum Thema *keine Power mehr*, was? Aber denk dir nichts. Mir reicht's auch für heute. Hat ja keiner gesagt, dass wir bei der nächsten Olympiade mitmachen sollen.«

Max fuhr gemächlich los. Josef folgte ihm sogleich. Sie hielten unterwegs immer wieder an, um laut nach Anneliese zu rufen. Ergebnislos. Bis eine Frau, die sie am Südende der Loipe überholten, nachfragte, ob ihnen ihr Hund davongelaufen wäre. Es würde sich auf jeden Fall ganz so anhören.

»Da haben Sie fast ganz richtig gehört«, erwiderte Max, während sie alle drei anhielten. »Uns ist jemand abhandengekommen. Aber es ist kein Hund. Annie ist unsere Freundin.« Er zeigte auf sich und Josef.

»Sie haben beide dieselbe Freundin?« Die ältere Dame blickte erstaunt unter ihrer tief ins Gesicht gezogenen, roten Pudelmütze hervor.

»Freundin, aber nicht *Freundin*. Sie verstehen?« Max machte ein paar sinnlose Handbewegungen, die seine Aussage erklärend unterstützen sollten.

»Nein.«

»Also, ich meine, sie ist die beste Freundin meiner Freundin, aber mit keinem von uns beiden zusammen.«

»Sie ist nicht mit Ihnen und Ihrer Freundin zusammen?« Sie grinste.

»Nein. Sie ist nicht mit mir und Josef hier zusammen.«
Max zeigte erneut auf sich und seinen Begleiter. Will die
mich etwa verarschen? Ganz schön frech für ihr biblisches
Alter, die Gute.

»Ich habe Sie schon verstanden.« Sie lachte freundlich und
legte den Kopf schief. »Vorhin ist eine junge Frau an mir
vorbeigefahren. Sie konnte zwar genauso schlecht Langlaufen wie ich, aber sie war schneller. Sicher nur, weil sie jünger
war. Ihr jungen Leute habt einfach mehr Kraft.« Sie strahlte
ihn bewundernd an.

»War sie blond?«, fuhr er unbeeindruckt fort.

»Sie hatte blonde Haare, soweit ich das sehen konnte. Ein
paar davon spitzten unter ihrer Mütze hervor.«

»Das muss sie gewesen sein. Wann haben Sie sie gesehen?«

»Vorhin. Es ist vielleicht gerade mal 20 Minuten her.«

»Dann ist sie bestimmt längst bei Moni angekommen«,
wandte sich Max erleichtert an Josef.

»Moni?« Die ältere Dame zwinkerte ihnen verschwörerisch zu.

»Äh, ja. Meine Freundin«, haspelte Max. Die verarscht
mich echt. Oder will sie etwa mit mir flirten? Schaut ganz
so aus. Ja, wo gibt's denn so was? Wie war das noch gleich?
Alter schützt vor Torheit nicht? »Super, dann nichts wie hinterher. Können wir Ihnen irgendwie helfen? Es wird bald
dunkel sein«, fügte er halbherzig hinzu. Eigentlich wollte
er nur noch zurück ins Restaurant und endlich etwas essen.

»Nein danke, junger Mann. Ich komme zurecht. Ich
nehme die nächste Ausfahrt gleich da vorn.« Sie zeigte
auf die über und über mit Schnee bedeckte Raststation,
die ungefähr 200 Meter von ihnen entfernt am Loipenrand stand. »Seit mein Rüdiger vor vier Jahren gestorben
ist, habe ich gelernt, allein zurechtzukommen«, meinte sie

noch und rückte mit einer resoluten Geste ihre Kopfbedeckung zurecht.

»Ja, dann … gut. Auf Wiederschauen. Und vielen Dank für Ihre Hilfe.« Max reichte ihr kurz die Hand und wandte sich von ihr ab. Er hatte keine Lust, sich bei gefühlten zehn Grad Minus und einem drohenden Hungerast auch noch in ein Gespräch über verstorbene Ehemänner oder einsames Witwendasein verwickeln zu lassen. »Kommst du, Josef?«

»Ja, Max. Vielen Dank, gnädige Frau. Und dass Sie mir heute keine Extrarunde mehr drehen. Es ist zu kalt.« Josef lächelte freundlich, schüttelte ihr ebenfalls die Hand und machte dabei, ganz Kavalier alter Schule, einen Diener.

»Nein, junger Mann. Heute bestimmt nicht. Ich habe eine Verabredung zum Abendessen«, erwiderte sie und errötete leicht.

»Na, dann wünsche ich guten Appetit. Auf Wiederschauen.« Genial, sie wird richtig verlegen. Wie ein Teenager, dachte er. Hoffentlich ergraue ich eines Tages auch in Ehren wie sie, immer noch fit im Kopf und in den Füßen. Und vor allem im Herzen.

»Auf Wiederschauen, junger Mann.«

Er folgte Max in die zunehmende Dunkelheit. Die ältere Dame sah den beiden noch eine Weile nach, dann machte sie sich ebenfalls wieder auf den Weg.

15

»So, Herr Richter. Dann erklären Sie mir doch bitte erst einmal, was die Vorstellung in *Monikas kleiner Kneipe* am Samstagabend sollte.« Hauptkommissar Franz Wurmdobler schaltete das Bandgerät ein, das immer auf dem Tisch im Verhörraum stand.

Es gab einen kleinen Triumph zu feiern. Der *Zorn Gottes*, der kleine vollbärtige Waldemar Richter, war ihnen ins Netz gegangen. Eine Streife hatte ihn am späten Nachmittag auf dem Stachus aufgegriffen, als er harmlose Passanten angepöbelt hatte. Es war zwar schon nach sieben, aber Franz schob in diesem Fall nur allzu gern Überstunden. Schließlich hatte er ein ganz persönliches Interesse an der Sache. Endlich würde er herausfinden, was Richter in *Monikas kleiner Kneipe* gemeint hatte, als er damit drohte, Franz und seine Freunde mitsamt dem Schnupfen von der Erdoberfläche zu fegen.

»Da gibt es nichts zu erklären, kleiner, dicker Wurmdobler.« Richter blickte Franz mitten ins Gesicht und reckte herausfordernd das bärtige Kinn nach vorn.

»Reißen Sie sich gefälligst zusammen, Mann. Oder glauben Sie etwa, wir sitzen zum Spaß hier?« Frech brauchst du mir nicht zu werden, Bürscherl, dachte Franz. Dann ziehen wir gleich ganz andere Seiten auf. Wart's nur ab. »Also, was sollte dieser Schmarrn, uns damit zu drohen, uns alle von der Erdoberfläche zu fegen?« Er setzte ein undurchdringliches, ernstes Gesicht auf.

»Nichts.« Richter verschränkte trotzig die Arme vor der Brust.

»Nichts ist mir zu wenig.«

»Mir doch egal.«

»Passen Sie auf, Richter.« Franz schaltete das Aufnahmegerät aus. »Entweder Sie reden, oder ich buchte Sie erst mal wegen Morddrohung und Passantenbeleidigung in einer schönen Gemeinschaftszelle für vorläufige Festnahmen ein.«

»Lächerlich.«

»Das werden wir ja sehen. Wir machen das so. Den Jungs in der Gemeinschaftszelle lassen wir zukommen, dass Sie ein Kinderschänder sind. Da sitzt gerade ein Koloss aus Niederbayern, der seinen Chef erschlagen hat, und einen Killer von der Russenmafia haben wir auch da.« Franz lächelte kalt. »Die zwei werden einen klein gewachsenen Kinderschänder wie Sie sicher über alles lieben. Wie alle harten Jungs. Was halten Sie davon?«

»Das dürfen Sie gar nicht.« Richters Augen bewegten sich unsicher hin und her. Er rieb nervös seine Handflächen aneinander. »Ich bin doch gar kein Kinderschänder. Außerdem habe ich in der Untersuchungshaft das Recht auf eine Einzelzelle.«

»Mir doch egal.« Franz lehnte sich in seinem Stuhl zurück und setzte sein coolstes Pokerface auf. Ihm war beim besten Willen nicht anzusehen, ob er Ernst machen würde oder nicht. Hoffentlich schluckt der Depp den Bluff, dachte er.

»Na gut, ist eh alles wurscht. Ich habe nichts Schlimmes zu verbergen. Was wollen Sie wissen?« Nachdem Richter noch eine Weile gezögert hatte, beugte er sich nun vor und sah Franz erneut direkt ins Gesicht.

»Das habe ich Ihnen gerade gesagt. Wieso haben Sie mir und meinen Freunden damit gedroht, uns von der Erdoberfläche zu fegen?«

Franz schaltete das Bandgerät wieder ein und sah sein Gegenüber erwartungsvoll an.

»Das war doch gar nicht richtig ernst gemeint. Ich wollte Ihnen bloß Angst machen.«

»Ach wirklich? Und warum?«

»Weil Sie und dieser Raintaler mich damals im *Weißen Bräuhaus* verhaftet haben.«

Also hatte es tatsächlich etwas damit zu tun. Franz schüttelte ungläubig den Kopf. Wie konnte ein einzelner Mensch nur so nachtragend sein? Unglaublich. Er erinnerte sich an einen Zeitungsartikel, den er vor Jahren einmal gelesen hatte. Darin war von einem jungen Thailänder die Rede gewesen, der 30 Jahre lang auf seinem Zimmer geblieben war, weil er zum 16. Geburtstag kein Moped von seinen Eltern geschenkt bekommen hatte. Das Essen mussten sie ihm vor die Tür stellen. Er hat es sich erst geholt, sobald sie wieder weg waren. Mit dem Duschen und der Toilette verhielt es sich genauso. Er ging erst, wenn keiner in der Nähe war. »Sie wollen mir ernsthaft erzählen, dass Sie jahrelang darauf gewartet haben, meinen Kollegen Raintaler und mich zu bedrohen? Wieso kamen Sie denn nicht früher auf die Idee?«

»Ich war die ganze Zeit über im Bau.«

»Aber nicht hier in Deutschland. Das wüsste ich.«

»Nein.«

»Wo dann?«

»In Thailand.«

»Aha. Wegen Drogen, oder was?« Ausgerechnet Thailand, als hätte ich es gerade irgendwie vorausgesehen. Franz staunte nicht schlecht. Also deswegen war der Kerl seit Jahren nicht mehr in den hiesigen Akten aufgetaucht.

»Nein, Diebstahl.«

»Wie lang?«

»Acht Jahre.«

»Und jetzt sind Sie zurückgekommen und haben nichts Besseres zu tun, als zwei Kommissare und deren Freunde zu bedrohen, weil die Sie einmal vor einer halben Ewigkeit wegen einer Rauferei verhaftet haben?«

Der hat doch ein Rad ab, sagte sich Franz. Wegen der Sache im *Weißen Bräuhaus* hat er damals lediglich ein Bußgeld aufgebrummt bekommen, und in Thailand sitzt er acht Jahre. Aber statt sich an seinen Peinigern dort zu rächen, will er Max und mir Angst einjagen? Das ist doch nichts als Schmarrn, was der erzählt. Entweder er ist wirklich nicht ganz dicht oder er lügt wie gedruckt. Oder hat er sich in Thailand doch gerächt?

»Na ja, ich dachte halt, ich mache Ihnen genauso viel Angst, wie Sie mir damals gemacht haben.«

»Und die Thailänder haben Ihnen keine Angst gemacht?«

»Doch.«

»Und haben Sie sich bei denen auch revanchiert?«

»Darüber rede ich nicht.«

»Aha. Ist mir ehrlich gesagt auch egal. Wo waren Sie am Samstag in der Früh gegen neun, Herr Richter?« Franz schlug einen hochoffiziellen distanzierten Ermittlertonfall an.

»Samstag?«

»Ja, am Samstag.«

»Moment, da muss ich überlegen. Also am Abend war ich auf jeden Fall in diesem Lokal von Frau Schindler …«

»Das wissen wir bereits, Herr Richter.« Franz trommelte ungeduldig mit den Fingern auf der Tischkante herum. »Sind Sie später am Abend noch einmal dorthin zurückgekehrt?«

»Nein. Wieso? Später war ich in Schwabing, in meiner Stammkneipe in der Belgradstraße. Bis morgens um drei.

Dann bin ich heimgegangen. Allein. Da können Sie gerne jeden im *Alten Hasen* fragen.« Richter blickte freimütig und offen drein, wie das reinste Unschuldslamm.

Also hatte er sich doch nicht in der Nacht vor Monikas Haus herumgetrieben? Müssen wir da etwa noch nach jemand anderem suchen? Nach einem echten Spanner vielleicht?

»Das werden wir. Verlassen Sie sich drauf. Also, was ist nun mit Samstag in der Früh?« Franz fixierte ihn mit einem eindringlichen Blick. Er hoffte, ihm dabei den Eindruck zu vermitteln, als würde er jede Lüge bereits im Ansatz bemerken.

»Moment, jetzt fällt es mir wieder ein«, platzte Richter mit einem Mal heraus. »Da war ich auf dem Viktualienmarkt und habe einem Freund beim Verkaufen geholfen, dem Gemüse-Johannes. Ich bin um acht hin und mittags bin wieder nach Hause gegangen.«

Wenn das stimmt, kann er den Anschlag auf Max und Josef im Dammkar nicht verübt haben. Und wegen was kriege ich ihn dann dran? Bedrohung eines Polizeibeamten? Blöd daherreden? Passanten beleidigen? Das ist doch alles Pipifax. Es sei denn, er hat jemanden beauftragt, Max und Josef unter einer Lawine zu begraben. Aber ehrlich gesagt sieht er nicht so aus, als könnte er einen Auftragskiller bezahlen. Er scheint eher eine ausgewachsene Meise zu haben. Herrschaftszeiten, was mach ich bloß mit dem Kerl? Franz schüttelte nachdenklich den Kopf. Ich fürchte, ich werde ihn laufen lassen müssen. Seine Anzeige wegen der Pöbeleien am Stachus kriegt er. Aber wenn er einen festen Wohnsitz hat, und den hat er, so wie es ausschaut, kann ich ihn im Moment nicht länger festhalten. Mist, dem Bürscherl hätte ich nur zu gern gezeigt, wer der Ober ist und wer der

Unter. »Na dann hoffen wir mal, dass das stimmt, was Sie da behaupten, Herr Richter.«

»Natürlich stimmt es. Ich lüge nie, Herr Kommissar.«

»Das haben hier schon ganz andere behauptet. Jeder lügt.«

»Vorsicht, reizen Sie mich nicht, Herr Kommissar.« Richter bekam einen stieren Blick.

»Für Sie immer noch Hauptkommissar. Wollen Sie mir etwa schon wieder drohen?« Jetzt schlägt es aber gleich 13, ärgerte sich Franz. Was bildet sich der Kerl eigentlich ein? Ich glaub, ich spinn. »Machen Sie nur weiter so. Ihre Zellengenossen warten schon.«

»Du miese Drecksau, du miese. Du bist fett und hässlich. Mehr nicht. Und eine miese Drecksau bist du außerdem.«

Richter bekam von einer Sekunde auf die andere einen knallroten Kopf, sprang wie von der Tarantel gestochen von seinem Sitz hoch und begann sich wie ein Derwisch im Kreis zu drehen.

»Setzen Sie sich, Richter!«, brüllte Franz. Der ist doch echt nicht sauber, dachte er. Total irre! Entweder er hat das Tourette-Syndrom mit noch etwas anderem, oder er ist ein klarer Fall für die Psychoklempner in Haar draußen.

»Miese Sau! Miese Sau!« Richter dachte gar nicht daran, Franz' Aufforderung Folge zu leisten. Im Gegenteil, er sprang immer noch wilder umher.

»Richter, Sie setzen sich auf der Stelle hin, oder ich lasse Sie zu unseren Killern in die Zelle verfrachten.« Franz war ebenfalls aufgestanden und sah dem durchgedrehten *Zorn Gottes* mit offenstehendem Mund bei seinem Veitstanz zu.

»Mach doch! Mach doch!« Richter zeigte ihm eine lange Nase.

»Legen Sie ihm Handschellen an und bringen Sie ihn in die Zelle.« Franz nickte dem Beamten, der die ganze Zeit über bei ihnen im Zimmer gestanden war, zu.

»Was, du willst mich abführen lassen, du miese Sau? Na warte!« Noch ehe der Beamte in Uniform eingreifen konnte, sprang Richter mit einem riesigen Satz auf Franz zu, holte aus und schlug ihm mit der Faust auf die Nase, dass das Blut nur so spritzte.

»Wa...? Dafür gehst du endgültig in den Bau, Arschloch. Jetzt hast du es übertrieben.«

Franz fasste sich zunächst ungläubig mit schmerzverzerrtem Gesicht an seinen lädierten Zinken, dann packte er Richters rechten Arm und drehte ihn ihm blitzschnell auf den Rücken. Im selben Moment kam auch schon der Uniformierte und verpasste dem schreienden, spuckenden und tobenden Zwerg einen Satz Handschellen.

»Ab mit ihm«, befahl Franz. »Das war ein tätlicher Angriff auf einen Polizisten. Dafür wird er bestraft.«

»Hab ihn schon, Herr Wurmdobler. Der kommt mir nicht mehr aus.« Der Uniformierte, der anfangs nur reglos dagestanden war und verdattert dreingeschaut hatte, machte ein entschlossenes, völlig humorloses Gesicht.

»Setzen Sie ihn zu unseren beiden Freunden. Die Sache mit dem Kinderschänder überlege ich mir noch.« Kaum hatte Franz diesen Satz zu Ende gesprochen, wurde es schlagartig ruhig.

Richter blieb stehen und drehte sich zu ihm um. »Herr Wurmdobler. Was ist passiert? Sie sind ja verletzt.« Er glotzte den nach wie vor aus der Nase blutenden Franz verblüfft an. Es hatte den Anschein, als wüsste er wirklich nicht, was gerade los gewesen war.

»Warten Sie. Rufen Sie vielleicht doch besser einen Arzt.

Schaut so aus, als wäre der Mann für sich selbst und die anderen in der Zelle eine Gefahr. Ich passe solang auf ihn auf.« Franz hatte in seiner Laufbahn als Kriminaler schon viel erlebt, aber derart krasse Aussetzer wie bei diesem Waldemar Richter noch nie. Hatte der Kerl wirklich einen amtlichen Dachschaden? Oder war er einfach nur ein grandioser Schauspieler? Abwarten. Der Doktor würde sicher mehr dazu sagen können. Franz' Nase könnte er sich bei der Gelegenheit auch gleich anschauen. Herrschaftszeiten, besonders schön war sie zwar noch nie gewesen, aber hoffentlich war sie nicht gebrochen.

»Ich habe wirklich nichts angestellt, Herr Kommissar.« Richters Blick schweifte klar und ungetrübt wie die sprichwörtliche Unschuld vom Lande durch den Raum und blieb zuletzt an Franz hängen.

»Hauptkommissar.« Franz beobachtete ihn argwöhnisch.

»Entschuldigung, Herr Wurmdobler. Aber ehrlich. Ich habe mir, seit ich aus Asien zurück bin, nichts mehr zuschulden kommen lassen.«

»Außer dass Sie permanent zwanghaft Leute beleidigen. Und mir haben Sie gerade auch noch die Nase demoliert.« Franz lachte kurz humorlos auf.

»Was habe ich?«

»Mir die Nase demoliert. Mich geschlagen. Sie glauben doch nicht, dass ich sie damit so einfach davonkommen lasse?« Franz schüttelte den Kopf. Er konnte immer noch nicht glauben, was geschehen war. Ging dieser Irre doch mitten in einem Polizeirevier glatt auf einen Polizisten los. Und dann wollte er nichts mehr davon wissen? So etwas gab es doch gar nicht.

»Um Gottes willen, das tut mir aufrichtig leid, Herr Wurmdobler. Ich habe da manchmal so komische Zustände.

Da weiß ich auf einmal nicht mehr, was um mich herum los ist.« Der wilde *Zorn Gottes* sah nur noch aus wie ein Häuflein Elend.

»Das haben wir gemerkt.«

Franz kramte eine Packung Papiertaschentücher aus seiner Hosentasche und hielt sich eins davon unter die bluttriefenden Nasenlöcher.

»Aber das tue ich nicht mit Absicht. Das passiert, und ich kann nichts dagegen tun.« Richter hob bedauernd die Hände.

»Waren Sie damit schon mal bei einem Psychologen?«

»Ja, ich bin bei Dr. Streckenburger in Behandlung. Bei mir in Schwabing.«

»Aha. Und was sagt er, was Sie haben?«

»Er weiß es auch nicht genau. Aber irgendwelche Bemerkungen scheinen bei mir diese komischen Zustände auszulösen. So eine Art Reizwörter meint er. Zum Beispiel, wenn man mich als Lügner bezeichnet. Da flippe ich komplett aus, ohne es zu wollen. Und dann ist es von einer Sekunde auf die andere wieder vorbei.«

»Ach, wirklich? Bei uns daheim nennt man so jemanden einen Choleriker. Haben Sie die Telefonnummer von diesem Dr. Streckenburger?« Der Kaschperlkopf kann mir viel erzählen, dachte Franz. Da frage ich doch lieber gleich den Fachmann.

»Ja, in meiner Brieftasche.«

»Geben Sie her. Dann rufe ich ihn an.«

Franz warf das vollgeblutete Taschentuch in seiner Hand in den Papierkorb unter dem Tisch. Seine Nase hatte aufgehört zu bluten. Er fasste vorsichtig hin und schob sie leicht hin und her. Gott sein Dank, sie schien nicht gebrochen zu sein. Es tat zwar höllisch weh, aber es war gerade noch auszuhalten.

»Wie denn?« Richter hielt dümmlich grinsend seine Handschellen hoch.

Franz gab dem Beamten die Anordnung, die Handschellen wieder aufzusperren. Da sollte jetzt nichts mehr anbrennen. Sie waren immerhin zu zweit und vorgewarnt.

Dann ging alles blitzschnell. Richter zog dem Mann, als der sich nach dem Öffnen der Fesseln für eine Sekunde zu Franz umgedreht hatte, in Windeseile von hinten die Waffe aus dem Holster, entsicherte sie und hielt sie ihm an den Kopf, während er ihm seinen anderen Arm um den Hals legte.

»Auf geht's, Wurmdobler!«, befahl er dann. »Wir spazieren jetzt alle drei ganz gemütlich hier raus. Du gehst voran und verscheuchst jeden, der sich uns in den Weg stellen will. Keine Mätzchen. Ich drücke garantiert ab. Erst stirbt der Knallkopf hier. Und du bist der Nächste.«

16

»Mein lieber Herr Gesangsverein, ist das kalt hier drinnen.« Monika sprang von einem Bein auf das andere und schlug die Arme um ihre Schultern. »Gibt es denn keine Heizung, Herr Immobilienmakler?« Sie zeigte auf die kahlen Wände unter den Fenstern und sah Max fragend an.

»Das würde ich allerdings auch gern wissen.« Er schaute suchend in dem großen Aufenthaltsraum ihres Appartements umher.

»Es muss doch eine geben.« Monika schüttelte sich kräftig, um sich noch mehr aufzuwärmen.

»Ist es eventuell dieses Ding hier?« Anneliese, die am nächsten zur Haustür stand, weil sie als Letzte hereingekommen war, zeigte auf das kleine weiße Plastikkästchen, das gleich neben der Garderobe an der Wand hing.

»Ja da schau her. Ein blindes Huhn findet auch mal ein Korn.« Max grinste frech. »Da ist er ja, der Thermostat. Muss wohl für eine Fußbodenheizung sein. Wieso haben wir den heute Morgen eigentlich nicht auf warm gestellt?«

»Weil sich bestimmte Leute so dringend wärmere Unterwäsche anziehen mussten?« Josef grinste ebenfalls. Nur nicht frech wie Max, sondern eher leicht anzüglich.

»Na gut. Mach ich's halt jetzt. Aber das dauert sicher eine Weile, bis es richtig warm wird. Ich würde sagen, wir duschen schnell, ziehen uns an und fahren dann nach Seefeld zum Essen. Treffen hier in einer halben Stunde? Gegenvorschläge?« Max blickte erwartungsvoll in die Runde, während er den Thermostat auf 24 Grad stellte.

»Duschen bei der Kälte?«, protestierte Monika. »Hast du sie noch alle?«

»Aber wirklich, Max. Da erfrieren wir ja«, schloss sich Anneliese an.

»Dann müsst ihr halt ganz heiß duschen und euch danach blitzschnell anziehen.« Max verdrehte die Augen. Logisch, kaum waren Frauen mit von der Partie, gab es Stress wegen der Körperhygiene und der Klamotten. Was auch sonst? »Aber natürlich nur, falls das für Frauen möglich ist.«

»Was? Ganz heiß duschen?« Monika bedachte ihn mit einem überraschten Gesichtsausdruck.

»Nein. Ganz schnell anziehen.« Er entdeckte einen Haken in der Zimmerdecke. Was daran wohl gehangen haben mochte? Eine Deckenleuchte? Oder etwa ein Strick für männliche Gäste, die stundenlang darauf gewartet hatten, dass sich ihre Frauen schnell anzogen?

Monika und Anneliese sahen sich eine Weile lang unschlüssig an. Dann zuckten sie mit den Schultern und nickten resigniert.

»Na also. Los geht's.« Max öffnete die Tür zu seinem und Monikas Zimmer. Sie folgte ihm hinein.

Josef und Anneliese begaben sich ebenfalls in ihre Gemächer. Bei drei Bädern würde es ein Leichtes für sie alle sein, in einer halben Stunde ausgehfertig wieder im Aufenthaltsraum zu stehen.

Max und Josef hatten Anneliese vorhin, wie nach ihrem Gespräch mit der alten Dame vermutet, mit Monika im Warmen angetroffen, sobald sie das Lokal mit dem originellen Ober in Leutasch betreten hatten. Sie mussten nach ihrer anstrengenden Suche dort auch erst einmal unbedingt noch ein Weißbier trinken. Doch gleich, nachdem sie ausgetrunken hatten, waren sich alle vier darüber einig gewesen, umgehend in ihr warmes, gemütliches Appartement in Mittenwald zurückzukehren und sich dort schnell für ein leckeres

Essen in einem der ausgezeichneten Seefelder Restaurants zurechtzumachen. Sie hatten alle einen Bärenhunger. Dass hier drinnen arktische Temperaturen auf sie warten würden, hatte natürlich keiner von ihnen ahnen können.

»Du kannst jetzt ins Bad, Moni. Es ist total warm da drinnen. Am besten nimmst du deine Klamotten mit und ziehst dich dort auch gleich an.« Max stand nackt und frierend im Zimmer. Er beeilte sich damit, seine Unterwäsche, ein paar warme Socken und die schwarzen Jeans für feierliche Anlässe aus seiner Reisetasche zu kramen. Dann kleidete er sich blitzschnell an. »Hoffentlich hole ich mir gerade nicht den Tod«, murmelte er währenddessen vor sich hin.

»Okay. Bin schon weg.«

Monika öffnete die Badezimmertür, trat schnell hinein und schloss sie umgehend wieder.

Solang sie duschte, föhnte sich Max, immer noch vor Kälte am ganzen Leib schlotternd, im Zimmer die Haare. Im selben Moment, als er den Föhn ausschaltete, machte sich sein Handy bemerkbar.

»Raintaler.«

»Rudi noch mal.«

»Servus, Rudi.«

»Was ist los, Max? Du redest so komisch.«

»Nichts. Ich zittere bloß. Wir haben heute Morgen vergessen, den Thermostat einzuschalten.« Max' Zähne schlugen im Takt einer Nähmaschine aufeinander.

»Ach du Scheiße! Dagmar hat mich heute früh extra noch beauftragt, das zu machen. Tut mir leid. Der Stress mit dem Mädchen. Habt ihr den Schalter inzwischen gefunden?« Rudi schien seiner Stimme nach peinlich berührt von seinem Versäumnis zu sein.

»Ja.«

»Gott sei Dank. Dann dürfte es auch bald warm werden. Wir haben eine Fußbodenheizung eingebaut.«

»Super, Rudi. Dann freue ich mich schon auf später. Aber du hast sicher nicht angerufen, um mir das zu sagen. Oder?«

»Nein. Ich wollte dir nur Bescheid geben, dass wir Sylvie Maurer immer noch nicht gefunden haben.«

»Oh je. Das klingt nicht gut. Also ist sie entweder auf und davon, aus welchem Grund auch immer … oder …«

»Genau, dieses *oder* befürchte ich leider auch.« Rudi hörte sich, wie zu Anfang ihres letzten Gespräches, deprimiert an. »Herrschaft noch mal. So ein junges Ding. Hoffentlich sitzt sie bei einer Freundin in München oder sonst wo. Alles andere täte einem das Herz zerreißen, selbst nach einem halben Leben im Polizeidienst.«

»Die Sache geht dir wohl sehr nahe.« Max zog seinen Anorak über. Er fror nach wie vor.

»Ja. Aber ich glaube, das versteht man nicht, wenn man selbst keine Kinder hat.«

»Mag sein.«

Max blickte nachdenklich zum Fenster hinaus. Er hatte sich von Anfang an ein Kind mit Monika gewünscht. Sie hatte ihn jedoch immer wieder vertröstet, sobald er die Sache angesprochen hatte. Und so war es heute noch. Es habe nichts mit ihm zu tun, hatte sie ihm immer wieder versichert. Sie wolle einfach ihre Freiheit nicht aufgeben. Ein Kind hätte in ihrem Leben nun mal keinen Platz. Vielleicht später. Aber wann sollte das sein? Mit 70? Er verscheuchte die trüben Gedanken schnell wieder.

»Sucht ihr weiter nach ihr?«, wandte er sich an Rudi.

»Es hat keinen Sinn, Max. Es ist zu kalt für meine Leute. Und im Dunkeln finden wir noch weniger Spuren als tagsüber.«

»Stimmt auch wieder.«

»Was ist mit Anneliese? Habt ihr sie gefunden?«

»Ja. Sorry. Ich habe ganz vergessen, dir Bescheid zu sagen. Als Josef und ich von der Loipe kamen, saß sie längst mit Moni im Restaurant. Sie wollte abkürzen, hat sich dabei aber wohl ein bisschen verirrt.« Max musste, ohne es zu wollen, grinsen.

»Gott sei Dank. Wenigstens ein Lichtblick.« Rudi atmete hörbar auf. »Also dann. Gruß an alle. Wir sehen uns morgen.«

»Auf jeden Fall. Ich würde mir auch gern noch mal diesen Georg Reiter vorknöpfen. Irgendwas hat der mit der Sache zu tun. Trotz Alibi. Das rieche ich förmlich.«

»Wenn dich dein Riecher da mal nicht täuscht. Aber bitte, tu, was du nicht lassen kannst. Jede Spur zählt. Servus.«

»Servus.«

Sie legten auf.

Max wusste, dass er Georg morgen auf jeden Fall gründlich in die Mangel nehmen würde. Vielleicht hatten er und Sylvie Streit gehabt, und sie war daraufhin abgehauen. Hoffentlich, dachte er. Alles andere wäre wirklich eine schreckliche Geschichte. Sein Telefon spielte erneut das *Lied vom Tod*. Er ging ran.

»Was gibt's denn noch, Rudi?«, erkundigte er sich schnell.

»... Max?«

»Ja? ... Franzi? Bist du das? Du klingst so weit weg.«

»Ja, Max. Ich bin's.«

»Gibt es interessante Neuigkeiten aus München? Hier bei uns ist die Hölle los. Jetzt ist auch noch ein Mädchen verschwunden. Die Freundin eines Tatverdächtigen.« Max schlüpfte in seine warmen Hüttenschuhe, während er sprach. Von der versprochenen Wärme der Fußbodenheizung war immer noch nicht das Geringste zu spüren.

»Max, ... ich brauche deine Hilfe.« Franz hörte sich alles andere als fröhlich oder zuversichtlich an. Eher so, als hätte er eine große Anstrengung hinter sich. »Aber hol dir die Kollegen dazu.«

»Was? Was ist denn mit dir? Du hörst dich nicht gut an.«

»Max, ... Hilfe!«

»Franzi? Franzi!« Max schüttelte sein Telefon, als könnte er Franz damit zu einer Antwort bewegen, dann hielt er den Lautsprecher wieder ans Ohr.

»Hallo, Max Raintaler«, meldete sich eine ihm unbekannte Stimme. »Wenn du deinen Freund lebend wiedersehen willst, kommst du ihn am besten besuchen. Und zwar gleich.«

»Wer spricht da?« War das eine Frau oder ein Mann? Er konnte es nicht genau sagen.

»Das tut nichts zur Sache.«

Es klang nun doch eher nach einem Mann. Hatte der Typ Franz in seiner Gewalt?

»Das sehe ich aber ganz anders. Wer sind Sie und was wollen Sie?«

»Ich will, dass du uns Gesellschaft leistest. Allein und unbewaffnet. Vergiss das mit Wurmdoblers Kollegen. Aber ganz schnell. Kapiert?«

Jetzt wird er auch noch hysterisch. Was plärrt er denn so schrill? Wieder mal einer, der nicht alle Tassen im Schrank hat. Hoffentlich tut er Franzi nichts an. Max starrte beunruhigt zum Fußende des Doppelbetts hinüber, auf das er sich gerade gesetzt hatte. »Da müsste ich aber erst mal erfahren, wo das ist.«

»Nimm dein Handy mit, steig in dein Auto und fahre nach Münsing. Ich rufe dich in einer Stunde wieder an.«

»Münsing beim Starnberger See?« Zeit schinden, Raintaler. Je länger du mit ihm sprichst, desto größer ist die Chance, etwas über Franzi zu erfahren.

»Gibt es sonst noch ein Münsing in Bayern?«

»Da müsste ich kurz nachdenken …«

»Na also.« Der Unbekannte legte auf.

Mist. Soviel zum Thema Zeitschinden. Max saß noch eine Weile lang da und starrte wie betäubt ins Leere. Erst schoss ihm Murphys Gesetz durch den Kopf: *Alles, was schief gehen kann, wird auch schief gehen.* Dann fiel ihm ein, dass er sofort Franz' Kollegen bei der Münchner Kripo anrufen musste, die gleichzeitig auch seine Exkollegen waren. Er sah auf seine Uhr, die auf dem Nachttisch lag. Gleich sieben. Ein paar der Jungs waren sicher im Büro. Schichtdienst. Sie mussten unbedingt Franz' Handy orten und dann zu Max stoßen, um Franz gemeinsam mit ihm zu befreien. Wer weiß, wie viele Ganoven ihn insgesamt festhielten.

»Müller«, meldete sich der scharfe Bernd, nachdem Max die Nummer von Franz' Büro gewählt hatte. Jeder auf dem Revier nannte ihn den *scharfen Bernd*, weil er es bei seinen Verhören mit den Vorschriften nicht so genau nahm und dem einen oder anderen Verdächtigen schon mal eine anständige Watschn oder Kopfnuss verpasste. Seine Vorgesetzten duldeten es, solange er damit Erfolg hatte.

»Servus, Bernd. Max hier.«

»Servus, Herr Exkollege. Was gibt's Neues?«

»Jemand hat Franzi entführt«, platzte Max eilig heraus.

»Ich hatte gefragt, was es Neues gibt«, brummte Bernd unwillig. »An Franzi sind wir längst dran. Was meinst du wohl, warum ich an sein Telefon gehe.«

»Weil er nicht da ist?«

»Logisch.«

»Wisst ihr schon, wo er ist?«

»Nein«, gab Bernd zerknirscht zu. »Aber wir arbeiten daran.«

»Pass auf, Bernd. Du kannst damit aufhören, so cool zu tun, als wären wir in einem Hollywoodschinken. Ich soll zu Franzi kommen. Sein Entführer hat mich gerade angerufen.« Max sprach weiterhin schnell. Es galt, keine Zeit zu verlieren. Sein bester Freund war allem Anschein nach in Lebensgefahr. Da hieß es nicht lang herumeiern, sondern blitzschnell handeln.

»Sein Entführer? Dieser Waldemar Richter?«

»Was? Der *Zorn Gottes* hat ihn in seiner Gewalt?«

»Schaut ganz so aus, Max. Wenn es nicht so ernst wäre, würde ich glatt über deinen Satz lachen.«

»Wie ist das passiert? Wisst ihr das?« Was ist denn bloß mit dem Bernd los? Ein blöder Spruch nach dem anderen. Schaut er zuviel Fernsehen?

»Franzi hat ihn sich hier bei uns im Verhörraum zur Brust genommen. Dabei muss der Kerl an die Dienstwaffe des uniformierten Beamten, der mit im Zimmer war, gekommen sein und ist mit ihm und Franzi zur Tür raus.«

»Wie blöd kann man denn sein und sich von einem Verdächtigen die Waffe abnehmen lassen?« Max konnte einfach nicht fassen, was ihm da gerade erzählt wurde. Er sprang auf und hüpfte von einem Bein auf das andere. Vielleicht half das ja gegen die Kälte.

»Frag mich was Leichteres. Unten in der Tiefgarage hat Richter den Uniformierten dann jedenfalls freigelassen und ist mit Franzi in dessen Dienstwagen gestiegen. Seitdem hat die beiden keiner mehr gesehen.« Bernd klang sachlich wie ein Nachrichtensprecher. Logisch, dass ein ausgesuchter Macho wie er keine Gefühle zeigen wollte. Schon gar nicht in seiner Rolle als Kriminalbeamter.

»Aber so ein Dienstwagen fällt doch auf. Hat sie denn niemand verfolgt?« Max schüttelte nur noch den Kopf über so viel Unfähigkeit auf allen Seiten.

»Es ging alles viel zu schnell.«

»Ach wirklich? Schöne Scheiße.«

»Das darfst du laut sagen. Franzis Wagen haben wir eine Viertelstunde später in der Nähe der Donnersberger Brücke gefunden. Wahrscheinlich haben sie dort das Fahrzeug gewechselt.«

»Hat Richter ein Auto? Wie sieht es aus? Welche Autonummer hat es?« Hatte der Kerl das Ganze etwa von langer Hand geplant? Max lief unruhig im Zimmer hin und her.

»Leider alles Fehlanzeige.«

»Also hat er einen fremden Wagen geklaut.«

»Sieht ganz so aus. Den eigenen kann man ja wohl schlecht klauen.«

»Ich lach später. Und bis jetzt hat den Wagen noch niemand vermisst?« Langsam geht er mir echt auf die Eier mit seinen obercoolen Sprüchen. So was braucht doch kein Mensch. Der war doch früher nicht so bescheuert drauf. Hat er etwa so einen Kurs gemacht, wo sie einem Selbstbewusstsein eintrichtern wollen? So einen Rhetorikkurs oder irgendwas Esoterisches?

»Genau.«

»Große Scheiße.«

Max setzte sich erneut aufs Bett. Er konnte sich einfach nicht entscheiden, ob er lieber sitzen und frieren oder stehen und frieren sollte.

»Stimmt. Was schlägst du vor?« Bernd brummte endlich nicht mehr mordscool wie Arnold Schwarzenegger als Terminator. Er klang eher aufgeregt, besorgt und reichlich angespannt.

»Habt ihr Franzis Handy geortet?«, fiel es Max siedend heiß ein.

Hektisch sprang er auf und trat ans Fenster. Es hatte zu schneien begonnen. Nichts als Dunkelheit und wirbelnde Flocken im gelblichen Schein der Straßenlaternen vor dem Haus.

»Nein. Es liegt wie immer hier auf seinem Schreibtisch.«

»Megagroße Scheiße!«

»Dito.« Bernd hörte sich nur noch resigniert und ratlos an.

»Also gut. Pass auf, Bernd. Wir machen es so. Ich soll nach Münsing fahren, um Richter und Franzi zu treffen. In einer Stunde will mich dieser Richter wieder anrufen. Wahrscheinlich um mir zu sagen, wo genau es hingeht.«

Max winkte Monika, die gerade aus dem Bad kam und etwas sagen wollte, kurz zu und legte anschließend seinen Zeigefinger vor den Mund. Sie hielt schweigend den Daumen hoch und verschwand wieder hinter der Tür, aus der sie gerade gekommen war.

»Und wir sollen auch nach Münsing kommen? Mit einer Hundertschaft etwa? Das dauert aber, bis ich die alle zusammenhabe.«

»Nein. Ich soll allein hinkommen, hat Richter gemeint. Also bitte, komm nur du mit zwei oder drei deiner besten Leute. Maier und Stieglitz vielleicht. Wir brauchen gute Schützen und schnelle Kämpfer. Wer weiß, wie es dort aussieht, wo der Kerl Franzi gefangen hält. Das Ganze wird so oder so riskant.«

Monika streckte ihren Kopf aus der Badezimmertür und sah ihn neugierig an. Er winkte ab. Sie nickte kurz und blieb, wo sie war. Offenbar um darauf zu warten, dass er auflegte.

»Also gut. In einer Stunde in Münsing, Max. Am südlichen Ortseingang?«

»Ja. Wahrscheinlich schaffe ich es nicht in einer Stunde. Aber ich rufe dich auf deinem Handy an. Zieht euch schusssichere Westen an. Und bringt mir eine Waffe mit. Ich hab im Skiurlaub natürlich keine dabei. Bis dann.«

»Alles klar. Bis dann.«

Sie legten auf. Max runzelte nachdenklich die Stirn.

»Was ist denn passiert? Was ist mit Franzi?« Monika, die sich inzwischen im Bad angezogen hatte, kam näher.

»Euer *Zorn Gottes* hat ihn entführt.« Er spielte mit den Muskeln seiner Backenknochen. Verdammt noch mal. Das würde ein heißer Tanz werden in Münsing. Soviel war jetzt schon klar.

»Was? Das darf doch gar nicht wahr sein.« Sie hielt vor Schreck die Hand vor den Mund. »Und jetzt?«

»Ich muss sofort los. Dieser Richter hat mich angerufen und befohlen, dass ich auf der Stelle nach Münsing fahren soll. Sonst geht es Franzi schlecht.«

»Soll ich mitkommen?« Mit ihrem schwarzen Gürtel in Jiu-Jitsu beherrschte sie die Kunst der Selbstverteidigung sicher nicht schlechter als Max.

»Nein, Moni. Viel zu gefährlich. Der Kerl ist bewaffnet. Der scharfe Bernd hilft mir mit ein paar seiner Jungs vom Revier. Ich brauche dein Auto.«

»Und unser Essen?«, erkundigte sie sich, immer noch völlig verdattert.

»Muss warten.« Er zog den Reißverschluss seines Anoraks hoch. »Ich schaue auf jeden Fall, dass ich morgen früh wieder da bin. Vielleicht schaffe ich es sogar schon heute Abend. Wenn was schief geht, muss euch halt Josef heimfahren.«

»Okay, Max.« Sie öffnete ihr Nachtkästchen, holte den Autoschlüssel aus ihrer Handtasche, die sie darin deponiert hatte, und legte ihn in seine Hand.

»Danke. Drück mir die Daumen und grüß die anderen von mir. Ich muss wirklich sofort los.« Er gab ihr einen kurzen aber dafür sehr liebevollen Kuss.

»Ruf auf jeden Fall gleich an, wenn alles vorbei ist. Ich habe sonst keine ruhige Minute«, rief sie ihm hinterher, während er hinauseilte.

»Logisch«, hörte sie ihn undeutlich aus dem großen Aufenthaltsraum.

Dann erklang nur noch das dumpfe Geräusch der zufallenden Eingangstür. Unten auf der Straße kratzte er schnell das Eis und den Schnee von den Scheiben des Audi, stieg ein und brauste davon. Monika stand oben am Fenster und blickte ihm mit sorgenvoller Miene hinterher.

17

Max fuhr so schnell es die schlechte Sicht und die gestreute Fahrbahn zuließen. Nachdem er sich an der Tankstelle am Ortsende noch schnell zwei Wurstsemmeln gegen seinen nagenden Hunger geholt hatte, hatte er sich für die Umgehungsstraße, die an Krün vorbeiführte, entschieden. Obwohl es über den Schmalensee und Klais prinzipiell kürzer gewesen wäre. Die vielen engen Kurven dort hätten ihn jedoch jede Menge Zeit gekostet.

Monikas neuer Audi schnurrte wie ein Kätzchen. Das ist schon etwas anderes als mein alter R4, dachte er, während er mit einem winzigen Druck auf das Gaspedal lässig einen Campingbus überholte. Herrschaftszeiten, hoffentlich komme ich noch rechtzeitig, bevor dieser Richter Franzi umbringt. Hält mich der geistesgestörte Kerl eigentlich wirklich für so blöd, dass ich ihm ganz allein in die Falle gehe und mich auch noch von ihm abschlachten lasse? Schaut ganz so aus. Sonst hätte er mich wohl nicht zu sich bestellt. Oder hat er etwas ganz anderes vor? Ist er am Ende raffinierter, als es den ersten Anschein hat?

Er dachte an die gemeinsame Kindheit, die er mit Franz verbracht hatte. Bereits im Kindergarten waren sie die dicksten Spezln gewesen. Da ihre Eltern ebenfalls miteinander befreundet gewesen waren, hatten sie immer wieder gemeinsame Urlaube in Italien und Österreich verbracht. Eine weite Flugreise wäre mit dem wenigen Geld, das ihre Familien damals hatten, nicht denkbar gewesen. Aber der Wörthersee, der Gardasee oder die Adria hatten Max und Franz vollauf genügt. Baden, Tauchen, Fischen und manchmal sogar Bootfahren. Einfach herrlich. Einmal hatte ihm der gutmütige und immer lustige Franz sogar das Leben gerettet, als sie bei hohem Wellengang außerhalb von Rimini am freien Strand baden gewesen waren. Max war von einer bestimmt drei Meter hohen Welle erfasst und in den Sandboden gestaucht worden, sodass er nicht mehr gewusst hatte, wo oben und unten war. Der Sog ließ ihn nicht mehr nach oben gelangen, und er hatte Panik bekommen. Hätte Franz ihn nicht gerade noch rechtzeitig herausgezogen, hätte er bestimmt endlos viel Wasser und Sand geschluckt und wäre höchstwahrscheinlich sehr jung gestorben. Ein paar Jahre später als Jugendliche konnte er sich dann bei Franz revanchieren, indem er ihn auf einer Bergwanderung in Südtirol rettete. Franz war über einen Stein gestolpert und daraufhin seitlich abgerutscht. Er drohte über Hunderte Meter in die Tiefe zu stürzen. Max hatte blitzschnell seine Hand gepackt und ihn auf den Weg zurückgezogen. Danach waren sie erschöpft und zitternd eine Weile sitzen geblieben und hatten darüber spekuliert, wie schnell das Leben doch zu Ende sein konnte. Seitdem waren sie einander verbunden wie Pech und Schwefel.

»Lieber Gott. Ich glaube ja eigentlich nicht, dass es dich gibt. Das weißt du«, murmelte Max vor sich hin, während er mit 150 Sachen durch den langen Tunnel bei Farchant heizte. »Aber wenn doch, dann sorg bitte dafür, dass dieser Mistkerl Waldemar Richter Franzi nichts antut. Ich weiß nämlich nicht, wie ich das wegstecken sollte, wenn meinem besten Freund etwas zustoßen würde.« Hoffentlich erwischen mich die Garmischer Kollegen nicht, dachte er, als er auf den Tacho sah.

Eine knappe halbe Stunde Fahrt lag hinter ihm. Es hörte auf zu schneien. Der Himmel über ihm klarte auf. Er kam besser voran. Bald würde er die Abzweigung nach Oberammergau und Kloster Ettal passieren, dann noch durch das restliche Oberau, und schon war die Autobahn Richtung München nicht mehr weit.

Sein Handy machte sich bemerkbar. Er ging ran. »Ja?«

»Raintaler? Sind Sie das?«

Richter. Sein Stimme klang im Vergleich zu vorhin leiser und leicht heiser. Doch es gab keinen Zweifel daran, dass er es war. Hat er zu oft den Paten mit Marlon Brando gesehen?, fragte sich Max. Oder hat er Franzi solang angebrüllt, bis er heiser war? Hoffentlich nicht, denn wer Gefangene anbrüllt, der foltert sie in der Regel auch. Verdammt, ich hasse den Kerl jetzt schon wie die Pest.

»Logisch. Ist immer noch mein Telefon.« Er musste den kleinen Lautsprecher fest gegen sein Ohr pressen, damit er etwas verstand.

»Hier spricht Waldemar Richter, der Richter Ihres Freundes.« Der *Zorn Gottes* schien von seinem originellen Spruch derart hingerissen zu sein, dass er gar nicht mehr aufhören wollte, albern zu kichern.

»Was gibt's, Herr Richter? Sie wollten doch erst in einer halben Stunde anrufen.« Max runzelte die Stirn.

»Der *Zorn Gottes* ist eben unberechenbar, Raintaler. Wo sind Sie?« Richter kicherte erneut. Es war ein spitzes, keckerndes Gelächter, wie man es aus den alten Edgar-Wallace-Klassikern oder von billigen Horrorfilmen her kannte.

Der hat wohl wirklich eine gehörige Macke, dachte Max. »Ich fahre gerade aus Oberau raus«, erwiderte er im selben Moment.

»Sehr gut. Wir haben eine kleine Planänderung. Fahren Sie bis zur Ausfahrt Murnau. Fahren Sie durch Murnau hindurch und nehmen Sie nach der Ortsausfahrt Richtung Weilheim die erste große Abzweigung nach rechts.«

Das kann ja heiter werden. Hoffentlich finde ich das auch alles. »Murnau, dann Richtung Weilheim – das ist dann die B2 – und dort die erste große Straße nach rechts. Okay, Richter. Hab ich mir gemerkt. Und dann?«

»Dann warten Sie dort irgendwo, bis ich mich wieder melde.«

»Wo – dort? Irgendwo in der Pampa?« Max überholte einen weißen 350 SL mit Wuppertaler Kennzeichen, der mit 50 Stundenkilometern durch die eisige Nacht kroch. Nicht zu fassen. Was schleichen diese altersschwachen Preußen bloß immer bei uns in den Bergen herum und halten den Verkehr auf?, ärgerte er sich. Können die nicht mit der Bahn fahren? Oder nach Teneriffa fliegen? Da ist es doch auch schön, zefix noch mal. Und warm obendrein.

»Fahren Sie Richtung Riegsee nach Hofheim.«

»Hofheim, gut. Und dann?«

»Dann bleiben Sie oben in der Einfahrt zu der kleinen Straße, die zum Campingplatz an den See runterführt, stehen.«

»Wie geht es Hauptkommissar Wurmdobler?« Wehe, du hast ihm was angetan, du mieses Schwein. Dann mach ich dich platt. Das schwöre ich dir, bei allem, was mir heilig ist.

»Der macht gerade ein Nickerchen. Hat sich wohl etwas überanstrengt, der Gute.« Richter lachte einmal mehr dämonisch und legte auf.

»Verdammter Scheißkerl«, fluchte Max, während er sein Handy auf den Beifahrersitz feuerte. Herrje. Ich muss Bernd und seinen Jungs Bescheid geben. Er drückte die Nummer seines Exkollegen.

»Ja, Max. Wir sind in ein paar Minuten da. Münsing Süd«, meldete der sich sogleich.

»Servus, Bernd. Nichts ist es mit Münsing. Richter hat

mich auf eine Seitenstraße nördlich von Murnau umdirigiert. An den Riegsee.«

»Sollen wir da hinkommen?« Bernds Stimme strotzte nur so vor Tatendrang. Logisch, schließlich war Franz seit etlichen Jahren auch sein Freund und Kollege.

»Nein. Fahrt am besten in den Süden von Weilheim und wartet dort irgendwo. Ich hab Angst, dass er mich beobachtet und euch entdeckt, wenn ihr mir zu nahe kommt.«

Max kniff die Augen zusammen, weil ihm gerade ein Wagen mit voll aufgeblendetem Fernlicht entgegenkam. Geht's noch, du Depp, du damischer?, schimpfte er innerlich.

»Was hat der Kerl bloß vor? Wie geht es Franzi?«

»Der schläft angeblich.« Max blendete ebenfalls auf und fuhr nahe an den Mittelstreifen, damit der Vollpfosten auf der anderen Spur seinen Fehler auf jeden Fall bemerkte. »Wer weiß, was dieser Wichser vorher mit ihm angestellt hat. Wahrscheinlich will er mich durch ganz Oberbayern hetzen, damit etwaige Verstärkung nicht rechtzeitig vor Ort sein kann. Wartet einfach, bis ich mich wieder melde. Okay?«

»Logisch, Max. Wir machen das ganz sensibel und effektiv.«

»Gut. Servus.« Sensibel und effektiv, das klang zumindest schon mal verdammt professionell. Jetzt musste es nur noch genauso durchgezogen werden.

»Servus.«

Sie legten auf.

Der Fahrer auf der Gegenbahn brauste laut dauerhupend an ihm vorbei. Dem ist wirklich nicht zu helfen, sagte sich Max. Zu blöd zum Fahren, und bis drei zählen kann er sicher auch nicht, der Halbaffe, der hirnamputierte. Heute geben sie wirklich jedem dahergelaufenen Trottel den Führerschein. Man sollte die Fahrprüfungen strenger machen. Wesentlich strenger. Mehr Fahrstunden und viel mehr Theorie. Und einen regelmäßigen Psychotest einführen. So eine Art TÜV fürs Gehirn. Besonders für die Raser und die langsam Dahinschleichenden. Dann gäbe es sicher weniger Ärger auf den Straßen und weniger Unfälle. Egal. Was soll's. Er fuhr auf die Autobahn, blendete erneut auf und trat das Gaspedal bis zum Anschlag durch. Der Wagen machte einen raubtiergleichen Satz nach vorn.

In Nullkommanichts war er bei der Ausfahrt nach Murnau angekommen und wenig später hatte er die kleine Kreisstadt durchquert. Jetzt gut aufpassen, dass du die Abzweigung zum Riegsee nicht verpasst, Raintaler. Natürlich hätte er auch nach Monikas nagelneuem Navigationsgerät fahren können. Aber als stadtbekannter technischer Legastheniker kannte er sich nicht damit aus. Bestimmt hätte er mindestens eine halbe Stunde benötigt, um das Ding überhaupt einzuschalten. Da war es im Moment allemal besser für ihn, etwas langsamer zu fahren und sich nach den Straßenschildern zu richten. Auch wenn die Fahrer hinter ihm deswegen warten mussten und ein ungeduldiges Hupkonzert veranstalteten. Ah, hier geht's lang. Sehr gut. Blinker rein und los. Er ließ die stark befahrene Hauptstraße hinter sich. Es wurde wieder dunkler um ihn herum. Geisterhaft flitzten die tiefschwarzen Umrisse der Bäume am Straßenrand an ihm vorbei.

Die lange Zeit mit Franz kam ihm erneut in den Sinn. Nachdem sie gemeinsam das Abitur gemacht hatten, waren sie erst einmal nach Sardinien geflogen und hatten dort einen zweimonatigen, Urlaub verbracht. Baden, trinken, Musik, Mädchen. Einfach traumhaft. Dann waren sie im Herbst beide zum Wehrdienst angetreten, Max in Füssen, Franz in Berchtesgaden. Danach hatten sie zu studieren begonnen. Max zuerst Philosophie und später Sport, Franz von Anfang an Jura. Beide hatten dann zur gleichen Zeit ihre Studien im sechsten Semester abgebrochen, weil ihnen die viele Theorie zu langweilig geworden war, und sich bei der Polizei beworben. Bis sie dort angenommen wurden, hatten sie gejobbt und das verdiente Geld beim Feiern wieder verprasst. Max sang und spielte zu dieser Zeit in einer erfolgreichen Band und hatte ernsthaft eine Karriere als Musiker in Betracht gezogen. Doch letztlich war ihm das sichere Geld als Polizist lieber gewesen. Also hatte er die Musik als liebstes Hobby deklariert, dem er bis heute leidenschaftlich nachging, und war mit Franz nach bestandenem Eignungstest in den mittleren Polizeidienst eingetreten. Ein paar sehr erfolgreiche Dienstjahre später hatten sie sich dann gemeinsam für den gehobenen Dienst bei der Kripo beworben und waren prompt alle beide genommen worden. Seit dem Kindergarten gingen sie nun also gemeinsam durch dick und dünn, hoch und tief, hell und dunkel und waren nicht nur lebenslängliche Freunde, sondern Brüder. Und eines war dabei so sicher wie das vielzitierte Amen in der Kirche: Wenn einer von beiden in Gefahr geriet, war der andere bereit, sein Leben für ihn zu riskieren. Ohne auch nur eine Sekunde lang zu zögern.

Max entzifferte das vereiste Ortsschild von Hofheim und bremste ab. Bei der nächsten Möglichkeit blieb er stehen, ließ den Motor laufen und wartete.

»Ruf schon an, Arschloch!«, murmelte er. »Damit ich dich endlich fertigmachen und einbuchten kann.«

Fast im selben Moment spielte sein Handy das *Lied vom Tod*, Ennio Morricones geniale Filmmusik. Als er abhob, meldete sich der *Zorn Gottes* am anderen Ende der Leitung.

Hatte der Kerl etwa den siebten Sinn? Oder beobachtete er ihn bereits? Das war ja direkt unheimlich.

»Pass auf, Raintaler. Du fährst jetzt die nächste rechts Richtung ...«

»Seit wann duzen wir uns, Richter?«

»Ich duze dich, du siezt mich als Zeichen deines Respekts. Kapiert, Raintaler.«

»Nicht im Geringsten, Richter. Wenn du mich duzt, duze ich dich auch.«

»Du tust, was ich dir sage, sonst fehlt dem kleinen dicken Wurmdobler gleich der erste Finger. Verstanden?«

»Na gut, Herr Richter. Bitte reden Sie weiter.« Mir doch egal, ob ich sie oder du zu dir sage, du geisteskranker Penner. Hauptsache, ich kriege dich bald.

»So ist es recht. Also, du fährst die nächste Straße rechts rein, Richtung Forsthaus Höhlmühle. Folge immer der Beschilderung dorthin. Durch Aidling hindurch und dann immer geradeaus.«

»Und dann?«

»Vor dem Forsthaus bleibst du stehen. Ich melde mich wieder.«

Richter legte auf.

Max rief Bernd an. »Er hat mich zunächst zum Forsthaus Höhlmühle bestellt. Irgendwo im Nirgendwo zwischen Riegsee und Habbach, soweit ich das auf meiner Karte beurteilen kann.«

»Kenn ich. Da war ich schon mal mit meiner Frau zum Essen. Supergut der Laden. Ein Hammer«, erwiderte Bernd und klang dabei immer noch schwer beeindruckt.

Herrschaftszeiten, das Essen muss wirklich gut sein. Für Bernds Verhältnisse war das gerade ein regelrechter Gefühlsausbruch. Max musste trotz der äußerst angespannten Lage, in der sie sich alle befanden, grinsen. »Aha. Also, wenn ihr mir dorthin folgt, lasst euch bitte Zeit und haltet vor allem Abstand. Ich bin mir sicher, dass er mich beobachtet oder beobachten lässt.«

»Alles klar, Max.«

»Gut. Bis später.«

»Bis dann.«

Max legte den ersten Gang ein und fuhr bis zur nächsten Kreuzung weiter. Dann folgte er der Beschilderung zum Forsthaus.

Sobald er dort wenig später auf dem Parkplatz stehen blieb, bemerkte er, dass im Haus nur Licht hinter einem Fenster im ersten Stock brannte. Die haben wohl Ruhetag, dachte er. Logisch. Es war Montag. Da hatten die meisten Gasthäuser auf dem Land ihren Ruhetag. Genau wie Monikas gemütliche Kneipe in Thalkirchen. Herrschaftszeiten, wie gern würde er im Moment dort mit Franzi im Warmen sitzen, über alte Zeiten reden und ein schönes Bier trinken.

Richter rief erneut an. »So, Raintaler, jetzt fährst du genau 230 Meter Richtung Habbach weiter. Da siehst du dann auf der rechten Seite einen Waldweg. Stell dein Auto dort ab und gehe diesen Weg 500 Meter zu Fuß geradeaus.«

Pünktlich ist er wenigstens, dachte Max. »Gerne, lieber Herr Richter. Ganz wie Sie wünschen.«

»Deine Scherze werden dir bald vergehen.«

»Natürlich, Herr Richter.« Herrgott, Raintaler, du alter Depp. Verarsch ihn nicht andauernd, sonst tut er Franzi wirklich noch was an. So konsequent, wie er bis jetzt vorgeht, ist ihm alles zuzutrauen.

»Na gut. Nach den 500 Metern zweigt ein kleiner Trampelpfad nach links in den Wald ab. Folge ihm solange, bis du an eine kleine Holzhütte kommst. Dort wartest du auf meinen nächsten Anruf. Und wehe, du kommst nicht allein. Dann stirbt der fette Wurmdobler auf der Stelle.«

Richter legte erneut auf.

»Ganz wie du wünschst, Arschloch«, murmelte Max und fuhr auf die kleine Straße zurück.

100 Meter weiter galoppierte, wie aus dem Nichts, knapp vor ihm ein Hirsch über die Fahrbahn. Max trat voll auf die Bremse. Gerade noch rechtzeitig. Viel hätte nicht gefehlt, dann hätte er Monikas nagelneues Auto morgen zum Karosseriebauer bringen dürfen. Er fand den Waldweg und stellte den Audi neben der Fahrbahn ab.

Dann rief er Bernd an und teilte ihm mit, wo er war und wo er hinging. »Ich mach mich schon mal auf den Weg. Ihr kommt nach. Wir treffen uns bei der Hütte. Bitte versucht euch seitwärts anzuschleichen. Vielleicht hat er Kameras auf dem Pfad, den er mir genannt hat, installiert, oder es stehen irgendwo Leute von ihm auf Beobachtungsposten. Okay?«

»Machen wir, Max. Wir sind lautlos und schnell. In einer Viertelstunde müssten wir spätestens bei dir sein.«

»Perfekt. Bis gleich. Und vergesst meine Waffe nicht.«

»Auf keinen Fall. Bis gleich.«

Max verstaute sein Handy im Anorak, zog den Reißverschluss bis zum Kinn hoch, streifte Handschuhe und Mütze über, nahm die Taschenlampe an sich, die Monika schon in ihrem alten Wagen immer im Handschuhfach liegen gehabt hatte, und stieg aus. Am liebsten hätte er gleich hier auf Bernd und seine Leute gewartet. Aber wenn ihn Richter wirklich beobachtete – und seine prompten Anrufe jedes Mal, wenn Max an ein Zwischenziel gelangt war, sprachen deutlich dafür – durfte er auf keinen Fall zu lange herumtrödeln. Das würde nur das Misstrauen des miesen Ganoven wecken.

Nach 500 Metern bog er in den dusteren Trampelpfad, den Richter ihm genannt hatte, ein und folgte ihm durch das verschneite und vereiste Dickicht bergauf. Er ließ sich dabei so viel Zeit wie möglich, sodass ihn Bernd und dessen Kollegen möglichst bald einholen konnten. Zehn Minuten später befand er sich auf einer großen Lichtung, an deren Rand eine windschiefe niedrige Holzhütte stand. Aus dem Schornstein stieg Rauch in die kalte sternenklare Nacht hinauf. Hier muss es sein, dachte er. Am besten warte ich auf Bernd und die Jungs, und dann schnappen wir uns diesen Richter gemeinsam. Und eines ist dabei klar: Ich werde alles andere als zimperlich vorgehen.

»Da ist er ja, der Raintaler.«

Die heisere hohe Stimme hinter ihm riss ihn aus seinen Gedanken.

»Hände hoch, Bursche. Und langsam geradeaus weiter. Sonst geht es dir schlecht.«

18

»Schaut mal, Leute! Da drüben ist ein Italiener.« Anneliese zeigte auf das blaue Schild mit der schwungvollen Aufschrift *Da Mario*. »Da ist sicher für jeden von uns was dabei.«

»In Österreich zum Italiener. Also ich weiß nicht …«, protestierte Monika kopfschüttelnd. »Es gibt hier so viele gute einheimische Lokale.«

»Aber ich muss unbedingt Nudeln oder Pizza essen, nach der Anstrengung heute Nachmittag. Ich brauche das. Mein Körper schreit förmlich danach.« Annelieses Stimme klang ganz so, als würde sie auf der Stelle einen hysterischen Anfall bekommen, wenn sie heute Abend nicht ihre wohlverdienten Kohlenhydrate bekäme.

»Na gut. Von mir aus«, lenkte Monika ein, der es letztlich egal war, wo sie ihren Fisch aß. Dass sie heute auf jeden Fall Fisch bestellen würde, hatte sie bereits auf dem Herweg beschlossen. Erstens machte Fisch schlank und zweitens auch noch klug. Das Letztere merkte man jetzt schon bei ihr. Oder besagte dieses alte Sprichwort etwa nicht, dass der Klügere nachgab? »Was ist mit dir, Josef?«

»Ich schließe mich den Damen an«, erwiderte der gutgelaunte Keeper des FC Kneipenluft gentlemanlike. »Wenn es euch gut geht, geht es mir auch gut.«

»Also dann, Annie. Du hast es gehört. Josef will dich lachen sehen.« Monika grinste breit. »Gehen wir rein. Hoffentlich haben die einen Tisch für uns. Es ist immerhin schon nach acht.«

»Das hoffe ich auch.« Anneliese stieß resolut die Tür auf, und sie betraten einer nach dem anderen den mediterran eingerichteten Gastraum.

»Nicht schlecht, Herr Specht«, staunte Monika laut.

Sie erblickten großzügige Vierertische mit weißen Tischdecken und Kerzen darauf. Riesige Weinkelche und kleine Wassergläser standen neben auch ansonsten akkurat eingedeckten Platztellern aus weißem Porzellan in geschmackvollem achteckigem Design. Als Raumtrenner zwischen den Tischen fungierten riesige rote und türkisfarbene Blumentöpfe, in denen die langen Blätter kopfhoher Palmen der Restaurantdecke entgegenstrebten, bis sie sich auf halber Länge wieder nach unten bogen. Tief hängende Designerlampen aus glänzendem Stahl und Milchglas sowie mit Goldfarbe verzierter Stuck komplettierten den ersten Eindruck eines sehr gediegenen, sehr teuren Fresstempels. Gerade mal ein Drittel des Lokals war besetzt. Die restlichen Tische schienen nicht einmal reserviert zu sein.

»Das sah von außen gar nicht so pikfein aus«, meinte Josef.

»Sollen wir nicht doch lieber woanders hingehen? Die haben hier doch sicher keine Pizza für Annie.« Monika schaute unsicher von einem zum anderen. Auf den ersten Blick sah es hier wirklich recht vornehm aus. Aber dann auch wieder nicht. Irgendetwas stimmte auf jeden Fall nicht mit dem Laden. »Außerdem sind etliche Plätze frei. Und das zur Essenszeit. Das ist normalerweise kein gutes Zeichen. Das Essen könnte teuer, aber schlecht sein.«

»Jetzt sind wir schon mal da, dann bleiben wir auch«, bestimmte Anneliese. »Ich bin am Verhungern. Nudeln haben sie auf jeden Fall. Ich lade euch ein, weil ihr mich heute Nachmittag so tapfer retten wolltet.«

»Na gut. Wie du meinst, Annie.« Die Gute hat leicht reden, dachte Monika. Unsereiner muss schwer für sein Geld in der Kneipe schuften, und sie lässt sich einfach scheiden und kann mit dem Vermögen von ihrem stinkreichen Ex Bernhard locker mal eben 500 Euro für ein kleines Abendessen ausgeben. Ohne sich auch nur einen Gedanken darüber machen zu müssen. Josef geht es sogar noch besser. Rein finanziell gesehen. Er hat zig Millionen von seinem Vater geerbt. Er könnte das Lokal hier ohne mit der Wimper zu zucken vom Fleck weg kaufen, wenn er wollte. Manchmal ärgert es mich schon, wie ungerecht die Welt im Grund genommen ist. Obwohl, ich darf natürlich selbst auch nicht ungerecht sein. Lässt sich Anneliese ihr vieles Geld etwa groß raushängen? Klares Nein. Im Gegenteil, sie hilft mir jede Woche mindestens zweimal gegen ein kleines Trinkgeld in der Kneipe und großzügig ist sie darüber hinaus auch. Ohne dafür jemals auch nur irgendeine Gegenleistung eingefordert zu haben. So etwas nennt man wohl ein wirklich gute Freundin. Und Josef? Der ist genau betrachtet sowieso einfach nur ein gutmütiger Schatz. Er würde sein letztes Hemd für seine Freunde geben. Soviel ist sicher.

»Buonasera, die Herrschaften.« Eine gepflegte dunkelhaarige Kellnerin kam ihnen mit einem breiten Lächeln entgegen. Ihre strahlend weißen Zähne blitzten und glänzten dabei unter der geraden Nase und den mandelförmigen dunkelgrünen Augen, dass es eine wahre Pracht war. »Haben Sie reserviert?«

»Nein«, erwiderte Anneliese. »Aber wir hätten gern einen Vierertisch, wenn es möglich ist.«

»Gern, bitte folgen Sie mir. Prego!« Die schlanke Frau ging mit wiegenden Hüften voraus.

Wieso spricht sie denn dieses halbgare Italienisch? Die ist doch alles Mögliche, bloß keine Italienerin, dachte Monika. Dafür ist sie viel zu groß. Außerdem hat sie eindeutig einen sächsischen Akzent. Bestimmt hat sie ihre Haare gefärbt.

Oder ihr Vater war Italiener, und sie ist bei der Mutter in Sachsen aufgewachsen. Vielleicht haben die Bedienungen hier drinnen aber auch die Anweisung, auf italienisch zu machen, damit der Laden noch authentischer auf die Touristen wirkt. Egal, was geht's mich an. Hauptsache, sie ist freundlich.

»Ist Ihnen dieser Platz genehm?« Die Kellnerin zeigte – wie eine Stewardess bei der Präsentation der Notausgänge – mit der geöffneten rechten Hand auf den Tisch gleich beim Fenster, neben dem sie soeben zum Stehen gekommen waren.

»Wunderbar. Hier bleiben wir.« Anneliese zog ihren Wintermantel sowie Schal und Handschuhe aus, drückte alles zusammen ihrer dauerlächelnden Gastgeberin in die Arme und setzte sich.

»Wenn es Annie gut geht, geht es mir auch gut«, meinte Josef, entledigte sich ebenfalls seines Mantels und legte ihn zu Annelieses.

»Hier bitte. Danke.« Monika packte ihren gefütterten Anorak noch obendrauf und setzte sich neben Anneliese, Josef gegenüber.

Die beladene Kellnerin verabschiedete sich in die Garderobe, um die Sachen aufzuhängen. Allerdings nicht ohne den Hinweis, dass sie umgehend mit den Speise- und Getränkekarten zurück sei.

»Schön hier, nicht wahr?« Anneliese blickte zufrieden im Raum umher.

»Geht schon«, meinte Monika, die inzwischen entdeckt hatte, dass die Palmen um sie herum aus Plastik waren. Genau wie die weißen Tischdecken. Unter vornehm verstehe ich eigentlich was anderes, dachte sie. Aber was soll's. Hauptsache das Essen schmeckt. Hoffentlich schmeckt es auch wirklich. Nicht dass es am Ende auch aus Plastik ist. Wie beim Film oder im Theater. Sie musste grinsen.

»Was ist so lustig, Moni?«, erkundigte sich Anneliese mit spitzem Tonfall. Monikas knapp angebundene Art bezüglich des Lokals schien sie zu verunsichern.

»Nichts, Annie. Passt alles«, kam die prompte Antwort. Nahezu zeitgleich stand die Kellnerin neben ihnen und reichte ihnen die Speisekarten. »Darf ich schon etwas zu trinken bringen?«, erkundigte sie sich währenddessen höflich mit zunehmend erkennbarem sächsischem Klang in der Stimme.

»Nehmen wir zusammen einen Weißwein, Moni?« Anneliese schaute ihre Freundin fragend an.

»Weißwein ist gut«, räumte Monika stirnrunzelnd ein. »Aber ich mag heute lieber ein Bier. Haben Sie Helles?«

»Selbstverständlich. Ein Helles, ein Weißwein, und der Herr?« Die sächsische Italienerin lächelte Josef zuvorkommend an.

»Ich nehme auch ein Helles.« Er lächelte ebenso zuvorkommend zurück.

»Sehr gern. Ich möchte Ihnen unseren Pinot Grigio empfehlen«, wandte sich die Kellnerin dann wieder Anneliese zu.

»Haben Sie auch österreichischen Wein?«, erwiderte die platinblonde Münchnerin mit dem akkuraten Pagenschnitt. »Zum Beispiel einen Grauburgunder aus der südlichen Steiermark?«

»Einen Grauburgunder aus der Steiermark müssten wir da haben. Eine Flasche?«

»Ja, bringen Sie eine Flasche. Vielleicht bekommen meine Begleiter später doch noch Lust auf ein Glas.« Sie deutete mit der Gestik einer Herzogin bei Hofe auf Josef und Monika. »Und eine große Flasche Mineralwasser dazu.«

»Also bei Grauburgunder bin ich sofort dabei, Annie«, platzte Monika heraus. »Passt eh besser als Bier. Ich brauche heute nämlich dringend eine große Portion Fisch.«

»Na sehen Sie. Es geht schon los«, freute sich Anneliese an die Kellnerin gewandt. Natürlich hatte sie gewusst, dass ihre Freundin einen österreichischen Grauburgunder nicht verschmähen würde. Schließlich hatte Monika ihr vorgestern nur schweren Herzens eine ihrer letzten Flaschen davon mit nach Hause gegeben.

»Wunderbar. Bedanke mich.« Die sächsische Italienerin schritt eilig von dannen.

»Ganz so schlecht kann der Laden nicht sein, wenn sie sogar einen Grauburgunder aus der Steiermark haben«, bemerkte Monika, nachdem die Bedienung weg war.

»Wieso sollte er schlecht sein?« Anneliese blickte erstaunt drein.

»Falls du es noch nicht gemerkt haben solltest, Frau Rothmüller: Die Palmen sind genauso wie die Tischdecken aus Plastik, und die Gläser sind nicht sauber. Ich empfehle dir, dein Weinglas mit einer Serviette zu putzen. Die scheinen zwar frisch gewaschen zu sein, haben aber Wasserränder. Außerdem sind die Fensterbretter staubig, und unsere sächselnde südländische Schönheit riecht zehn Meilen gegen den Wind nach billigem Parfum.«

»Und ich dachte bisher, Max wäre unser Sherlock Holmes und ich sein Watson«, amüsierte sich Josef. »Da habe ich mich wohl gründlich getäuscht.«

Alle drei lachten. Kurze Zeit später kam die Kellnerin mit den Getränken und notierte ihre Essensbestellung.

Noch während die junge Frau schrieb, erstarrte Monika auf einmal zur Salzsäule. Dann stieß sie Anneliese mit dem Ellenbogen in die Seite. »Da, Annie. Schau doch mal, wer da ist«, raunte sie ihr zu.

»Wo?«, flüsterte Anneliese zurück.

»Da vorn, hinter dem Tresen. Wenn das nicht unser dringend von uns gesuchter BMW-Fahrer ist, fresse ich einen Besen samt Putzfrau.« Sie zeigte mit vor Staunen offenem Mund auf den kleinen Mann in Kochkleidung, der gerade ein Pils zapfte.

»Tatsächlich, Moni. Das ist der Kerl. Der mit dem dunkelblauen BMW von der Autobahn. Der uns in Klais von der Straße gedrängt hat.«

»Und heute Morgen Josef fast in den Fels.«

»Ich glaub, ich spinne. Was für ein Zufall.« Anneliese schlug vor Entsetzen die Hand vor den Mund. »Das gibt es ja gar nicht. Meinst du, er ist von der Mafia?«

»Wer flüstert, lügt. Um was geht's, Mädels?«, erkundigte sich Josef, nachdem die Kellnerin seine Bestellung aufgenommen und sich erneut dankend in Richtung Küche entfernt hatte.

»Wir haben unseren Crashfahrer von heute Vormittag entdeckt, Josef.« Monika zeigte erneut auf den kurzgewachsenen Koch hinter dem Tresen. »Und nein, Anneliese. Nicht jeder Italiener ist zwingend bei der Mafia.«

»Was? Ehrlich? Der Typ, der mich abgedrängt hat?« Josef richtete sich ruckartig auf. »Seid ihr ganz sicher? Wie geht denn das?«

»Keine Ahnung, wie das geht. Aber wir sind uns auf jeden Fall ganz sicher«, erwiderte Monika mit fester Stimme.

»Absolut.« Anneliese nickte mit ernster Miene.

»Na warte, der Mistkerl kriegt was zu hören. Den knöpfe ich mir gleich mal vor.« Josef erhob sich von seinem Platz und machte Anstalten, quer durch das Lokal zu stürmen.

»Warte, Josef. Wir kommen mit«, zischte Monika. »Ich bin sowieso die Einzige von uns, die es mit ihm aufnehmen kann, falls es zum Kampf kommt.«

Josef und Anneliese wussten, dass sie auf ihre Jiu-Jitsu-Künste anspielte, und sie wussten auch, dass sie absolut recht hatte. Also machten sie sich zu dritt auf, um ihren Attentäter zur Rede zu stellen.

»Buonasera, die Herrschaften. Mario mein Name. Mir gehört das Lokal«, begrüßte er sie mit einem freundlichen Lächeln, als sie sich vor seiner Zapfanlage auf der anderen Seite der Theke aufbauten. »Was darf ich für Sie tun? Hat meine Kellnerin Sie nicht korrekt bedient? Hat das Essen nicht geschmeckt? Waren die Getränke zu warm? Bitte kreuzen Sie die richte Antwort an.« Er lachte schallend und klopfte sich dabei immer wieder auf die Schenkel.

Von wegen vornehm, dachte Monika. Der Kerl ist genauso schmierig wie seine schmutzigen Gläser. Oder ist das nur die übliche Show, die Typen wie er vor den Touristen abziehen? »Erkennen Sie uns nicht?«, fragte sie ihn.

»Äh, … ich wüste nicht …« Er blickte ratlos von einem zum anderen. »Sollte ich? Sind Sie bekannte Schauspieler?«

»Keine so guten wie Sie jedenfalls. Denken Sie mal an die Autobahn. Sie sind doch heute Morgen von München aus hergefahren. Oder nicht?« Monika fixierte ihn mit dem strengsten Blick, den sie aufzubieten hatte.

»Doch, ja. Ich war einkaufen. Und dann habe ich noch einen Abstecher zu einem Freund in Mittenwald gemacht. Warum? Mamma mia! Die zwei Frauen im roten Audi? Auf der Autobahn? Waren Sie das etwa?« Der Restaurantbesitzer blickte hocherfreut von Monika zu Anneliese und zurück und langte sich dabei staunend an den Hinterkopf. »Was für ein seltener Zufall. Sind Sie es wirklich?«

»Ja. Wir saßen in dem Audi, den sie später hinter Klais fast in den Graben gedrängt haben. Und heute Morgen haben Sie den Wagen dieses Herrn hier geschnitten. Einen großen BMW mit Münchener Kennzeichen. Auf der Straße von Mittenwald nach Leutasch.« Monika zeigte auf Josef, der genauso grimmig wie seine beiden Begleiterinnen dreinblickte.

»Aber ich habe doch niemanden geschnitten.« Mario schaute so unschuldig drein, wie ein Lamm mit drei Heiligenscheinen über dem Kopf.

»Sie fahren doch einen dunkelblauen 5er-BMW mit Münchner Kennzeichen?« Monika hatte sich im Lauf der Zeit oft genug von Max abgeschaut, wie man jemanden professionell verhörte. Josefs und Annelieses Blicke zollten ihr rückhaltlose Bewunderung.

»Ja, er gehört einem Freund aus München.«

»Na also. Dann waren Sie es. Sie haben mich und meine Freunde hier derart rücksichtslos von der Fahrbahn gedrängt, dass wir fast dabei gestorben wären. Das ist eine Anzeige wegen versuchter Tötung wert. Was sagen Sie dazu?«

»Oh Gott. So schlimm war es? Ich habe gar nichts bemerkt. Bin zu klein, sehe so schlecht aus dem Auto hinaus.« Marios Augen sausten mit unerlaubter Höchstgeschwindigkeit in ihren Höhlen hin und her.

»Ja. Es war so schlimm.« Monika blickte nach wie vor mit unerschütterlich grantigem Gesichtsausdruck auf den kleinen Italiener hinab.

»Mama mia. Dann Entschuldigung tausendmal! Ich habe das wirklich nicht bemerkt, ich schwöre. Ich hatte es eilig, weil ich die Sachen nach Hause in die Kühlung bringen musste. Besondere Fische und so. Alles seltene Sachen, die es nur in München gibt.« Mario schien die Angelegenheit wirklich sehr peinlich zu sein. Er wusste gar nicht mehr wohin mit seinen Händen. »Und nach Leutasch musste ich auch noch. Ich habe einem Freund etwas mitgebracht.«

»Und deswegen mussten wir fast sterben? Wegen Ihren blöden Fischen und Ihren blöden Freunden?«

Monika und die beiden anderen verschränkten unisono die Arme vor der Brust. Das Jüngste Gericht hätte nicht gnadenloser seines Amtes walten können.

»Es tut mir, wie gesagt, wirklich sehr, sehr leid, meine Herrschaften. Ich war wohl in Gedanken und habe einen dummen Fehler gemacht. Darf ich Sie als Entschädigung zum Essen einladen? Bitte! Sie würden mir einen großen Gefallen tun.« Mario setzte einen treuherzigen Dackelblick auf, dem man nur schwer widerstehen konnte.

Also schmierig ist er auf jeden Fall schon mal nicht, dachte Monika. Diesbezüglich hab ich mich wohl getäuscht. Im Gegenteil, er besitzt sogar die Größe, einen Fehler einzugestehen und sich dafür zu entschuldigen. Das tun heutzutage nicht mehr viele Männer. Genau genommen wüsste ich gerade gar keinen. Außer Max. Der macht das ebenfalls. Deswegen mag ich ihn auch so sehr. Natürlich nicht nur deswegen. Ruhe im Oberstübchen! Was soll denn das Getöse?

»Also das klingt doch auf jeden Fall schon mal nicht schlecht.« Sie sah die beiden anderen fragend an. »Außer er lügt, um seine Haut zu retten, und wollte uns eben doch umbringen.«

»Ich finde auch, dass es nicht schlecht klingt«, stimmte Anneliese zu, die für Männer mit südländischem Charme ohnehin eine Schwäche hatte. Egal wie groß oder wie klein sie waren. »Und ich glaube ihm. Eine ordentliche Entschuldigung ist man von den heutigen Männern ansonsten gar nicht mehr gewöhnt.« Ein leises Lächeln in Marios Richtung umspielte ihren Mund.

»Die Frauen sind diesbezüglich auch nicht besser«, protestierte Josef. »Aber ich glaube ihm auch. Wieso sollte er es zugeben und sich entschuldigen, wenn es Absicht gewesen wäre. Dann wäre er blöder als die Polizei erlaubt. Und so blöd schaut er auch wieder nicht aus.«

»Also? Alles gut? Keine Anzeige? Ich darf Sie einladen?« Mario lächelte, dass seine Goldzähne nur so blitzten.

»Na gut, Mario. Dann ist die Sache damit vergessen. Was gibt es zu essen?« Monika grinste ihn schief an.

»Lassen Sie sich überraschen. Bitte nehmen Sie wieder Platz. Meine Kellnerin kommt gleich mit einer Flasche Champagner, und ich mache mich auf in die Küche. Sie werden ihre Entscheidung nicht bereuen. Andiamo!« Er wedelte aufgeregt mit den Armen, während er sprach.

Monika, Josef und Anneliese gingen zu ihrem Tisch zurück und setzten sich wieder.

»Schau an, schau an«, murmelte Monika währenddessen nur für die anderen beiden hörbar. »Das Leben steckt doch immer wieder voller Überraschungen.«

»Hoffentlich gibt es auch Nudeln«, entgegnete ihr Anneliese schmunzelnd. »Ich könnte inzwischen einen guten Zentner davon vertragen.«

»Und ich einen ganzen Schwertfisch.« Monika rieb sich ihren laut knurrenden Magen.

»Das mit dem Champagner finde ich auf jeden Fall schon mal recht gelungen«, meinte Josef trocken. »Und dass er uns nicht absichtlich umbringen wollte, beruhigt mich. Doch. Ehrlich.«

»Mich auch«, sagte Anneliese.

»Und mich erst«, fügte Monika hinzu.

Sie lachten ausgiebig und erleichtert. Jetzt fehlte eigentlich nur noch, dass Max diesen *Zorn Gottes* unschädlich machte und den Dammkarattentäter fand. Dann war die Welt endlich wieder in Ordnung.

19

»Rein mit dir, Raintaler. Mann, das reimt sich fast.« Waldemar Richter kicherte sein neurotisches hohles Kichern, während er Max durch die Tür der Holzhütte am Rand der Lichtung stieß. »Nur zu, nur zu. Es wird sonst kalt hier drinnen.«

Max stolperte in den spärlich beleuchteten Raum und erblickte sofort Franz, der nicht weit vom bullernden Herd auf einen Holzstuhl gefesselt war. Der Knebel in seinem Mund ließ kein verständliches Wort zu. Außerdem schwitzte er am ganzen Leib. Sein Gesicht war von oben bis unten blutverschmiert, seine Augen glitten unruhig in ihren Höhlen hin und her. Seinem unentwegten Stöhnen nach schien er starke Schmerzen zu haben.

Also hat ihn diese Drecksau doch gefoltert, vermutete Max. Dachte ich es mir doch. Oder zumindest verprügelt. Wart's ab, Richter, deine Zeit ist sehr bald gekommen. Dann gibt es eine wunderschöne, ausgiebige Revanche. Darauf kannst du jede beschissene Wette abschließen.

»Hinsetzen, Raintaler.« Richter schubste ihn in die Richtung des leeren Stuhls, der direkt neben dem von Franz stand.

Hoffentlich lassen sich Bernd und seine Leute nicht zuviel Zeit, schoss es Max durch den Kopf. Und ich Depp sage ihm noch, dass sie sich nicht zu sehr beeilen sollen. Herrschaftszeiten. Am Ende legt uns der kranke Typ hier eiskalt um, bevor sie da sind. Durchgeknallt genug ist er dazu. Auf jeden Fall.

»So, dann wollen wir den Raintaler mal für alle Zeiten an seinen Freund binden.« Richter lachte krähend los, als hätte er soeben den besten Witz der letzten 20 Jahre gemacht. »Keine Angst. Ich lasse keinen von euch allein sterben«, fügte er hinzu, nachdem er sich wieder einigermaßen beruhigt hatte. »Man ist ja kein Unmensch, nur ein Übermensch.« Erneut ertönte sein durchdringendes, schallendes Gelächter.

Allein diese widerliche Lache ist schon die reinste Folter, sagte sich Max. Da muss man mich gar nicht mehr schlagen oder mir Stromstöße verpassen. »Warum lassen Sie uns nicht einfach laufen, Richter? Bis jetzt ist noch nichts Schlimmes passiert. Das kann man zur Not alles noch regeln.« Er musste unbedingt versuchen, Zeit zu gewinnen. Als ihn Richter auf den Stuhl neben Franz schieben wollte, zappelte und schrie er wie ein Berserker.

»Das mit dem Regeln überlass lieber mir, vorlauter Raintaler. Ich werde das alles hier zu unser aller vollsten Zufriedenheit regeln. Glaube mir.« Richter kicherte abermals und setzte einen irren Blick dazu auf. »Und jetzt hock dich auf deinen Arsch und lass dich fesseln, sonst erschieße ich dich auf der Stelle. Ohne dass du vorher in den Genuss meiner spannenden Erzählung kommst.«

»Was für eine Erzählung soll das denn sein? Das Märchen von Zwergnase?«, erwiderte Max und lachte diesmal selbst laut auf.

Richter bekam einen roten Kopf. Er setzte ihm die Mündung der gestohlenen Dienstwaffe, die er in der rechten Hand hielt, genau zwischen den Augen an die Stirn. »Sind wir besonders lustig, was, Raintaler? Wollen wir doch lieber auf der Stelle sterben? Ohne zu wissen, warum?«, presste er halb ohnmächtig vor Wut zwischen seinen Zähnen hervor.

»Nein. Passt schon. Alles okay, Richter.« Max setzte sich langsam und legte die Hände auf den Rücken.

»Für dich immer noch *Herr* Richter, Raintaler. Oder *Gott*.«

»Dann würde ich lieber Herr Richter sagen, wenn es Ihnen nichts ausmacht, Herr Richter.« Max konnte nicht anders. Er musste von einem Ohr bis zum anderen grinsen. Es war ein übermächtiger innerer Zwang, dem er dabei Folge leistete. So wie beim Fingernägelkauen oder bei einem unwillkürlichen Blinzeln.

»Grins du nur. Die Freude ist ganz auf meiner Seite, Raintaler. Denn im Gegensatz zu dir, weiß ich bereits ganz genau, was gleich mit euch beiden passiert. Und soll ich dir was sagen, Großmaul? Ich freue mich darauf wie damals als Kind auf Weihnachten.« Richter nahm die Waffe von Max' Stirn und fesselte ihn mit blankem Draht an seinen Stuhl.

»Das freut mich natürlich auch, Herr Richter.« Jetzt bloß nicht aufhören zu reden, sagte sich Max. Je länger ich ihn von seiner bescheuerten Geschichte, die er uns erzählen will, abhalten kann, umso mehr Zeit verstreicht. Und umso größer ist die Chance, dass Bernd uns noch rechtzeitig rettet. »Bei uns zu Hause hatten wir immer einen riesigen Weihnachtsbaum. Wir hatten zwar nie viel Geld, solang ich klein war. Aber den großen Baum hat mein Vater immer besorgt.«

»Ach Gott, wie rührend. Der kleine Raintaler und sein großer Weihnachtsbaum. Mir kommen gleich die Tränen, Arschloch. Halt endlich deine vorlaute Fresse.« Richter nahm einen schmutzigen Lappen von dem Esstisch neben sich und stopfte ihn Max in den Mund. Dann band er einen anderen langen Stofffetzen darüber und verknotete ihn hinter Max' Hals.

Verdammte Scheiße. Jetzt hilft langsam wirklich nur noch beten, sagte sich der Thalkirchner Exkommissar. Wo bleibt denn bloß dieser dämliche Bernd? Die werden doch keine Panne gehabt haben.

Richter schnappte sich ein großes flaches Buch vom Tisch und setzte sich ihnen gegenüber auf einen hölzernen Hocker. Dann schlug er das Buch auf, drehte es um und hielt es ihnen vor die Nasen.

Max erkannte Kinderfotos aus einem Kindergarten darin und zuckte mit den Achseln, so gut das in seinem gefesselten Zustand möglich war.

»Ratet mal, wer das ist. Na? Nichts?«

Max und Franz schüttelten gleichzeitig den Kopf.

»Das seid ihr. Der kleine Raintaler und der kleine Wurmdobler.« Richter kicherte erneut.

Stimmt, Herrschaftszeiten, dachte Max. Also ist das unser alter Kindergarten. Aber woher hat der Verrückte die Fotos? Er blickte Franz fragend an. Doch der blickte nur genauso fragend zurück.

»Und das hier bin ich«, fuhr Richter fort und zeigte auf das Kind mit der laufenden Rotznase, das neben ihnen stand. »Wir waren zusammen im Kindergarten. Könnt ihr euch nicht mehr an mich erinnern? An den kleinen Waldi?«

Ach du liebe Scheiße. Jetzt fällt der Groschen, schoss es Max durch den Kopf. Der Waldi, natürlich! Er hat nur einen Block von mir entfernt gewohnt. Und er war schon damals eine aggressive Nervensäge gewesen. Genau wie heute. Da hat sich offenbar nichts geändert. Aber warum hat er uns das denn nicht schon vor Jahren im *Weißen Bräuhaus* gesagt? Er muss uns doch damals schon erkannt haben. Schwitzend blickte er Richter ins Gesicht und nickte heftig.

»Ah, der große Raintaler erinnert sich. Stimmt's?«

Max nickte erneut. Etwas weniger heftig.

»Na dann wisst ihr doch sicher auch noch, wie ihr mich an meinem fünften Geburtstag verprügelt habt. Oder?« Richter blickte ihnen forschend in die Gesichter.

Max und Franz sahen sich fragend an. Dann schüttelten sie erneut gleichzeitig den Kopf. Sie hatten beide nicht die geringste Ahnung, wovon der Wahnsinnige vor ihnen sprach. Keiner von beiden konnte sich an Richters fünften Geburtstag erinnern.

»So, ihr erinnert euch also nicht? Aber ich erinnere mich dafür umso besser. An alles. Ganz genau. So als wäre es gerade erst gestern gewesen.« Richter bekam erneut einen knallroten Kopf und begann unnatürlich stark zu schwitzen.

Das muss die innere Erregung sein, wusste Max. Oder er hat Drogen genommen. Jetzt bloß nicht provozieren, sonst ist gleich alles aus. Mann, hat der einen Schuss. Wie kann man nur so nachtragend sein? Der ist ja schlimmer als ein Elefant. Was der gelitten haben muss, wenn er den Schmarrn ein Leben lang mit sich herumgeschleppt hat. Haben wir ihn echt vermöbelt? Verdient hätte er es auf jeden Fall jederzeit gehabt. Aber haben wir wirklich? Dann hätten wir ihm schon zweimal eine verpasst. Ich mag es immer noch nicht glauben. Er durchsuchte sein Gedächtnisarchiv mit den Kindheitserinnerungen. Ohne Ergebnis. Nein, da war nichts. Ganz sicher. Franz schien sich ebenfalls an nichts Derartiges zu erinnern. Max kam zu einem endgültigen Ergebnis: Entweder Richter verwechselte sie oder er fantasierte.

»Ich hatte euch beide eingeladen. Es gab Kuchen und Milch für alle. Und dann machten wir Spiele.«

Max schüttelte den Kopf. Ich war garantiert mein Lebtag nicht ein einziges Mal bei Waldi Richter. Erstens habe ich ihn nicht gemocht, und zweitens hatte er einen ganz anderen Freundeskreis als Franz und ich, obwohl wir mit ihm in derselben Kindergartengruppe waren. Oder war ich doch dort? Aber wenn, kann ich mich einfach nicht daran erinnern. Herrschaftszeiten, so eine Scheiße aber auch.

»Cowboy und Indianer«, fuhr Richter fort. »Ihr zwei Schweine habt mich dabei an unsere Heizung gefesselt, obwohl das Ding volle Pulle lief. Ich habe heute noch die Brandnarben am Rücken.«

Der hat doch ein komplettes Rad ab, sagte sich Max. Kein Mensch hat jemals jemanden an eine Heizung gefesselt. Alles bloß purer Schwachsinn. Der dichtet sich da was zusammen, um Franzi und mich zu Schuldigen machen zu können. Aber wieso? Bloß weil wir ihn damals im *Weißen Bräuhaus* verhaftet haben? Reicht so wenig schon dazu aus, jemanden zum Durchdrehen zu bringen? Anscheinend.

»So, und jetzt ratet mal, warum eure Stühle so nah am Ofen stehen?« Richter legte das Fotoalbum beiseite und grinste diabolisch. Seine Augen funkelten wie die eines bösen Dämons in einem nicht enden wollenden Albtraum. Er näherte sich ihnen, packte Max' Stuhllehne und rüttelte daran.

Der begann nun ebenfalls immer mehr zu schwitzen. Genau wie sein Peiniger. Teils wegen des Ofens, teils aus Angst vor dem, was gleich passieren würde. Tu das nicht Richter, flehte er im Geist. Dieser Scheißofen hinter uns hat locker ein paar Hundert Grad. Du bringst uns um, wenn du uns noch näher da hinschiebst. Auch wenn du vielleicht nur willst, dass wir uns den Rücken verbrennen, wie angeblich du damals. Wenn das überhaupt stimmt. Ich will den Schmarrn immer noch nicht glauben. Er zerrte verzweifelt an seinen Fesseln. Nichts zu machen. Richter hatte sie gründlich verknotet. An Entkommen war nicht zu denken. Verdammt noch mal, hätte ich vorhin doch bloß ein Stück weiter von der

Scheißhütte entfernt auf die anderen gewartet, fluchte Max in sich hinein. Wie kann man nur so blöd sein und sich derart überrumpeln lassen. Wie ein lausiger Anfänger. Nichts als peinlich. Und jetzt müssen Franzi und ich deswegen sterben.

Richter ließ seine Stuhllehne wieder los und stand kurze Zeit später mit einer Kasperlepuppe über der Hand vor ihnen. »Aber bevor wir zur heiligen Verbrennung der beiden bösen Buben schreiten, gibt es noch ein kleine Vorstellung. Wenn es euch gefällt, müsst ihr mit dem Kopf nicken.«

Max und Franz sahen ihn verständnislos an.

»Ihr nickt doch, oder?« Richter setzte einen strengen Schulmeisterblick auf.

Seine beiden Opfer taten auf der Stelle, was er verlangte. Was hätten sie auch sonst tun sollen? Protestieren? Eine Eingabe verfassen?

»Hallo, liebe Kinder. Seid ihr auch alle da?«

Max und Franz saßen da und glotzten nur. Was will er denn?, fragte sich Max. Sollen wir etwa mit geknebeltem Mund antworten?

»Seid ihr alle da?« Richter brüllte die Wiederholung seiner Frage, machte große Augen und nickte demonstrativ.

Ach so. Kapiert. Nicht nur, wenn uns was gefällt, sondern auch, wenn er uns etwas fragt. Hätte er auch gleich sagen können, der Depp. Sie nickten eifrig mit.

»Das ist aber schön. Ich bin das liebe Kasperle und ich habe euch etwas Lustiges zu berichten.«

»Und ich bin der böse Teufel. Und wenn du jetzt nicht ganz ruhig stehen bleibst und langsam deine Hände hinter den Kopf legst, schieße ich dir eine Kugel genau in deinen Hinterkopf, Arschloch.«

Bernd stand, die Dienstwaffe im Anschlag, in der Tür. Neben ihm tauchten auch noch Heribert Maier und Rüdiger Stieglitz auf. Sie hielten ebenfalls ihre Waffen auf den *Zorn Gottes* mit der Kasperlepuppe in der Hand gerichtet und näherten sich ihm langsam von hinten.

Gott sei Dank, die Jungs. Endlich. Max sackte in sich zusammen und schloss für einen Moment erleichtert die Augen.

»Na, wenn das mal nicht eure Kollegen sind, liebe Kinder.« Richter kicherte sein irres Lachen, warf die Puppe weg, schnappte sich seine Waffe vom Tisch und drehte sich blitzschnell damit um.

Bernd zögerte nicht lang und drückte ab, bevor Richter schießen konnte. Der *Zorn Gottes* ging getroffen zu Boden. Er atmete schwer. Dunkelrotes Blut färbte seinen hellblauen Pullover im linken Brustbereich ein. Immer mehr. Immer schneller. Die Kugel hatte anscheinend sein Herz getroffen. Oder eine wichtige Schlagader in dessen Nähe.

»Dieses verdammte Arschloch!«, plärrte Bernd. »Warum hält er nicht einfach still und lässt sich verhaften?« Er fischte mit zitternden Händen sein Handy aus dem Anorak und rief die uniformierten Kollegen, die vorn an der Straße warteten, an. »Ist der Notarztwagen, den ich vorhin angefordert habe, schon da?«, erkundigte er sich, sobald sich sein Kollege von der Murnauer Polizei meldete.

»Ja, Herr Müller. Sollen wir mit den Sanis zu Ihnen kommen?«

»Ja, aber macht schnell. Hier gibt es zwei Verletzte und einen Schwerverletzten. Bringt am besten gleich eine Trage mit.«

»Alles klar. Bis gleich.«

»Gut.« Bernd legte auf und kniete sich neben Richter, während Maier und Stieglitz Max und Franz von ihren Knebeln und Fesseln befreiten.

»Danke. Das war sozusagen arschknapp, Kollegen«, vermeldete Max, sobald er wieder sprechen konnte. »Dieser arme Irre ist wesentlich gefährlicher als wir dachten.«

»Der macht's, glaube ich, nicht mehr lang, Max.« Bernd, der Richter gerade oberflächlich untersucht hatte, blickte zu ihm auf.

»Echt? Tut mir nicht besonders leid, wenn ich ehrlich bin. Das Schwein wollte Franzi und mich gerade grillen.«

Max stand auf und massierte seine Handgelenke, in denen Richters Drahtfesseln tiefe Einschnitte hinterlassen hatten. Nicht sehr schlimm, aber dennoch äußerst schmerzhaft. Er näherte sich Bernd und dem am Boden liegenden, schwer atmenden Richter. »Warst du das auch im Dammkar, Richter?«

»Welches Dammkar meinst du, Raintaler?«, flüsterte Richter fast unhörbar.

»Welches wohl? Das in Mittenwald. Frag doch nicht so blöd.«

»Ich habe nicht die geringste Ahnung, wovon du redest.« Richter kicherte heiser, schrie kurz vor Schmerz auf und atmete anschließend lang aus. Dann lag er ganz still.

»Ist er tot?«, erkundigte sich Franz, der neben Max getreten war.

»Sieht ganz so aus«, meinte Bernd, während er vergeblich Richters Puls zu ertasten versuchte. »Scheiße. Manchmal hasse ich diesen Job wie die Pest.«

»Du hast nichts falsch gemacht, Bernd«, tröstete ihn Max. »Der Kerl war dabei uns umzubringen. Außerdem wollte er dich erschießen. Sei froh, dass du schneller warst. Ganz ehrlich, mir ist es allemal lieber so, wie es jetzt ist.« Max klopfte seinem Exkollegen auf die Schulter. Dann drehte er sich zu Franz um und umarmte ihn. »Bist du soweit okay, alter Freund?«, erkundigte er sich, nachdem er ihn wieder losgelassen hatte.

»Geht schon, Max. Ich kann was vertragen, weißt du doch. Aber mein Schädel brummt ganz schön.« Franz lächelte zaghaft.

»Kein Wunder. Womit hat er dich geschlagen?« Max zeigte auf Franz' verschwollenes Gesicht.

»Mit einem Holzscheit. Hat sauber wehgetan. Aber ich glaube, es ist nichts gebrochen. Wird schon wieder. Wenigstens kann er jetzt keinen Scheiß mehr bauen.« Franz blickte erneut auf die Leiche ihres durchgeknallten Kindergartenkollegen zu ihren Füßen.

»Haben wir ihn damals wirklich an seine Heizung gefesselt?«

»Ich kann mich an nichts Derartiges erinnern, Max.«

»Ich auch nicht. Bestimmt hat er gelogen.«

»Bestimmt.«

20

Max legte den dritten Gang ein und beschleunigte, um in den spärlichen Verkehr auf der Autobahn Richtung Garmisch einzufädeln. Der Notarzt hatte Richters Tod festgestellt. Danach waren Max' Handgelenke und Franz' Verletzungen von ihm verarztet worden. Dann hatte sich Franz schnell auf den Rückweg nach München aufgemacht. Er wollte nur noch in sein Bett. Bernd hatte mit den örtlichen Polizeikräften und seinen Leuten die Untersuchung des Tatorts übernommen. Max hatte sich noch einmal ausführlich bei ihm für die Lebensrettung bedankt, als er sich von ihm verabschiedet hatte. Er wusste aus eigener Erfahrung, wie schwer es zu verkraften war, einen Menschen zu erschießen, selbst wenn es in Notwehr geschah. Man suchte andauernd nach Möglichkeiten, wie es hätte anders verlaufen können. Die Sache ließ einen unter Umständen monatelang nicht mehr ruhig schlafen. Er hatte Bernd empfohlen, zum Polizeipsychologen zu gehen und sich dort auszusprechen. Sein Exkollege hatte nur stumm genickt.

»Ja, so ein Volldepp.« Max hupte, was das Zeug hielt, als ihn der blaue Kastenwagen schräg hinter ihm mit typisch deutscher Sturheit und Rechthaberei nicht auf die Fahrbahn lassen wollte. Dann bremste er ab, wartete die nächste Lücke ab und wechselte auf die Überholspur. »Der nächste Irre, der mich umbringen will. Na warte, du Arschloch. Das werden wir schon sehen, wer hier wen umbringt.«

Er überholte den Übeltäter, setzte sich vor ihn und stieg voll auf die Bremse. Jetzt war der Fahrer des Transporters an der Reihe zu hupen und unentwegt aufzublenden. Max fuhr noch langsamer. Als sein Hintermann daraufhin auf die

Überholspur wechselte, tat er es ebenfalls. Natürlich blieb er dabei vor ihm.

»Und wie fühlt sich das an, wenn man genötigt wird, du beschissener Wichser?«, schimpfte er laut in den Rückspiegel.

Sein Handy machte sich bemerkbar. Manchmal barg das *Lied vom Tod*, das er als Klingelton eingerichtet hatte, einen makaberen Aspekt. Wie jetzt, nachdem er den toten Richter gerade mal ein paar Kilometer weit hinter sich gelassen hatte. Er hängte den langsameren Transporter hinter sich mit einem kleinen Tritt aufs Gaspedal ab und ging ran.

»Max?«

»Servus, Moni.«

»Was ist los? Warum rufst du nicht an?«

»Ich kam noch nicht dazu. Wir haben Richter. Er ist tot.«

»Was? Und Franzi?« Sie klang geschockt und panisch.

»Der lebt. Unkraut vergeht nicht. Bernd hat uns mit Maier und Stieglitz zusammen das Leben gerettet.«

»Gott sei Dank. Und warum ist dieser Richter tot? Hast du ihn etwa …?«

»Nein, Bernd hat ihn in Notwehr erschossen. Sonst könnten wir jetzt nicht miteinander sprechen. Der Kerl wollte Franzi und mich umbringen.«

Max überholte einen Lastwagen. Was hatte der Depp denn so spät noch auf der Autobahn verloren? Wahrscheinlich eine Sondergenehmigung. Die Profis riskierten doch nicht mit aller Gewalt, Strafe zahlen zu müssen. Oder doch? Egal. Es hielt sich sowieso keiner mehr an irgendwelche Regeln. Die ganze Menschheit war auf dem absteigenden Ast, inklusive Max Raintaler, der höchstpersönlich alberne Nötigungsmanöver auf der Autobahn unternahm. Er musste grinsen, ohne es zu wollen. Waren das seine Nerven? Logisch. Was sonst.

»Guter Bernd«. Monika hörte sich erleichtert an. Aber gleichzeitig zitterte ihre Stimme gehörig. »Der kriegt ein Jahr lang Freibier bei mir in der Kneipe.«

»Das kann er wahrscheinlich auch gebrauchen. Es geht ihm echt beschissen.« Er hörte auf zu grinsen.

»Kann ich mir vorstellen. Wo bist du?« In ihrer Frage schwangen immer noch Angst und Besorgnis mit.

»Auf der Garmischer Autobahn. In einer halben Stunde bin ich in Mittenwald.«

»Wir sind aber alle drei in Seefeld.«

»Aha. Und wo dort?«

»Im *Da Mario*, einem Italiener nicht weit vom Zentrum. Gib es einfach ins Navi ein.«

»Alles klar.« Natürlich würde er das quäkende Ding nach wie vor nicht einschalten.

»Stell dir vor, wir haben unseren Crashpiloten gefunden.«

»Wen?« Gibt es in Seefeld einen Flugplatz? Wusste ich gar nicht.

»Den Kerl, der uns von der Straße abgedrängt hat.«

Ach so. Sag das doch gleich, Mädchen. »Echt? Super! Habt ihr die Polizei geholt?«

»Nein, wir sitzen in seinem Lokal und feiern mit ihm. Und später wollen wir noch alle zusammen ins Casino schauen.«

»Aha. Ja, logisch. Kann man verstehen. Ein Typ bringt einen fast um, und statt ihn anzuzeigen, feiert man mit ihm.« Hatte sie zu tief ins Glas geschaut? Es sah ganz so aus.

»Ich erkläre es dir, wenn du da bist.« Natürlich war ihr die Ironie in seiner Stimme nicht entgangen.

»Schön. Bis später, Moni.«

»Alles klar. Bis dann. Fahr bitte vorsichtig.«

»Aber sicher.« Er schüttelte langsam den Kopf. »Die spinnen doch langsam alle. Und nicht zu knapp«, murmelte er, während er auflegte.

Wenig später zogen die Sprungschanzen in Garmisch rechts an ihm vorbei. Bald würde er in Mittenwald sein, wo er sich in ihrem Appartement schnell etwas Passenderes fürs Casino anziehen wollte. Und dann ging es nichts wie ab nach Seefeld, wo er erst einmal ein schönes kühles Bier auf die ganze Panik und Hektik trinken würde. Da hieß es immer, Oberbayern sei der weltweit gemütlichste Landstrich gleich nach der Schweiz, aber weit gefehlt. Was er die letzten Tage erlebt hatte, hätte ebenso gut irgendwo in Chicago oder Mexiko passiert sein können. Er zog ein kurzes Resümee.

Die Akte Richter war erledigt. Der rücksichtslose BMW-Fahrer von heute Vormittag saß mit Monika und den anderen beiden beim Feiern. Blieb also lediglich nach wie vor die Frage, wer die tödliche Lawine im Dammkar losgesprengt hatte. Richter hatte es im Angesicht des Todes verneint. Da war man fast geneigt, ihm zu glauben. Oder sollte er bis zuletzt gelogen haben? Möglich wäre das natürlich ebenfalls gewesen. Aber zugleich höchst unwahrscheinlich. Und diese Sylvie war natürlich immer noch verschwunden. Gleich morgen früh würde er sich gemeinsam mit Josef und Rudi wieder an die Ermittlungen machen. Der Mistkerl, der die beiden Burschen und wahrscheinlich ebenso das Mädchen auf dem Gewissen hatte, musste unbedingt gefunden werden, nicht, dass es noch mehr Opfer gab. Vielleicht war ja ein Serienkiller am Werk, der etwas gegen Abiturienten hatte. Wer konnte das schon wissen. Die drei wichtigsten Fragen waren im Moment: Erstens. Wer außer Georg Reiter hatte etwas davon, dass die beiden Burschen im Dammkar tot waren? Zweitens. Wem außer Richter könnte daran gelegen sein, dass Max und Josef starben? Drittens. Wer hatte einen Nutzen vom Verschwinden oder vom Tod Sylvies?

Er fasste sich ans Genick und dehnte seine Halswirbelsäule. Heute würde er diese Fragen sicher nicht mehr beantworten. Er brauchte im Moment nichts weiter als ein wenig Entspannung. Da war so eine kleine Feier beim Italiener genau das Richtige.

Als er, in Sakko und dunkle Hose gekleidet, wieder aus Mittenwald heraus fuhr, legte er einen Zahn zu und drehte die Heizung auf. Je mehr Höhenmeter er machte, desto kälter wurde es. Als Kind war er mit seinen verstorbenen Eltern oft hier in der Gegend gewesen. Skifahren auf dem Seefelder Joch oder auf dem Gschwandtkopf und im Sommer Wandern. Seine Mutter hatte die Berge genauso geliebt wie sein Vater. Max hatte später nie wieder jemanden erlebt, der sich so begeistert wie die beiden über die bunten Blumenwiesen und die frische Luft hier draußen freuen konnte. Nicht mal Monika.

Seefeld Zentrum. Am besten stellte er den Wagen hier irgendwo auf einem Parkplatz ab und machte sich zu Fuß auf die Suche nach dem italienischen Lokal. Gesagt, getan. Er fand eine Lücke zwischen zwei hoch aufgetürmten Schneehaufen, die gerade groß genug für Monikas neuen Audi war. Während er ausstieg, vernahm er erneut *Das Lied vom Tod* aus seiner Anoraktasche. Er zog die Handschuhe, die er gerade angezogen hatte, wieder aus, kramte sein Handy hervor und ging ran.

»Ja?«

»Max? Franzi hier.«

»Servus, Franzi. Alles soweit in Ordnung bei dir?«

»Ja. Ich bin daheim. Sandra hat mir einen Tee mit Rum gemacht, den ich nachträglich noch mit einem Extraschuss aufgepeppt habe. Jetzt geht es mir schon viel besser.«

»Das freut mich. Ich bin gerade in Seefeld angekommen und treffe die anderen beim Italiener. Die feiern da anscheinend irgendwas.«

»Vielleicht unser Überleben?« Franz klang ernst. Ganz im Gegensatz zu sonst, wenn er bei jedem Gespräch mindestens einen seiner harmlosen Sparwitze machte.

»Keine Ahnung. Aber ich werde das auf jeden Fall tun. Ich bin dem Tod in den letzten drei Tagen dreimal von der Schippe gesprungen. Das ist auch nicht alltäglich. Nicht mal für einen Exbullen, der inzwischen als privater Ermittler arbeitet.«

Max klang nicht weniger ernst als sein alter Freund und Exkollege. Aber gleichzeitig stellte sich auf einmal eine bisher nicht gekannte Lockerheit bei ihm ein. So ähnlich wie nach der Beichte als Kind, wenn das ganze Leben wieder Tabula rasa war, weil man etwas Unangenehmes hinter sich gebracht hatte und nun befreit an die Zukunft denken konnte. Ein bisschen Stolz auf sich empfand er obendrein.

»Vielen Dank noch mal, Max. Du hast dein Leben für mich riskiert.«

»Ach was. Passt schon, Franzi. Reiner Egoismus. Mit wem sollte ich denn im Sommer in den Biergarten gehen, wenn du nicht mehr da bist?«

»Trotzdem. Danke. Von ganzem Herzen.«

»Alles klar. Leg dich hin, alter Freund. Trink deinen Rum mit Tee und schlaf dich aus.«

Max bekam feuchte Augen. Gott sei Dank hatte Franz die Sache überlebt. Sein geliebter Franz, mit dem er bereits gemeinsam im Kinderwagen gesessen war. Der mit ihm durch dick und dünn gegangen war. Egal ob es sich um die Schule, Ärger mit Freunden oder Feinden oder Liebeskummer gehandelt hatte. Immerzu hatten sie sich gegenseitig geholfen, hatten den anderen nie im Stich gelassen. Bis heute.

»Mach ich, Max.«

»Sag mal, aber eine Frage beschäftigt mich schon die ganze Zeit über. Wieso ist es Richter ausgerechnet jetzt eingefallen, sich an uns zu rächen? Hat er dir diesbezüglich etwas verraten.«

»Ich glaube, es war so. Er hatte uns nach dem Kindergarten aus den Augen verloren. Genauso wie wir ihn. Erst als wir ihn im *Weißen Brauhaus* hochgenommen haben, muss ihm die Sache mit seinem Geburtstag wieder eingefallen sein, und er hat sich vorgenommen, sich an uns zu rächen. Für beides, den Geburtstag und die Verhaftung, weil er uns bei beidem für die Schuldigen hielt. Was in puncto Verhaftung auf jeden Fall auch stimmte.«

»Und warum hat er es nicht gleich damals gemacht? Sondern erst jetzt?«

Wahrscheinlich wusste das Franz genauso wenig wie Max. Aber wie hieß es doch gleich noch: *Wer nicht fragt, stirbt blöd.* Oder so ähnlich. Franz hustete und räusperte sich. Logischerweise war er immer noch nicht fit. Oder hatte er sich an seinem hochprozentigen Heißgetränk verschluckt?

»Er musste damals, kurz nachdem wir ihn verhaftet hatten, wegen irgendetwas nach Thailand, hat er gemeint«, antwortete er, sobald er wieder reden konnte. »Ich nehme mal an, es ging um eine Gaunerei. Dort wurde er dann jedenfalls acht Jahre lang eingesperrt und ist erst vor ein paar Wochen zurückgekommen. Seitdem hatte er anscheinend nur noch seine Rache an uns im Kopf.«

»Aber wir haben ihm doch gar nichts getan an seinem Scheißgeburtstag.«

»Meine ich auch. Ich kann mich beim besten Willen nicht mal an seinen Geburtstag erinnern.«

»Obwohl, wer weiß? Vielleicht haben wir ihm damals doch wehgetan«, räumte Max ein. »Und haben es längst wieder vergessen.« Man konnte sich schließlich nicht an jede Kleinigkeit aus der Kindheit erinnern.

»Kann sein. Ich weiß es echt nicht.«

»Die ganze Wahrheit werden wir wohl nie erfahren.«

»Schaut ganz so aus.« Franz klang ebenso ratlos wie Max.

»Kann man nicht mehr ändern. Auf jeden Fall ist es mir lieber so, wie es gekommen ist. Stell dir bloß vor, er würde leben und wir wären stattdessen tot.«

»Das wäre nicht gut.« Franz hustete erneut.

Qualmte er etwa schon wieder eine? In der dampfigen Hütte vorhin musste er doch fast eine Rauchvergiftung bekommen haben. Unglaublich. Er wollte doch sogar damit aufhören. Max schüttelte den Kopf.

»Eben«, sagte er dann. »Also, Franzi. Lass dich schön von deiner Sandra gesund pflegen.« Ein guter Moment, das Gespräch zu beenden. Ihm fror langsam die rechte Hand ein, mit der er, nach wie vor unbehandschuht, das Telefon hielt.

»Mach ich. Nur das mit dem Kamillentee muss ich ihr wieder ausreden.«

»Was?«

»Sie will unbedingt, dass ich nach meinem Tee mit Rum noch einen Kamillentee trinke.«

»Um Himmels willen! Ist die denn von allen guten Geistern verlassen?« Max musste laut lachen. Dieser Franz Wurmdobler war einfach nicht klein zu kriegen. Ein echtes Phänomen.

»Schaut so aus.« Franz lachte ebenfalls. Bis ihn gleich darauf der nächste Hustenanfall übermannte.

»Bis bald, Franzi.«

»Bis bald.«

Sie legten auf.

Als Max den Parkplatz verließ fragte er zwei freundlich aussehende ältere Damen, die ihm gerade in Pelzmäntel eingemummelt entgegenkamen, nach dem *Da Mario*. Er hatte Glück. Sie wussten, wo er lang musste, es war ganz in der Nähe. 50 Meter geradeaus, dann zweimal rechts abbiegen. Schon stand er davor.

»Na dann schauen wir doch mal, was da drinnen so abgeht«, murmelte er, als er vor der Tür stand. Er öffnete sie schwungvoll und betrat den Gastraum.

21

»Hey, da ist der Max! Schau hin, Mario. Das ist der Max.«

Monika saß mit Anneliese, Josef und einem kleinen Italiener an einem Vierertisch beim Fenster. Sie winkten ihm freudig lachend und grüßend entgegen. Ansonsten war das Lokal leer. Nur eine dunkelhaarige, südländisch anmutende Kellnerin lehnte am Tresen und blätterte gelangweilt in einer Zeitschrift.

»Servus, allerseits«, grüßte er, sobald er am Tisch der Feiernden angelangt war. »Na wenigstens ihr habt gute Laune.«

»Warum auch nicht. Mario hat uns ein tolles Essen spendiert. Und Champagner und Wein und Grappa.« Monika klopfte dem großzügigen Gastgeber, der ihr über Eck gegenübersaß, anerkennend auf die Schulter. »Hast du Hunger?«, fragte sie, während sich Max auf den freien Stuhl neben ihr setzte. »Du musst doch halb verhungert sein.«

»Ein Bier wäre gut. Und Spaghetti oder Pizza. Ich bin wirklich halb verhungert.«

»Ich mache dir Spaghetti Bolognese und eine schöne Pizza. Und als Dessert gibt es ein Tiramisu. Es dauert nicht lang.«

Mario stand auf und begab sich zur Küche. Bevor er darin verschwand, wies er seine Kellnerin noch an, Max ein Bier und ein Champagnerglas zu bringen.

»Gott sei Dank geht es dir gut, Max.«

Monika rutschte an seine Seite und gab ihm einen langen Kuss.

»Ich bin auch froh, dass du heil wieder da bist, alter Junge«, meinte Josef. »Was war los?«

»Ist im Grunde schnell erzählt. Richter hat mich neben Franzi an einen Stuhl gefesselt und wollte uns gerade auf dem Ofen grillen oder erschießen, da kam Bernd mit Maier und Stieglitz zur Tür herein und hat uns gerettet.«

»… und Richter erschossen«, fügte Monika hinzu, die diese Information bereits vorhin am Telefon aus erster Hand von ihm erhalten hatte.

»Genau. Dem Himmel sei Dank.« Max nahm dankbar nickend das Bier entgegen, das ihm die dunkelhaarige Kellnerin reichte.

Das Champagnerglas für ihn stellte sie vor ihn auf den Tisch. Dann stakste sie langsam zurück zur Theke.

»Hier hat der Kerl mich gefesselt. Mit Draht!« Max hielt seine verbundenen Handgelenke wie Trophäen hoch.

»Schlimm?«, fragte Monika. Sie versuchte ihn dabei ausnahmsweise einmal nicht wegen seiner Wehleidigkeit hochzunehmen. Obwohl es ihr schwerfiel.

»Na ja, tut schon sauber weh. Aber es geht.«

Er setzte einen tapferen männlichen Blick auf. Zumindest hielt er den Blick für tapfer und männlich. Wäre es ihm möglich gewesen, sich dabei im Spiegel beobachten zu können, hätte wohl auch er andere Interpretationsmöglichkeiten in Betracht gezogen. Womöglich wären ihm Begriffe wie *billige Kantinenschauspielerei* oder *mühsam kaschiertes, übertriebenes Selbstmitleid* in den Sinn gekommen.

Monika zumindest ging es so. Sie musste trotz seiner deutlich sichtbaren Blessuren, die sicher auch schmerzhaft waren, immer mehr an sich halten, nicht auf der Stelle laut loszuprusten. Auch wenn ihr das dann bestimmt leidgetan hätte. Josefs starrer Blick verriet ihr, dass es in ihm nicht recht viel anders aussah.

»Und warum wollte euch der Kerl umbringen?« Anneliese fand die ganze Angelegenheit überhaupt nicht witzig.

»Weil wir ihn an seinem fünften Geburtstag angeblich daheim bei seinen Eltern an die Heizung gefesselt haben.«

»Wie bitte? Was?« Sie staunte ihn an, als käme er vom Mars.

»Es war genauso. Ohne Schmarrn.« Er zuckte nur die Schultern.

»Der war doch nicht ganz sauber«, raunte Josef und lachte.

Monika stimmte auf der Stelle laut gackernd ein. Endlich darf ich lachen, dachte sie erleichtert. Danke, lieber Josef. Noch eine Sekunde länger ernsthaft dreinschauen und es hätte mich zerrissen. Ich halte die Hypochondrie meines Liebsten einfach nicht aus. Das ist einfach zuviel für mich. Schon immer.

»Das denke ich auch«, erwiderte Max, den die ausufernde Fröhlichkeit seiner Freunde angesichts des ernsten Themas leicht irritierte.

Er trank einen großen Schluck Bier. Während der Fahrt hatte er gar nicht realisiert, was für einen riesigen Durst er hatte. Hoffentlich war er nicht schon völlig dehydriert. Das könnte im schlimmsten Fall eine Ohnmacht nach sich ziehen, wie er neulich im Fernsehen in so einer wissenschaftlichen Sendung gehört hatte. Herrschaftszeiten. Was für ein riskanter Tanz auf der Rasierklinge das Leben doch manchmal war.

»War Richter das dann auch im Dammkar?«, erkundigte sich Josef immer noch vor sich hin grinsend und kichernd.

»Ich denke nicht.« Max stellte das halb leere Glas vor sich auf dem Tisch ab. »Aber ich habe da schon eine Vermutung. Lass uns morgen darüber sprechen, Josef. Jetzt

würde ich lieber mit unseren Damen weitertrinken.«
Nicht, dass es mich am Ende doch noch wegen Dehydrierung umhaut.

»Logisch, Max. Du musst echt geschafft sein. Prost, Leute.« Josef hob sein Glas und blickte auffordernd in die Runde.

Kurze Zeit später war Mario mit einer riesigen Pizza und einer großen Salatschüssel voll Spaghetti Bolognese aus der Küche zurück. Max schaufelte rein, soviel seine geschwächten Handgelenke schaffen konnten, und lehnte sich anschließend zufrieden in seinem Stuhl zurück.

»Das war genial. Vielen Dank«, lobte er den Koch und Restaurantbesitzer. »Genauso gut wie bei meinem alten Freund Giovanni. Und der war ein echter Spitzenkoch.«

»Danke, Max«, freute sich Mario zufrieden lächelnd. »Bring ihn doch das nächste Mal mit.«

»Geht leider nicht. Er ist tot.« Max schaute nachdenklich auf seine Fingerspitzen.

»Oh, das tut mir leid für dich. Schrecklich, wenn man einen Freund verliert. Ich habe meinen Bruder verloren, als ich noch klein war. Er ist in der Adria ertrunken. Seitdem war ich nie wieder im Meer baden.«

»Das tut mir auch leid für dich.« Echtes Mitgefühl schwang in Max' Antwort mit. Auch in seinem Blick war es nicht zu übersehen.

»Es ist so lang her. Ist schon okay.« Mario winkte ab.

»Und du wolltest uns heute Vormittag also alle ins Jenseits befördern?«, fuhr Max mit einem Grinsen fort.

Er wusste natürlich bereits, dass es keine Absicht gewesen war. Monika hatte ihn über alles aufgeklärt, während Mario in der Küche hantiert hatte. Aber ein bisschen leiden durfte der Bursche schon, wenn er so rücksichtslos durch die Gegend fuhr. Nötigung und Behinderung anderer Verkehrsteilnehmer war schließlich nur einer Person am Tisch erlaubt, und die hieß Max Raintaler.

»Nein, auf gar keinen Fall, Max. Ich habe es bloß zu eilig gehabt und nicht aufgepasst. Ehrlich. Was sollte ich gegen euch haben? Ihr seid seit langem die nettesten Leute, die mein Lokal besuchen. Ich hatte nichts Böses im Sinn. Ich schwöre es bei meiner Mama und meinem Papa.« Der Wirt mit den Goldzähnen setzte zum zweiten Mal an diesem Abend seinen Dackelblick auf und fuchtelte aufgeregt mit den Händen vor seinem Gesicht herum.

»Weiß ich doch längst. Du schaust wirklich nicht wie ein Mörder aus. Eher wie ein Heiratsschwindler.« Max grinste. Josef, Monika und Anneliese grinsten mit.

»Wie ein Heiratsschwindler, sagst du? Das find ich geil, Max. Sehe ich wirklich so gut aus?« Mario bekam einen roten Kopf. Er lachte geschmeichelt.

»Logisch.« Max klopfte ihm auf die Schulter. Genial, da verarscht man so einen Typen, und er freut sich auch noch darüber. Besser geht's nicht. »Dir laufen die Frauen doch sicher die Tür ein.« Übertreib es nicht, Raintaler. Burschen wie er sind sensibel.

Alle am Tisch nickten bestätigend.

»Darauf brauchen wir unbedingt noch eine Runde Grappa. Moment, ich hole welchen.«

Bevor jemand etwas erwidern konnte, sprang Mario auf und lief hinter die Theke. Eine Minute später kam er atemlos mit einer Flasche edelstem Tresterbrand und fünf kleinen Grappagläsern in der Hand zurück. »Der ist wirklich sehr gut. Den müsst ihr unbedingt probieren.«

»Aber Josef und ich sind mit dem Auto da«, protestierte Max.

»Egal, ich spendiere euch das Taxi. Wir müssen gleich sowieso noch ins Casino. Das ist die größte Attraktion in Seefeld.«

»Ich habe befürchtet, dass er das sagt«, brummte Josef, der bereits einige Schnäpse, Biere und locker eine halbe Flasche Champagner intus hatte.

»Also. Prost. Auf meine neuen Freunde.« Mario stand nassgeschwitzt aber glücklich neben ihrem Tisch und streckte die Hand mit seinem Glas hoch in die Luft.

»Prost!«, kam es unisono von den vier Münchnern zurück.

»Mario!«, ertönte eine laute Frauenstimme aus der Küche.

»Si, Mamma!«, rief er zurück.

»Komm her! Subito!«

»Si, Mamma! Bis gleich, Freunde.«

Er nickte den anderen kurz zu. Dann rannte er wie der Blitz zu der weißen Tür mit der großen Durchreiche, die gleich neben dem Tresen in die Küche führte. Kurz nachdem er hinter ihr verschwunden war, hörte man lautes Gekeife und Geschirrklappern von drinnen.

»Ob seine Mama ihn schimpft, weil er nicht aufgeräumt hat?« Monika grinste breit.

»Wohl eher, weil er den teuren Grappa für die Familie an die Gäste ausschenkt.« Josef goss ihnen lachend noch mal die Gläser voll. Jetzt war sowieso schon alles egal. Fahren würde er heute garantiert nicht mehr. Er hob sein Glas. »Auf unseren tapferen Helden Max, der unseren lieben Freund Franzi gerettet hat.«

»Genau. Auf unseren tapferen Helden«, schlossen sich Monika und Anneliese an.

»Na ja. Eigentlich haben uns Bernd und die anderen gerettet«, wandte Max verlegen dreinblickend ein.

»Egal, mein Freund. Aber du bist da hin und hast alles riskiert. Und genau das zählt. Sonst nichts.« Josef begann bereits leicht zu schielen.

Na sauber. Der Herr Stirner in Höchstform. Noch zwei Grappa und ich darf ihn hier raustragen, dachte Max. »Also gut, wie ihr meint. Dann halt auf mich. Und auf Franzi und Bernd und Maier und Stieglitz.«

»Ich trinke auch auf diese Leute!« Mario war zurück. Er trug auf einmal ein bunt schillerndes Glitzerjackett und hatte eine Fliege um den Hals. Über seinem Arm hing ein dunkler Wintermantel. Er leerte sein Glas auf Ex. »Und jetzt gehen wir ins Casino. Das Taxi habe ich schon bestellt.«

»Hey, Mario. Wo hast du denn auf einmal die scharfen Klamotten her?« Josef zeigte lachend mit dem Finger auf ihn.

»Aus meinem Spind neben der Küche. Da hängen immer ein paar Anziehsachen für mich. Ich kann draußen doch nicht in meiner Kochjacke herumrennen.«

»Logisch. Hätte ich mir auch denken können.« Josef trank aus.

»Und deine Mama?« Monika zog die Brauen hoch.

»Mamma geht nach Hause ins Bett. Sie wollte, dass ich noch alles aufräume. Aber ich habe ihr gesagt, dass ich der Mann im Haus bin, seit Papa mit dieser Frau aus Wien abgehauen ist.«

»Und?« Monika musste erneut lachen. Der Kerl ist auch wirklich zu drollig, sagte sie sich.

»Sie geht ins Bett.«

»Na also. Dann nichts wie ab ins Casino.« Anneliese streifte ihren Mantel über, den ihr die freundliche Kellnerin aus dem Nahen Osten gerade aus der Garderobe geholt hatte.

22

»10.000 Euro. Ich glaub, ich spinne. Jetzt hat die Annie sowieso schon so viel Geld, und dann gewinnt sie auch noch im Casino.« Monika schüttelte den Kopf. So ein Dusel. Es war wirklich nicht zu fassen.

»Das war noch nie anders, Moni«, erwiderte Max aus dem Badezimmer, wo er sich gerade lautstark die Zähne putzte. »Geld kommt zu Geld.«

Alle von ihnen außer Anneliese hatten gestern im Casino Geld verloren. Sie hatten Roulette und Blackjack gespielt. Natürlich hatte Anneliese Champagner auf ihren Sieg spendiert. Und natürlich hatten sie ihr diesen Triumph gegönnt und mit ihr gefeiert, bis man sie alle fünf wegen zu lauten Singens und Herumgrölens hinausgeworfen und ihnen Casinoverbot erteilt hatte. Aber auch Max fand es nicht ganz fair vom Schicksal, dass es immer wieder diejenigen zu bevorzugen schien, die sowieso schon über die Maßen von ihm verwöhnt wurden.

»Und warum kommt es nicht zu mir oder zu dir?« Monika streifte ärgerlich ihren warmen Skipulli über. »Weil wir nichts haben. Logisch.«

»Geh, hör auf, Moni.« Er kam barfuß aus dem Bad getappt und kramte in seiner Reisetasche nach frischen Klamotten. Obwohl er außer dem Handtuch um seine Hüften nichts anhatte, fror er dabei, im Gegensatz zu gestern Abend, nicht. Die Fußbodenheizung funktionierte. Gott sei Dank. Bereits als sie letzte Nacht heimgekommen waren, war es angenehm warm im ganzen Apartment gewesen. »So schlecht stehen wir auch wieder nicht da. Ich mit meiner Pension und meinem Erbe von Tante Isolde und meinen Eltern und du mit deiner Kneipe.«

»Nicht schlecht, aber auch nicht gut. Deine Pension ist klein. Das Erbe ist irgendwann weg. Und dann?«

»Dann backen wir halt kleinere Brötchen. Selbst die Menschen in Afrika leben. Obwohl sie so gut wie nichts haben.«

»Na ja. Magst recht haben.« Sie zuckte mit den Schultern. »Trotzdem gönne ich es der Annie nicht. Soll ich deine gebrauchte Wäsche mit nach München nehmen?« Sie zeigte auf die zerknitterte Plastiktüte neben seinem Bett, aus der bereits die ganze Nacht über ein leicht modriger Geruch emporgestiegen war.

»Und sie waschen?«

»Von mir aus. Wasche ich sie halt auch noch.« Sie rollte mit den Augen. »Aber bind die Tüte zu. Das riecht sonst.«

Bestimmt denkt sie jetzt wieder, dass die Kerle gleich den ganzen Arm nehmen, sobald man ihnen den kleinen Finger reicht, spekulierte er. Aber mir soll's trotzdem recht sein. Bevor ich lang darauf warte, dass sich meine gute alte Nachbarin Frau Bauer darum kümmert. »Hast du eine Schnur?«

»Nein. Ich wollte ja nicht in einem Pfadfinderlager übernachten.«

»Dann nehme ich einen Schnürsenkel von meinen Bergstiefeln. Die brauche ich eh nicht. Ich zieh die Winterstiefel an. Kannst du ihn daheim bloß für mich aufheben?«

»Logisch, Max. Ich hebe dir deinen Schnürsenkel auf. Ich werde ihm ein ganz besonders feines Plätzchen in meiner Küche freischaufeln.« Kopfschüttelnd verschloss sie ihren Koffer, in dem sie gerade ihre getrockneten Langlaufsachen verstaut hatte.

»Was bist du denn schon wieder so biestig? Hat dir irgendwer was getan?« Max schüttelte ebenfalls den Kopf.

»Entschuldige. Hast recht. Ich hab halt einfach keine Lust, heute Abend schon wieder zu arbeiten. Ich würde viel lieber noch mal in Leutasch zum Langlaufen gehen und abends nach Seefeld ins Casino. Trotz aller Hektik war es wirklich ein wunderschöner Tag gestern. Außerdem habe ich einen dicken Kopf.« Sie zog einen Flunsch.

»Sobald ich hier den Fall gelöst habe, komme ich nach und helfe dir in der Kneipe. Und wenn du willst, fahren wir nächsten Montag wieder her. Okay?« Er näherte sich ihr und nahm sie behutsam in den Arm. Sie arbeitet wirklich viel, dachte er. Und das, was sie dafür bekommt, ist auf jeden Fall zu wenig. Da hat sie schon recht.

»Okay, Max. Das können wir uns ja noch überlegen.« Sie küsste ihn zärtlich. »Lust hätte ich schon. Schauen wir halt, wie das Wetter wird. Außerdem gönne ich Annie das viele Geld wirklich nicht«, fügte sie, jetzt schon wieder leise grinsend, hinzu.

»Scheiß doch aufs Geld. Hauptsache wir haben uns.« Er blickte ihr tief in die blauen Augen. Sie küsste ihn erneut. Etwas länger als vorher. Und diesmal nicht nur zärtlich.

Eine halbe Stunde später zogen sie sich zum zweiten Mal an diesem Morgen an und begaben sich zu den anderen in den großen Aufenthaltsraum. Anneliese hatte dort bereits für alle den Frühstückstisch gedeckt.

»Hallo, was ist denn hier passiert?«, wunderte sich Max.

Knusprige Semmeln und frisch gebrühter Kaffee verströmten ihren Duft im Raum. Sekt, Wurst, Käse, diverse Marmeladen und Eier in allen Variationen standen zum Verzehr bereit. Und auf jedem der vier Teller lag ein dicker Stapel Geldscheine.

»Moni hat gestern so traurig geschaut, dass ich mir gedacht habe, ich teile meinen Gewinn aus dem Casino mit euch«, erwiderte Anneliese, während sie stolz lächelnd auf den Tisch zeigte.

»Geh, so ein Schmarrn, Annie. Ich will doch nicht dein Geld. Wie kommst du bloß auf so eine verrückte Idee?« Monika sah ungläubig zu ihrer besten Freundin hinüber. »Das ist doch dein Gewinn.«

»Aber ich will ihn gern teilen«, widersprach Anneliese resolut. »Erstens habe ich mehr Geld, als ich ausgeben kann, zweitens seid ihr meine besten Freunde, und drittens fand ich es so lieb, dass ihr gestern alle nach mir gesucht habt.« Ein paar dicke Krokodilstränen stiegen ihr in die smaragdgrünen Augen.

»Aber deshalb musst du uns doch nicht bezahlen.« Max schüttelte den Kopf. »Das war doch selbstverständlich.«

»Eben. Das habe ich ihr auch schon gesagt. Außerdem habe ich wahrlich genug Geld.« Josef deutete kopfschüttelnd auf die Teller.

»Schluss. Keine Diskussion. Ihr nehmt das jetzt. Wenn ihr es nicht behalten wollt, spendet es halt für einen guten Zweck. Und jetzt esst. Die Eier werden kalt.«

Anneliese nahm Platz.

»Na gut, Annie. Wenn du wirklich meinst ... Ich wüsste da schon ein paar Schuhe in der Stadt. Die warten seit letztem Monat auf mich im Schaufenster.« Monika setzte sich, wie ein Kind im Angesicht seiner Geburtstagstorte von einem Ohr zum anderen grinsend.

»Na, endlich mal ein vernünftiges Wort. So, und jetzt will ich nichts mehr von der Sache hören.« Anneliese spießte ein Stück Rührei auf ihre Gabel.

Herrschaftszeiten, soviel Selbstlosigkeit hätte ich ihr gar nicht zugetraut, dachte Max. Ich kann mich noch gut an das Theater wegen dem Geld bei ihrer Scheidung erinnern. Der arme Bernhard wird von ihr ausgenommen wie eine Weihnachtsgans, hat doch damals jeder gesagt.

Wahnsinn, die Annie. Hat sie mich etwa vorhin in unserem Zimmer schimpfen gehört?, fragte sich Monika und bekam ein schlechtes Gewissen.

So eine verrückte Nudel. Josef konnte nicht mehr aufhören, verwundert den Kopf zu schütteln. Na gut. Wenn sie unbedingt meint. Stecke ich es halt in mein Bauernhofprojekt für die Obdachlosen. Er rollte das Geld zusammen und schob es in seine Hosentasche. »Das bekommen meine Obdachlosen. Vielen Dank, Annie.«

»Ja danke, Annie. Das ist wahnsinnig großzügig von dir.« Max nahm die Scheine von seinem Teller, verstaute sie in seiner Hosentasche und legte stattdessen eine Semmel darauf.

»Danke, Annie. Ich freu mich total.« Monika ging zu ihrer Freundin und umarmte sie innig.

»Bitte, ihr Lieben. Es ist ja nicht so, dass für mich nichts übrig wäre.« Anneliese hielt lachend ihre Scheine hoch. »Und jetzt lasst es euch schmecken.« Sie nahm ihr Sektglas in die Hand und stieß mit allen an.

23

»Und wie heißt der Mann?« Max blickte Rudi fragend über den Rand seiner Kaffeetasse hinweg an.

»Rüdiger Seibold. Sein Sohn, der Matthias, ist auch im Skiklub.« Rudi stellte die Heizung in seinem Büro höher. Es war heute kälter als an den Tagen zuvor. Klarer Himmel, aber eisige Luft.

»Und du bist dir sicher, dass er gesagt hat, dass unsere beiden Lawinenopfer nichts als rücksichtslose Ehrgeizlinge gewesen wären?«

»Ja, wortwörtlich. Er hat auch noch gemeint, dass die beiden keinem anderen im Skiklub eine faire Chance gelassen hätten.«

»Weshalb? Etwa weil sie so schnell waren?«

»Keine Ahnung. Frag ihn am besten selbst.« Rudi zuckte die Achseln.

»Werde ich tun. Vielleicht steckt ja mehr dahinter. Von wem hast du das?« Max wusste, dass man in einem schwierigen Fall wie diesem jeder winzigen Spur nachgehen musste, sei die Chance, dass sie zum Täter führte, auch noch so gering.

»Dagmar hat es von einer guten Bekannten, die wiederum sehr gut bekannt mit Seibolds Frau ist.«

»Aha. Und was ist mit Sylvie?«

»Nach wie vor keine Spur.« Rudis Blick senkte sich.

»Mist.« Max schlug ärgerlich mit der flachen Hand auf seine Sessellehne.

»Du sagst es.«

Rudi goss ihnen einen Schuss Cognac in den Kaffee. Zur Vorbeugung gegen die Kälte. Außerdem war es kurz vor elf.

Also bald Mittagszeit. Da konnte man schon einen kleinen Schluck vertragen. Vor allem dann, wenn man gerade den schlimmsten Kriminalfall, von dem Mittenwald seit Jahren heimgesucht wurde, an der Backe hatte.

»Du auch, Dr. Watson?« Er hielt die Flasche in Josefs Richtung.

»Danke, nein. Mir reicht es noch von gestern.« Josef lächelte schwach, während er langsam seinen Kopf schüttelte.

Monika und Anneliese hatten sich gleich nach dem Frühstück auf den Heimweg nach München gemacht. Monika wollte zeitig zu Hause sein, um sich auf den Abend in ihrer Kneipe vorzubereiten. Max war das gerade recht gekommen. So konnte er sich wieder voll auf seinen Fall konzentrieren.

Sobald die beiden weg gewesen waren, hatte er Rudi angerufen, um ein Treffen mit ihm in seinem Büro zu vereinbaren, und hier saßen sie nun zu dritt. Max hatte Rudi zunächst über die letzte Nacht und den Tod Richters informiert und dabei gemeint, dass er den *Zorn Gottes* nach wie vor auch zum Verdächtigenkreis bezüglich des Attentats im Dammkar zählte. Obwohl der kleine Irre kurz vor seinem Ableben behauptet hatte, er kenne das Dammkar nicht. Was aber auch pure Ironie gewesen sein konnte. Ihm war ohne Weiteres zuzutrauen, dass er Max sogar noch im Angesicht des Todes verarschen wollte.

»Gut. Dann gehe ich mit Josef gleich mal diesen Rüdiger Seibold besuchen, solange deine Leute weiter nach Sylvie suchen. Konkurrenzneid ist immerhin ein starkes Motiv. Stimmt's, Josef?«

Max trank seinen Kaffee aus und hievte sich aus seinem bequemen Ledersessel.

»Wie meinst du das, Max? Weil du so neidisch auf meine gute Kondition bist?«

»Wohl eher umgekehrt.«

»Ach, wirklich? Du meinst also ernsthaft, dass du eine bessere Kondition hast als ich?« Josef zog die Brauen hoch.

»Logisch.«

»Dass du dich da mal nicht sauber täuschst. Erinnere dich bloß mal an gestern Abend auf der Loipe. Was war denn da?«

»Gehen wir?« Max grinste nur.

»Gehen wir.« Josef grinste so breit zurück, dass seine seitlich gezwirbelten Bartenden senkrecht standen. Er erhob sich ebenfalls. »Servus, Rudi. Danke für den Kaffee.«

»Nichts zu danken. Hoffentlich habt ihr Erfolg. Lasst euch nicht zu lange Zeit. Die Sache mit Sylvie Maurer brennt mir sehr unter den Nägeln. Da brauche ich sobald wie möglich auch eure Hilfe.«

Rudi erinnerte Max gerade an einen Schiffbrüchigen, der, ohne noch recht an seine Rettung zu glauben, allein im weiten Ozean trieb. »Logisch. Vielleicht hängen die beiden Fälle zusammen, Rudi. Sobald wir bei diesem Seibold waren, helfen wir euch suchen«, versprach er ihm.

Der grauhaarige Inspektionschef schüttelte ihnen die Hand zum Abschied und sah nach wie vor alles andere als glücklich dabei aus. Die Sache mit dem Mädchen schien ihm wirklich nahe zu gehen.

Da es weder schneite noch stürmte, sondern stattdessen die Sonne hell vom wolkenlosen Himmel herabstrahlte, entschieden sie sich dafür, etwas für ihre Ausdauer zu tun und sich zu Fuß zu Seibold aufzumachen. Dafür mussten sie nur zur Isar hinunter gehen und ihrem Lauf auf der rechten Seite Richtung Norden folgen. Bereits 20 Minuten später standen sie vor Seibolds Haus gleich unterhalb der Viererspitze. Wie fast überall im Ort üblich, zierten hölzerne Balkons und bunte Lüftlmalereien die geweißte Fassade. Max klingelte, woraufhin wenig später eine ungefähr 50-jährige blonde Frau im weißen Skianzug die Haustüre öffnete.

»Frau Seibold?«, fragte er vom Gartenzaun aus.

»Ja, was gibt's?«, rief sie zurück. »Ich will gerade zum Skifahren.« Sie blickte den beiden Störenfrieden ungeduldig entgegen.

»Mein Name ist Raintaler. Ich bin Privatdetektiv. Mein Kollege Stirner.« Max zeigte auf Josef. »Wir müssten Ihren Mann sprechen. Dürfen wir reinkommen?« Max legte seine Hand auf den Knauf des Gartentores.

»Meinen Mann? Wieso? Ist er zu schnell gefahren?«

»Das würden wir gern selbst mit ihm bereden.«

»Na gut. Kommen Sie rein.«

Als sie bei ihr ankamen, gab sie ihnen erst gar nicht die Hand, sondern hielt ihnen einfach nur die Tür auf. »Meinen Mann finden sie in der Küche. Gleich da vorn links. Ich geh dann mal. Wiederschauen.«

»Wiederschauen, Frau Seibold.« Max winkte ihr knapp zu.

»Die hat auf jeden Fall etliche Haare auf den Zähnen«, meinte Josef, sobald sie verschwunden war. »Soviel ist sicher.«

»Stimmt. Also los. Knöpfen wir uns ihren Mann vor. Hoffentlich ist der besser drauf.« Max trat vor die hellbraune Küchentür links von ihnen und klopfte.

Eine Weile lang hörte man nur die bunt bemalte Kuckucksuhr ticken, die neben der Garderobe an der Wand hing. Dann forderte sie ein dunkler Bariton zum Eintreten auf. Sie folgten der Einladung.

»Herr Rüdiger Seibold?«, fragte Max den älteren glatz-köpfigen Mann mit den buschigen schwarzen Brauen, der vor einer großzügigen Brotzeit mit Würsten, Käse und Semmeln sowie einer halben Bier am Küchentisch saß.

»Wer will das wissen?«

»Max Raintaler ist mein Name, und das hier ist Herr Stirner. Wir untersuchen den Todesfall vom Samstag im Dammkar. Sie haben sicher davon gehört.«

»Wer nicht. Der Rainer Staller und der Hubert Hornsteiner waren unsere sogenannten größten Talente im Abfahrtslauf.« Seibold beäugte die beiden Besucher misstrauisch. »Seid ihr von der Kripo aus Garmisch?«

»Nein. Ich war früher bei der Münchner Kripo. Herr Stirner ist mein Assistent. Wir helfen dem Herrn Klotz von der Inspektion ein bisserl bei der Sache. Alte Verbundenheit.« Max hielt ihm seinen Detektivausweis vor die Nase.

»So, so. Alte Verbundenheit.« Seibold biss beherzt in seine Wurstsemmel.

»Was meinen Sie mit *sogenannte größte Talente*?« Max blickte neugierig auf den urigen Zausel hinunter. Herrschaftszeiten, wenn Josef und ich hier weitermachen sollen, muss uns Rudi unbedingt irgendeine amtliche Pappe für die Verhöre ausstellen, dachte er flüchtig. Wenn es so was überhaupt gibt. Egal.

»Es gibt da noch einige andere in unserem Skiklub, die fast genauso gut fahren, wie die beiden. Aber, ich sage es mal so, die haben anscheinend die falsche Lobby.«

Seibold hob seinen Bierkrug und trank einen Schluck. Er betrachtete sie dabei noch einmal eingehend von oben bis unten. Dann deutete er auf die zwei freien Stühle ihm gegenüber. »Setzt euch her, Burschen.«

»Wie meinen Sie das mit der Lobby?«

Max nahm Platz. Josef tat es ihm gleich.

»Es gibt da ein paar Jugendliche, die werden im Skiklub bevorzugt, weil ihre Eltern viel Geld in ihren Nachwuchs stecken. Extrakurse hier, Trainingslager in Amerika und so weiter. Die *normalen* Talente kommen da einfach nicht mit. Nehmt euch was.« Er deutete auf die Würste und den Käse. »Da drüben stehen Teller und Besteck.«

»Danke, Herr Seibold. Wir haben schon gefrühstückt. Das mit der Lobby interessiert mich. Wer hat denn das meiste Geld, um es in die Karriere seiner Kinder zu stecken?« Max legte nachdenklich seine Hand ans Kinn.

»Vor allem die Eltern von den beiden Toten halt. Und der Vater vom Georg Reiter, der Ruppert, investiert auch viel. Genauso wie die Eltern vom Rüdiger Springer zum Beispiel und die vom Sepp Bierkrüger.«

»Und deswegen sollten der Hubert und der Rainer auch in den DSV-Kader aufsteigen? Weil sie so gut gefördert wurden?«

»Und deshalb so erfolgreich waren. Genau. Unsereins mit seinem kleinen Gehalt als Gemeinderat bleibt da auf der Strecke. Gott sei Dank hat mein Matthias ein Einserabitur hingelegt, da ist er auf die Skifahrerei nicht angewiesen.« Seibold schnitt ein paar Radl Salami für sich und seine Gäste ab und forderte sie erneut auf, sich zu bedienen.

Josef konnte nicht länger widerstehen. Heute Morgen hatte er wegen der langen Nacht in Seefeld so gut wie nichts von Annelieses Leckerbissen hinuntergebracht. Langsam aber sicher jedoch kehrte sein Appetit zurück. Er bedankte sich artig und griff gierig zu.

»Ein Bier dazu?« Seibold sah ihn fragend an.

»Gern«, erwiderte Josef zufrieden kauend. Eine kühle

Halbe um die Mittagszeit konnte nichts schaden. Abgesehen von den anstrengenden Ermittlungen befanden sie sich schließlich auch noch im Urlaub.

»Sie auch?«, wandte sich der kräftig gebaute Einheimische an Max.

»Nein danke.« Morgens schon Bier. Ich bin doch kein Säufer. Aber Respekt. Gut trainiert schaut er aus, der Seibold. In seiner Freizeit macht er sicher jede Menge Sport. Bestimmt geht er im Sommer klettern und fährt im Winter wie seine Frau Ski.

»Ja mei, so ist das halt. Der eine trinkt, der andere schaut zu.« Seibold stand auf und holte eine Flasche *Mittenwalder Karwendel Hell* aus dem großen amerikanischen Kühlschrank neben der Spüle. »Ein Glas dazu?«

»Nein danke. Flasche ist gut.« Josef nickte dankbar.

»Also waren Sie nicht neidisch auf die beiden?« Max nahm den ursprünglichen Gesprächsfaden wieder auf.

»Ich? Doch, natürlich. Genau wie jeder andere im Ort auch.«

»Herr Seibold, wo waren Sie in der Nacht vom Freitag auf den Samstag und am Samstag gegen neun in der Früh?« Max setzte ein ernstes Exkommissargesicht auf.

»Was?«

»Ich muss Sie das fragen.« Max räusperte sich.

»Ach so, Sie meinen, dass ich die beiden Burschen umgebracht habe?«

»Es könnte doch sein, oder? Ihr Sohn wird benachteiligt, und Sie gehen hin und rächen sich an den beiden Sportlern, die es leichter im Leben haben.«

»Geh, so ein Schmarrn. Wenn es danach geht, wer es leichter im Leben hat, müsste ich aber viele umbringen.« Seibold lachte polternd los. »Außerdem, so wichtig sind unserer Familie diese Skirennen auch wieder nicht.« Er winkte immer noch lachend ab.

»Ach wirklich? Und warum verbreiten Sie dann, dass Rainer Staller und Hubert Hornsteiner nur rücksichtslose Ehrgeizlinge gewesen wären?«

Max ließ nicht locker. Er hatte viele Situationen wie diese in seiner Zeit als Polizist erlebt und wusste daher, dass sich wiederholtes Nachfragen immer wieder lohnte. Selbst die geschicktesten Lügner verrieten sich irgendwann. Seibold allerdings erschien ihm angesichts der bestehenden Motiv- und Verdachtslage eher harmlos zu sein. Mörder mit einem schlechten Gewissen sehen außerdem anders aus, sagte er sich. Obwohl man sich diesbezüglich natürlich nie ganz sicher sein konnte.

»Ganz einfach. Weil es stimmt.«

»Und wo waren Sie nun?«

»Ich war die ganze Nacht und den Morgen über hier zu Hause«, erwiderte Seibold fröhlich schmatzend. »Wir haben seit letzten Freitag Besuch von Freunden aus dem schönen Zillertal. Die können das alle bezeugen. Sie sind gerade mit meiner Frau beim Skifahren.«

»Na gut, Herr Seibold. Wir werden das natürlich überprüfen.«

»Tun Sie, was Sie nicht lassen können, Herr Raintaler. Aber jetzt, wo das alles erledigt ist, darf ich Ihnen da nicht doch ein Bier anbieten? Ein bisserl Entspannung könnte Ihnen bestimmt nicht schaden.« Er lächelte gutmütig.

»Vielen Dank. Nächstes Mal vielleicht. Wir müssen weitermachen.« Max erhob sich von seinem Stuhl. »Kommst du, Josef?«

»Ja, Max. Danke fürs Bier und die Wurst, Herr Seibold. Hat beides 1A geschmeckt.«

»Gern geschehen. Viel Erfolg bei der Arbeit. Und lassen Sie es ruhig angehen, Herr Raintaler. Sonst kriegen Sie noch einmal einen Herzinfarkt.« Seibold schnitt sich erneut ein paar schöne, dicke Radl Salami zurecht.

»Ist recht. Auf Wiederschauen.« Max reichte ihm höflich die Hand zum Abschied und ging in den Flur hinaus.

Josef folgte ihm. »Und? War er's?«, fragte er ungeduldig, als sie wieder auf der in der Sonne funkelnden verschneiten Straße standen.

»Kaum«, erwiderte Max kopfschüttelnd. Hoffentlich behält der Seibold mit dem Herzinfarkt nicht recht, dachte er gleichzeitig. Ich hab ja schon immer das Gefühl, dass es jederzeit dazu kommen kann. Allein schon, wenn man meinen hohen Blutdruck in Betracht zieht. Obwohl. In der letzten Zeit waren die Werte eigentlich gar nicht so schlecht, hat der Doktor gemeint. Na ja, wird schon gut gehen. Hoffentlich.

»Lass uns am Kranzberg nach dem Mädchen suchen«, fuhr er laut fort. »Vielleicht finden wir sie und wissen dann mehr. Rüdiger Springer und Sepp Bierkrüger sollten wir vorher auch noch besuchen. Vielleicht haben wir bis jetzt bloß am falschen Ende der Reihe von Verdächtigen gebaggert.«

»Das könnte daran liegen, dass wir bisher gar keine Reihe von Verdächtigen hatten.«

»Auch wieder wahr, Watson. Gehen wir?«

»Logisch. Herrschaft, so ein Traumwetter.« Josef blickte ins glitzernd weiße Rund. »Wenn alles nicht so traurig wäre, hätte man heute glatt Flügel an der Seele.«

»Eiszapfen an der Nase haben wir bald auf jeden Fall.«

24

»Ja, wer ist da?«

»Grüß Gott, Frau Springer. Ist ihr Sohn Rüdiger zu Hause?« Max sprach laut und deutlich in die Gegensprechanlage neben dem Gartentor der Springers.

Er hatte vorhin bei Rudi angerufen und ihm von den beiden anderen Familien erzählt, die ihre Söhne genau wie Georgs Eltern in großem Maße finanziell bei der Verwirklichung ihrer ehrgeizigen Rennläuferpläne unterstützten. Der Mittenwalder Inspektionschef hatte ihm umgehend die Adressen durchgegeben und Max und Josef gebeten, dort ebenfalls in Sachen Lawinenattentat nachzuforschen.

»Warum?«, kam die wortkarge näselnde Antwort aus dem Lautsprecher.

»Mein Name ist Raintaler. Ich bin Privatdetektiv. Ich ermittle in einem Mordfall im Dammkar. Und da müsste ich kurz mit Ihrem Sohn sprechen.«

»Mord? Was hat der Rüdiger denn mit Mord zu tun?«

»Wahrscheinlich nichts. Wir haben nur ein paar Fragen an ihn. Reine Routine.«

Es blieb eine Weile lang still. »Na gut. Ich habe zwar jede Menge zu tun, aber wenn es unbedingt sein muss ...«, erklang es dann. »Er ist gerade von der Schule heimgekommen.« Ihre Stimme hörte sich nach wie vor nur mäßig begeistert an. Kurz darauf ertönte der Summer.

Max war es egal, ob sie gerade beim Hausputz, Kochen oder sonst was störten. Sie hatten einen Mord aufzuklären, und das war im Moment wichtiger als alles andere. Flott strebten sie durch den verschneiten Garten der Haustür mit der schmalen Scheibe aus grauem Sicherheitsglas in der Mitte entgegen.

So wohnen also reiche Leute?, fragte sich Max. Kaum zu glauben. Sieht eher etwas heruntergekommen aus, das Anwesen.

Kurz darauf wurde ihnen von einer schwarzhaarigen Frau mit herben Gesichtszügen geöffnet. Sie war in einen grauen Hauskittel gekleidet. Darunter lugten dicke ebenfalls graue Wollstrümpfe hervor. Hinter ihr stand ein schlaksiger, blonder junger Mann in Bluejeans und T-Shirt. Er trug eine viereckige Designerbrille auf der Nase, hinter deren Gläsern seine Augen unnatürlich groß wirkten.

»Also, Herr Raintaler«, ergriff seine Mutter das Wort, »was wollen sie von meinem Rüdiger?« Ihre Stimme erinnerte Max an eine Kreissäge, die auf niedrigen Touren lief.

»Müssen wir das hier draußen in der Kälte besprechen?«, erwiderte er.

»Lieber wäre es mir schon. Sonst sauen Sie mir bloß den ganzen Flur ein mit ihren nassen Stiefeln.« Sie zeigte streng auf die Füße der ungebetenen Besucher.

»Na gut, dann halt hier.« Unfreundliche Kuh. Gott sei Dank sind hier im Ort nicht alle so. Sonst dürfte man gar nicht mehr herfahren. »Aber Ihr Sohn reicht uns völlig. Sie brauchen wir im Moment nicht«, fuhr er unterkühlt fort, während er sie unverwandt anblickte.

»Umso besser«, brummte sie muffig, machte auf dem Absatz kehrt und verschwand grußlos im Inneren des Hauses.

Der blonde Rüdiger trat vor die Tür. »Was wollen Sie denn von mir wissen?«, fragte er. »Ich weiß auch nicht, was im Dammkar mit Hubert und Rainer passiert ist.« Offensichtlich hatte er mitgehört, was Max mit seiner Mutter gesprochen hatte.

»Aber wegen Hubert und Rainer hättest du nicht ins DSV-Team gedurft. Das weißt du schon.« Max fragte sich, wie jemand, der so schlecht sah, überhaupt Skirennen fahren konnte.

»Wer erzählt denn so was? Der Seibold etwa?«

»Kennst du den?«

»Logisch. Jeder kennt den alten Seibold. Das ist ein Berufsnörgler. Der hat andauernd an allem und jedem etwas auszusetzen. Und weil er im Rathaus arbeitet, kriegt es auch noch jeder im Ort mit.«

»Also haben dir Hubert und Rainer nicht den Platz im DSV-Team geklaut?« Kontaktlinsen. Das musste die Lösung sein. Damit konnte er sicher seinen Sport machen. Logisch.

»Schmarrn. Da waren noch etliche andere vor mir. Einer aus dem Allgäu, zwei aus Garmisch und einer aus Berchtesgaden. Ach ja, und aus Lenggries gab es auch noch einen, der besser war. Und der Georg Reiter natürlich. Wieso fragen Sie?« Rüdiger rückte seine Brille zurecht und schaute neugierig von einem zum anderen.

»Und was ist mit dem Sepp Bierkrüger?«

»Was soll mit ihm sein?«

»War er auch noch vor dir?«

»Der Sepp? Da lach ich ja bloß. Der war mindestens fünf Plätze hinter mir. Der macht sich doch andauernd in die Hosen. Er ist viel zu nervös, um Rennen zu fahren.« Obwohl ihm sichtlich kalt war, entspannte sich Rüdigers Körperhaltung. Er schien ab sofort keine Angst mehr vor ihren Fragen zu haben.

»Weißt du, ob Hubert oder Rainer mit irgendwem Streit hatten?«, erkundigte sich Max weiter.

Da schau her, dachte er. Mit dem Seibold werde ich auf jeden Fall noch ein Hühnchen rupfen. Ungestraft tischt der mir nicht so einen Blödsinn auf. Von wegen, die Reichen des Ortes stünden alle kurz davor, ihre Kinder im DSV-Kader unterzubringen. Kein Wort davon ist wahr, so wie es aussieht. Allgäu, Garmisch, Berchtesgaden und Lenggries. Wenn überhaupt, müssen wir anscheinend dort nach Konkurrenten von Rainer und Hubert suchen. Außerdem scheinen die Springers gar nicht so reich zu sein. Die Frau putzt anscheinend selbst, und das Haus sieht auch nicht gerade repräsentativ aus. Ein kurzer Blick von ihm auf die abgebröckelte Fassade bestätigte seine Einschätzung noch einmal, bevor er seine Gedanken weiterspann. Also können wir dieses vermeintliche Motiv bei Bierkrüger und Springer wohl vergessen. Egal. Einen Versuch war's wert. Wer konnte denn ahnen, dass der alte Seibold bloß ein aufgeblasener Depp ist.

»Nur das Übliche«, antwortete Rüdiger. »Wegen Sylvie und Rainer gab es Stress in letzter Zeit, weil Georg so eifersüchtig auf ihn war. Na ja, liegt wohl in der Familie.«

»Wie meinst du das?« Max' stahlblaue Augen strahlten hellwach aus ihren Höhlen heraus.

»Das weiß doch jeder. Georgs Vater überwacht seine Frau andauernd, weil sie ihn einmal mit einem Touristen aus der Eiffel betrogen hat. Geschlagen hat er sie auch schon ein paar Mal, hat Georg mir in der Umkleide beim Hallentraining erzählt.« Rüdiger fror nun immer mehr. Er trat von einem Bein auf das andere und schlug sich zähneklappernd die Arme um den zitternden Oberkörper, der nach wie vor nur mit dem T-Shirt bekleidet war. Nicht einmal ein Unterhemd hatte er an. »Der hat es auch nicht leicht, der Georg. War es das? Mir ist echt kalt.«

»Noch nicht ganz. Wo warst du letzten Samstag in der Früh um neun?« Max fixierte ihn mit einem forschenden Blick.

»Na, hier daheim. Ich bin froh, wenn ich am Samstag ausschlafen kann und nicht in die Schule muss.«

»Kann das jemand bezeugen?«

»Logisch. Meine Eltern.«

»Und Hubert?«

»Über den weiß ich nichts. Den kannte ich nicht so gut.«

»Aha. Na gut. Dann geh schnell wieder rein, Rüdiger, bevor du dir den Tod holst. Falls noch was ist, melden wir uns bei dir. Und wenn dir inzwischen was einfällt, rufst du bitte sofort den Rudi Klotz in der Polizeiinspektion an. Also dann. Servus.«

Max drehte sich um und schritt zum Gartentor hinaus. Josef folgte ihm.

»Servus.« Rüdiger blieb bewegungslos stehen, wo er stand und stierte ihnen mit leerem Blick hinterher.

»Und? War er es?«, wollte Josef wissen, sobald sie wieder gemeinsam auf der Straße standen.

»Eher nicht, Watson«, brummte Max unzufrieden mit dem Ergebnis seines Verhörs. »Und den Weg zu diesem Sepp Bierkrüger können wir uns wohl auch sparen. Was sollte er für ein Motiv haben? Er war ja noch hinter unserem Rüdiger hier in der DSV-Nachwuchsreihenfolge.«

»Stimmt. Er kann es nicht gewesen sein, wegen einem Platz im Kader. Da müssten wir schon weiter fahren. Ins Allgäu zum Beispiel. Was ist mit Georg Reiter?«

»Weiß nicht. Er hat doch ein Alibi.«

»Vielleicht überschätzen wir dieses Motiv auch etwas, und es gibt einen ganz anderen Grund, warum die beiden sterben mussten.«

»Kann gut sein.« Herrschaftszeiten, der Josef wird echt immer besser. Wie ein alter Profi geht er inzwischen an die Sache heran. Hat er das aus dem Fernsehen? Wenn es so weitergeht, stelle ich ihn wirklich noch in meiner Detektei in München an. »Aber was käme sonst als Motiv infrage?«

»Keine Ahnung.«

»Ich auch nicht.« Max runzelte nachdenklich die Stirn. »Gehen wir Sylvie suchen. Vielleicht wissen wir dann mehr.«

»Okay, Max. Aber vorher muss ich dringend was essen und trinken. Die Brotzeit vorhin hat mir Appetit gemacht. Und wenn wir den ganzen Nachmittag draußen in dieser Kälte bleiben, braucht meine Heizung Brennstoff.« Josefs Gesicht ließ nicht den geringsten Zweifel an der Dringlichkeit seiner Bedürfnisse.

»Ich könnte auch wieder was vertragen. Das muss die Kälte sein.« Max rieb sich über den knurrenden Magen.

»Bestimmt. Außerdem ist Mittag. Und dein Magen weiß das ganz genau. Zum *Alten Wirt* ins Gries?«

»Logisch. Wir müssen doch schauen, wie es deiner Sandy geht.« Max grinste anzüglich.

»Eben. Ich hab sie jetzt schon zwei Tage lang nicht mehr gesehen. Hoffentlich arbeitet sie noch dort.« Josef lachte.

Max stimmte ein, während sie sich auf den Weg machten. Schwang da im übermütigen Lachen seines Freundes so etwas wie ernsthafte Besorgnis mit? Es hörte sich zumindest ganz so an.

25

»Ja, hallo. Die zwei sportlichen Freunde vom Rudi. Und auch noch ganz allein.« Die ausnehmend hübsche Sandy aus Sachsen, die heute ein rotes Band im langen blonden Haar trug, hatte sich Max' und Josefs gemütlichem Ecktisch nicht weit vom Kachelofen genähert und toppte ihre herzliche Begrüßung noch mit einem breiten Lächeln.

»Hallo, schöne Frau«, grüßte Josef charmant grinsend zurück.

»Lang nicht gesehen. Habt ihr mich ganz vergessen?«, meinte sie gespielt vorwurfsvoll. »Was darf ich euch bringen? Ich kann den Rehbraten empfehlen. Der ist ganz frisch.«

»Wunderbar. Den nehme ich.« Josef grinste weiter und schaute dabei wie gebannt zu ihr hinauf.

»Ich auch«, schloss sich Max an, während er amüsiert über seinen verknallten Freund den Kopf schüttelte. »Und zwei Bier dazu, bitte.«

»Selbstverständlich. Zwei Rehbraten, zwei Halbe. Und zwei Obstler aufs Haus, weil ihr so nett seid. Kommt sofort.« Sie drehte sich schwungvoll um und stolzierte hüftschwingend wie ein Fotomodell auf dem Laufsteg Richtung Tresen.

»Herrschaft noch mal. Die ist wirklich der Hammer.« Josef blickte ihr sehnsüchtig nach.

»Und großzügig obendrein. Sind wir wirklich so nett?«

»Logisch.«

Max' Handy spielte das *Lied vom Tod*. Er nahm es aus seiner Anoraktasche und ging ran, bevor noch sämtliche Gäste indigniert zu ihnen herübersahen. Ein Teil von ihnen tat es bereits. Eigentlich mussten sie alle den erstklassigen

Western aus den 6oer Jahren kennen. Alt genug dazu waren sie auf jeden Fall.

»Servus, Max.«

»Servus, Franzi. Wie geht's? Besser?« Er hielt die Sprechmuschel zu. »Franzi«, raunte er Josef zu.

»War nicht zu überhören.« Josef schmunzelte.

»Geht schon wieder, Max. Das Gesicht tut halt weh. Richter hat heftig zugeschlagen. Hätte ich dem kleinen Scheißkerl gar nicht zugetraut.«

Franz klang einerseits optimistisch, andererseits waren auch immer noch Spuren des Schocks in seiner Stimme zu hören. Kein Wunder. Von einer Entführung und Folterqualen im Angesicht des Todes erholte sich auch ein gestandener Kriminalbeamter nicht ohne Weiteres von heute auf morgen. So etwas dauerte seine Zeit.

»Der tut keinem mehr was.« Max stierte düster auf die helle Holzplatte des Wirtshaustisches.

»Ja. Gott sei Dank. Aber wieso ich anrufe …«

»Ja?«

»Ich war bei meiner Mutter und habe dort in den alten Kinderfotos gekramt. Rate doch mal, was ich dabei gefunden habe.«

»Keine Ahnung. Ein Bild von uns beiden in Windeln?« Was kommt den jetzt wieder? Einer seiner berühmten schlechten Witze? Geht es ihm doch schon wieder so gut.

»Falsch.«

»Sag schon.« Max schlug ungeduldig mit der flachen Hand auf den Tisch. Herrschaftszeiten. Er scheint es besonders spannend machen zu wollen. Das klingt doch schon wieder ganz nach meinem alten Franzi.

»Also gut. Halt dich fest. Ich habe Bilder von Richters fünftem Geburtstag gefunden. Sensationell, was? Seine

Eltern müssen meiner Mutter damals ein paar Abzüge überlassen haben.«

»Und?« Alte Kinderfotos? Wird er senil? Haben ihm Richters Schläge auf den Kopf doch so sehr geschadet? »Und woher weißt du, dass es sein fünfter Geburtstag ist und nicht der vierte oder der sechste?« Max wusste ums Verrecken nicht, worauf sein alter Freund und Exkollege hinauswollte.

»Es steht hinten drauf.«

»Na, was für ein Glück. Schön für dich, Franzi. Dann hast du jetzt eine hübsche kleine Erinnerung an ihn.« Spinnt der? Was will er denn nur mit den Bildern? Und was in drei Teufels Namen ist an diesem Fund so sensationell?

»Pass auf, Max. Der Witz ist, dass Richters fünfter Geburtstag im Freien stattgefunden hat. An der Isar.«

»Na und? Wie schön für ihn. Nützt ihm jetzt bloß auch nichts mehr.«

»Wie kann man nur derart auf dem Schlauch stehen? Hast du irgendwo an der Isar jemals in deinem Leben eine Heizung gesehen?« Franz wurde laut.

»Nein, natürlich nicht.« Max wurde ärgerlich. »Ach, du Scheiße, bin ich blöd. Du meinst ...«

»Genau! Ich meine, wir hätten Richter gar nicht an seinem fünften Geburtstag an seine Heizung fesseln können ...«

»... weil die Feier an der Isar stattfand und nicht bei ihm zu Hause.« Max schlug sich mit der flachen Hand vor die Stirn. Was war das gerade nur gewesen? Eine Denkblockade? Gab es so etwas? Bestimmt. Oder fing so Alzheimer an? Eine schreckliche Krankheit. Alles andere als lustig. Erschrocken griff er sich an den Hals, um seinen Puls zu kontrollieren. Der ließ zwar momentan 100prozentig keine direkten Schlüsse auf eine schlimme Gehirnerkrankung zu, aber sicher war sicher.

»Genial, oder?« Der Triumph in Franz' Stimme war nicht zu überhören.

»Schon, Franzi. Aber wieso hat er uns die ganze Scheiße dann überhaupt erzählt?«, wandte Max ein. »Es klang echt glaubwürdig. So etwas denkt man sich doch nicht aus.«

Er legte seine Hand wieder auf den Tisch, da der Puls in Ordnung zu sein schien. Zwar etwas zu schnell, aber noch im Rahmen.

»Vielleicht doch. Er muss einen noch wesentlich größeren Sockenschuss gehabt haben, als wir dachten.«

»Gut. Das ist zumindest eine Erklärung. Na dann, Franzi. Danke für den Anruf. Da fühlt man sich doch gleich viel besser. Oder?«

Er blickte erfreut und befreit um sich, grinste fröhlich dem grantigen alten Ehepaar am Nachbartisch zu und tätschelte Josefs Arm. Sapperlot, ein Gewissen, das weniger Ballast mit sich herumtragen musste, war eine verdammt gute Sache. Da biss die Maus keinen Faden ab.

»Absolut. Was macht euer Fall?«

Franz schien jede Menge Zeit zu haben.

»Zäh. Aber wir geben natürlich nicht auf. Vielleicht war der verrückte Richter auch für die Sprengung im Dammkar verantwortlich. Wer weiß?«

»Das werden wir wohl nie herausfinden.«

»Jetzt wo du das sagst, Franzi ...« Es durchfuhr ihn wie ein Stromschlag. »Mir fällt da gerade was ein. Kannst du ein paar Haare von Richter an das Kriminallabor in Garmisch schicken? Zu einem DNA-Abgleich.«

»Logisch. Kann ich gleich veranlassen. In den Dateien war diesbezüglich nichts gespeichert, soweit ich mich erinnere. Wir haben lediglich seine Fingerabdrücke. Habt ihr etwa Spuren im Dammkar gefunden?«

»Rudis Leute haben da ein Haar gefunden. Richter hat mir zwar kurz vor seinem Tod gesagt, dass er das Dammkar nicht kennt. Aber wenn seine Haare mit dem aus dem Dammkar übereinstimmen, war er es eben doch. Herrschaftszeiten, das wäre was.« Max schlug sich erneut mit der flachen Hand an die Stirn. »Stell dir vor, er war's und wir Deppen suchen uns hier in Mittenwald völlig umsonst einen Wolf nach dem Täter.«

»Das wäre natürlich super, Max. Ich ruf den scharfen Bernd an. Der soll das mit den Haaren erledigen. Ach, das habe ich dir noch gar nicht gesagt. Er wollte auch noch einen gewissen Gemüse-Johannes vom Viktualienmarkt befragen. Angeblich hat ihm Richter am Samstag in der Früh an seinem Stand geholfen.«

»Na wunderbar. Dann wissen wir notfalls auch gleich, ob der die Wahrheit sagt. Wegen dem Haar …«

»Schon klar. Bringt zwar nichts, aber macht trotzdem Spaß. Genau wie's Rauchen. Alles klar. Viel Glück. Ich bleibe die ganze nächste Woche daheim, hat der Doktor gemeint.«

»Recht hat er. Ruh dich mal richtig aus.«

»Mach ich. Servus, Max.«

»Servus.«

Sie legten auf.

»Und was war?«, wollte Josef wissen, der das Gespräch nur einseitig mitbekommen hatte. Er schaute leicht irritiert auf Max' Hand hinunter, die inzwischen erneut auf seinem Unterarm Platz genommen hatte.

»Bernd verhört noch einen Zeugen und schickt ein paar von Richters Haaren ans Labor in Garmisch. Dann wissen wir auf jeden Fall definitiv, ob er am Samstag in der Früh im Dammkar war oder nicht. Wenn ja, brauchen wir hier gar nicht mehr weiter nach einem Attentäter zu suchen. Außer-

dem haben wir Richter nicht an seine Heizung gefesselt.«
Max bemerkte Josefs Blick und zog seine Hand schnell weg.

»Aha.« Der schnauzbärtige Keeper des FC Kneipenluft
blickte ihn verwirrt an. »Ach so … jetzt kommt's mir. Du
meinst, an seinem Kindergeburtstag, von dem du gestern
Abend erzählt hast.«

»Genau. Da schau her. Dann warst du gestern also doch
noch nicht so besoffen, wie ich dachte. Achtung, unser
Bier naht.« Max zeigte mit dem Kopf auf die eilig heran-
rauschende schöne Sandy.

»So, zwei Helle und zwei Obstler. Euer Essen kommt
gleich.« Sie strahlte die beiden aus ihren klaren blauen Augen
an.

»Danke.« Max nahm seine Gläser entgegen und stellte
sie vor sich auf den Tisch.

»Vielen Dank, liebe Sandy.«

Josef schmolz regelrecht dahin. Die temperamentvolle
Sächsin schien ihm wirklich ganz besonders gut zu gefallen. Sein Grinsen wollte gar nicht mehr aufhören. Vielleicht schaue ich doch besser wieder ernst drein, dachte er,
während er sich an das erinnerte, was sie nach ihrem ersten
Abend hier drinnen über sein angebliches nervöses Augen-
leiden gesagt hatte. Sonst meint sie am Ende auch noch, ich
hätte eine Gesichtslähmung.

»Was macht ihr zwei eigentlich heute Abend?«, entgegnete sie ihm fröhlich und präsentierte ihnen dabei zum wie-
derholten Mal ihre perfekt angeordneten, blendend weißen Zähne.

Wahrscheinlich hat sie mal eine Spange getragen und ihre
Zähne gebleicht, dachte Max. Schaut eigentlich sehr appetit-
lich aus. Ich könnte meine auch mal bleichen lassen. Das mit
der perfekten Zahnstellung kann ich wohl vergessen. Habe

ich mir als Kind endgültig versaut, weil ich meine Spange immer herausgenommen habe, sobald ich im Kinderzimmer allein oder zur Tür hinaus war. Aber bleichen wäre noch drin. Auf jeden Fall. Mein Gott, wie habe ich diese scheiß Spange gehasst. Sie hat gedrückt wie die Sau, und andauernd hingen irgendwelche Essensreste darin. Und vor den Mädchen war sie nichts als mörderpeinlich. »Wir haben bisher noch nichts vor«, erwiderte er laut.

»Stimmt«, schloss sich Josef seinem Vorredner bestens gelaunt an.

»Habt ihr dann vielleicht Lust, etwas mit mir und meiner Schwester zu unternehmen? Sie ist heute Morgen aus München angereist. Besucht mich für ein paar Tage.« Sie blickte fragend von einem zum anderen.

»Ist die auch so gut gebaut wie du?« Die machomäßige Frage rutschte Max über die Lippen, noch bevor er darüber nachdenken konnte. Normalerweise kaschierte er derart unverblümte Gedanken besser. Oder nicht? Egal. So schlimm war das jetzt auch wieder nicht. So oder so.

»Noch besser.« Sandy schien sich nicht groß an seiner Direktheit zu stören. Sie grinste amüsiert in sich hinein.

»Also, ich würde wahnsinnig gern etwas mit euch beiden unternehmen«, beeilte sich Josef, voller Angst, dass Max sonst weiter seinen unwiderstehlichen spröden Charme versprühte und sie damit am Ende noch in die Flucht schlug. »Wir könnten nach Seefeld zum Essen fahren. Wir kennen da einen guten Italiener.«

»Gern.« Sie lachte ihn an. »Und danach gehen wir alle zusammen ins Casino.«

»Das ist, glaube ich, keine so gute Idee. Wir haben nichts Passendes zum Anziehen dabei. Stimmt's, Max?« Josef klopfte Max kameradschaftlich auf die Schulter.

»Stimmt.«

Max war, wie Josef offensichtlich auch, absolut klar, dass sie schlecht zugeben konnten, dass sie im Casino seit gestern Hausverbot hatten. Was würde das denn für einen Eindruck auf die hübsche Sächsin machen?

»Macht nichts. Essen gehen ist auch toll. Ich freu mich.« Sandy lachte nun allen beiden geradewegs ins Gesicht.

»Übrigens, den primitiven Ureinwohner aus München Thalkirchen hier müssen wir nicht unbedingt mitnehmen. Ich kann ihn den Abend über auch bei uns im Appartement in seinen Käfig sperren.« Josef zeigte mit dem Finger auf Max.

»Ich finde ihn eigentlich ganz nett, den Ureinwohner.« Sie bedachte Max mit einem ausgiebigen Blick.

»Aha. Na gut. Ich habe Hunger. Dauert das mit dem Essen eigentlich noch lange?« Josef lief vor Eifersucht rot an. Er rutschte unruhig auf seinem Stuhl hin und her.

»Kommt sofort.« Sie beachtete ihn gar nicht weiter, sondern versank lieber noch einmal besonders lang und tief in Max' stahlblauen Ermittleraugen. Dann wandte sie sich geheimnisvoll lächelnd ab und ging das Essen holen.

»Wehe, du spannst mir die aus. Dann rede ich nie wieder ein Wort mit dir, Max«, zischte Josef, sobald sie außer Hörweite war. »Und Moni erzähle ich es auch. Bloß dass du es weißt.«

»Spinnst du? Das ist doch deine Sandy, nicht meine. Außerdem hast du selbst gehört, dass ihre Schwester noch hübscher sein soll. Da wäre ich schön blöd, wenn ich mir die nicht wenigstens erst einmal anschaue.« Max grinste breit. Ja, so was. Der Stirner ist eifersüchtig. Sieht ganz so aus, als hätte es den alten Weiberhelden am Ende auch mal ernsthaft erwischt? Sonst tut er doch immer so obercool. Ja, ja, irgendwann sind wir alle fällig. »Außerdem hab ich doch meine Moni. Ich weiß gar nicht, was du willst.«

»Tu bloß noch so, als hätte dich das jemals daran gehindert, andere Mädels anzubaggern.« Josef schnaufte heftig vor Aufregung.

»Jetzt ist es aber wieder gut, Josef. Okay? Es reicht.« Max hörte auf zu grinsen.

Er wusste zwar, dass Josef mit seiner Behauptung teilweise recht hatte, dennoch war er davon überzeugt, dass es seinem Freund nicht zustand, darauf herumzuhacken. Dazu wusste der schnauzbärtige Keeper des FC Kneipenluft einfach zu wenig über Max' diesbezügliche Motive und darüber, wie oft Monika ihn hängen gelassen hatte. Außerdem war eins doch wohl klar: Gelegentliche Fehler von Freunden übersah man geflissentlich. Die schmierte man ihnen nicht auch noch dick aufs Butterbrot. Außer man wollte sich nur wichtig machen. Oder man war nichts als boshaft. Aber in beiden Fällen war man kein guter Freund.

»Na gut. Hast recht, Max. Entschuldige.«

Josef beruhigte sich wieder. Max auch.

Kurze Zeit später war Sandy mit dem Essen zurück. Es schmeckte vorzüglich. Beide aßen ihre Teller leer. Zum Abschluss spendierte ihnen ihre neue Freundin einen weiteren Obstler. Sie servierte ihn, zu Josefs erneuter Verdrossenheit, mit einem sehr langen und sehr freundlichen Blick auf Max.

Bevor sie aufbrachen, um nach Sylvie zu suchen, telefonierte Max kurz mit Rudi und teilte ihm mit, dass Seibold und sein Sohn höchstwahrscheinlich als Täter im Dammkar ausfielen. Auch weitere infrage kommende Verdächtige aus dem Skiklub wie Rüdiger Springer und Sepp Bierkrüger samt ihren Eltern hätten, genau wie Georg Reiter, ein Alibi

oder kein erkennbares Motiv, da die jungen Nachwuchsrennläufer in der Rangfolge weit hinter Hubert und Rainer
lagen. Das würde zwar alles noch nichts heißen, weil natürlich auch jedes x-beliebige andere Motiv außer dem des Nei-
des auf einen Platz im DSV-Kader für den Tod von Hubert
und Rainer infrage kommen konnte. Nur müsste man dieses
eben erst einmal auftreiben. Und den Verdacht gegen Waldemar Richter gäbe es natürlich auch noch. Was das anging,
würde ein DNA-Vergleich mit dem Haar aus dem Dammkar
aber bald endgültige Klarheit bringen. Haare von Richter
wären bereits von München aus nach Garmisch ins Labor
unterwegs. Und wer weiß. Vielleicht würde der Verbleib
von Sylvie auch über die Attentate im Dammkar Aufschluss
bringen. Deswegen wäre es im Moment wohl das Naheli-
gendste, nach ihr zu suchen. Genau das würden Josef und
er ab sofort auch tun. Und zwar dort, wo Rudis Leute bisher noch nicht gesucht hatten. Am Hohen Brendten.

Rudi erklärte ihm daraufhin, dass das ein witziger Zufall
sei. Ausgerechnet vor einer Stunde hätte ein Touristenpaar
bei ihnen angerufen. Sie hätten im Radio von dem vermiss-
ten Mädchen gehört und zu der Zeit, als Sylvie beim Joggen gewesen sein sollte, einen Wagen zum Brendten hinauffahren gesehen. Leider nur seine Lichter, weil alles so
schnell gegangen sei. Aber da sei garantiert jemand hochgefahren. Um diese Zeit! In diese Einsamkeit! Sie wären
gerade vom Gasthof am Wildensee gekommen, der kurz vorher geschlossen hatte. Also konnten es wohl schlecht Gäste
gewesen sein, die da hinauf wollten, meinte Rudi noch. Dann
wünschte er den beiden Münchnern viel Glück. Max legte
auf. Sie zogen sich an und verließen die gemütliche Gast-
stätte, natürlich nicht, ohne sich bis zum Abend von Sandy
zu verabschieden.

Sie zeigte auf ihren Schäferhund, der es sich neben dem Kachelofen auf einer alten Decke bequem gemacht hatte. »Der Harro braucht dringend Auslauf. Ich komme hier im Moment nicht weg. Ihr seht es ja selbst, das Lokal ist voll. Wollt ihr ihn nicht mitnehmen? Vielleicht kann er euch bei der Suche helfen. Er hat eine sehr feine Spürnase.«

»Ich weiß nicht so recht« zögerte Max. Jetzt auch noch auf einen Kläffer aufpassen? Das passte ihm gerade überhaupt nicht in den Kram. »Hört er denn auf uns?«

»Aufs Wort. Ich war mit ihm in der Hundeschule.«

»Na gut. Ist vielleicht gar keine schlechte Idee.«

»Finde ich auch.« Josefs ultrabreites Lächeln hätte jeden Gletscher zum Schmelzen gebracht.

26

»Ob Max diesen Lawinenattentäter findet?« Anneliese rückte ihre Sonnenbrille zurecht.

Der junge Taxifahrer hatte sie vorhin im Seefelder Zentrum gleich neben Monikas Auto abgesetzt. Aufgrund des exorbitant hohen Trinkgeldes, das ihm Anneliese in die Hand gedrückt hatte, war er, auf ihre Anfrage hin, bereitwillig ausgestiegen und hatte ihnen gekonnt und flott beim Verstauen ihrer Skier und ihres Gepäcks geholfen. Jetzt waren sie bereits seit fast zwei Stunden auf dem Heimweg nach München, durch strahlenden Sonnenschein und weiß funkelnde Schneefelder. Keine besonderen Vorkommnisse. Die Straße war frei gewesen. Niemand, der sie in den Graben drängen wollte. Noch knapp fünf Minuten, dann hatten sie die Stadtgrenze erreicht.

»Logisch. Wenn er sich etwas in den Kopf gesetzt hat, zieht er es durch. Bis zum Ende.« Monika blinkte links und überholte einen alten Mercedes, in dem ein junges Paar mit blonden Rastalocken saß. Ihre Snowboards ragten aus dem hinteren halb heruntergelassenen Seitenfenster hinaus. Dass die nicht frieren, dachte sie verwundert. Hoffentlich erkälten sie sich nicht. Einfach herrlich noch so jung und unbelastet zu sein. Obwohl. Das kann man so oder so sehen. Oder ganz anders.

»Hast recht, Moni. Der Max ist stur.«

»Sehr richtig. Wenn es um einen Mordfall geht, ist das auch gut so.« Monika grinste verhalten.

»Höre ich da so etwas wie leise Kritik anklingen?« Anneliese grinste ebenfalls.

Sie sahen sich an, bemerkten ihr stilles Einverständnis

darüber, was die absolute Unmöglichkeit sturer Männer im Alltag betraf, und mussten lachen.

Wenig später bogen sie auf den mittleren Ring ein.

»Weiß du was, Moni? Ich komme noch auf einen Espresso mit zu dir. Habe keine Lust, schon heimzugehen. Mein Gepäck bringe ich später mit dem Taxi heim. Okay?«

»Ganz wie du willst. Wir sind gleich da. Schade, dass wir nur so kurz in den Bergen waren. Ich habe nicht die geringste Lust, heute Abend das Lokal aufzusperren.«

»Ich helfe dir.«

»Ehrlich?«

»Solang du mir einen leckeren Wein ausgibst.«

»Aber immer doch. Da schau her, da sind wir ja schon.«

Monika parkte direkt vor der Haustür, damit sie ihr Gepäck nicht so weit schleppen musste. Als sie ihre Kneipe aufsperren wollte, stutzte sie und hielt inne. Was war denn das? Überall auf dem Boden lagen Splitter. Kopfschüttelnd steckte sie den Schlüssel ins Loch. Die dicke Holztür gab dabei nach und schwang nach innen auf.

»Scheiße, Annie. Da hat jemand eingebrochen«, flüsterte sie erschrocken. »Schau mal, das Schloss ist total kaputt. Und der Türrahmen auch.«

»Meinst du, die sind noch drinnen?«, raunte Anneliese fast tonlos zurück.

»Keine Ahnung. Ich will auch nicht nachschauen. Vielleicht sind sie bewaffnet. Ich ruf lieber die Polizei an. Komm.«

Sie packte Anneliese am Anorak und schlich mit ihr im Rückwärtsgang zum Auto zurück. Sobald sie dort ankamen, setzten sie sich hinein, sperrten von innen ab, und Monika telefonierte. Der diensthabende Beamte am anderen Ende versprach ihr, sofort eine Streife vorbeizuschicken. Sie bat ihn, schnell zu machen, denn vielleicht sei der Einbrecher noch im Haus.

»Was soll das bloß? Bei mir gibt es doch nichts zu holen.« Monika schüttelte fassungslos den Kopf. Hatte es etwa jemand auf ihre Kasse abgesehen gehabt? Aber es war doch bekannt, dass in Kneipen das Geld noch am Abend gleich nach der Sperrstunde in einen Safe geschafft wurde.

»Vielleicht war es dieser Richter, bevor er gestern von Franzis Leuten verhaftet wurde«, gab Anneliese zu bedenken.

»Und was hätte er klauen sollen? Meine BHs?«

»Warum nicht?«

»Schmarrn. Der wollte doch nur Max und Franzi etwas antun, so wie es aussah. Aber warte mal.« Monika hob den Zeigefinger und sah ihre Freundin nachdenklich an. »Und wenn es dieser Spanner war, der nachts vor meinem Fenster stand? Vielleicht wollte er mir ans Leder.« Sie riss erschrocken die Augen auf. Herrje, was für eine ungemütliche Welt. Nicht einmal mehr im beschaulichen Thalkirchen war man sicher. »Gott sei Dank war ich nicht da.«

»Es heißt doch immer, dass Spanner nur schauen.«

»Weiß man's?«

»Wohl eher nicht. Wie sagt man übrigens, wenn ein Spanner stirbt?« Anneliese grinste trotz der angespannten Lage.

»Wie kommst du jetzt darauf?«

»Es ist ein alter Witz von Franzi. Hat er mir vor Monaten mal am Tresen erzählt.«

»Mir ist nicht nach Witzen. Schon gar nicht nach Franzis bockschlechten Witzen.«

»Der ist aber echt gut.«

»Na gut, erzähl. Also, was sagt man?« Monika verdrehte ungeduldig die Augen. Das war doch gerade wirklich keine

Situation, um blöde Witze zu machen. Oder doch? Vielleicht war es ja der erste Witz von Franz, der ihr gefallen würde.

»Der ist weg vom Fenster.«

Ohne es zu wollen, musste Monika laut loslachen. Anneliese stimmte auf der Stelle ein. Dann hielten sich beide erschrocken den Mund zu. Wenn der Einbrecher noch im Haus war, würde er sie doch bestimmt hören.

Eine Minute später hielt der versprochene Streifenwagen direkt hinter ihnen. Zwei Beamte stiegen aus und kamen vor zu Monikas Fahrertür. Sie erkannte Polizeihauptmeister Richard Moser und seinen Kollegen Polizeiobermeister Heinz Frank. Was für ein Zufall. Es musste doch Hunderte von Streifenwagen in München geben. Aber ausgerechnet die beiden Polizisten, die ihr in der Nacht auf den Sonntag zur Hilfe geeilt waren, standen auch jetzt wieder vor ihr. Besser gesagt neben ihrem Auto. Sie ließ das Seitenfenster ein kleines Stück weit herunter.

»Grüß Gott, Frau Schindler. Bei Ihnen hat man eingebrochen?« Richard Moser tippte kurz zum Gruß mit der Hand an seine Dienstmütze und sah sie fragend an.

»Es sieht ganz so aus, Herr Moser. Wir kommen gerade aus Mittenwald, und als ich aufsperren wollte, habe ich bemerkt, dass jemand die Tür aufgebrochen haben muss.« Monika sprach immer noch leise.

»Vielleicht war es ja dieser Spanner vom letzten Mal. Waren Sie schon drinnen?«

»Nein, um Himmels willen.«

»Gut. Bleiben Sie bitte ihm Wagen und machen Sie das Fenster wieder hoch. Herr Frank und ich schauen uns einmal um.«

»Okay. Gut, dass Sie beide da sind.«

Die Beamten zogen ihre Waffen und schlichen zum Eingang hinüber. Wenig später verschwanden sie im Haus.

»Hoffentlich passiert ihnen nichts.« Anneliese blickte ihnen besorgt nach.

»Das sind Profis, Annie«, wusste Monika. »Wenn jemand im Haus ist, werden die bestimmt mit ihm fertig.«

»Hoffentlich.«

Sie warteten. Fünf Minuten. Zehn Minuten. 15 Minuten. Nichts geschah. Dann hörten sie einen Schuss. Er kam aus dem Inneren des Hauses.

»Siehst du, es wird doch gefährlich, Moni. Was, wenn der Gangster gleich rauskommt und uns hier sieht? Ich verstecke mich lieber.« Anneliese sackte auf ihrem Sitz in sich zusammen und duckte sich.

Monika konnte sich im Moment unmöglich verstecken. Ihre Neugier war viel zu groß. Was war geschehen? Wer würde gleich durch die ramponierte Tür ins Freie stürzen? Der Gangster? Die beiden Uniformierten? Sie kniff die Augen zusammen, um besser sehen zu können. Nichts passierte.

Sie wartete noch weitere fünf Minuten, dann wurde es ihr zu dumm. Leise öffnete sie die Fahrertür und schlich, Annelieses gezischten Protest ignorierend, zum Haus hinüber.

Als sie vorsichtig ins Innere trat, musste sie einen Moment lang warten, bis sich ihre Augen an das wenige Licht gewöhnt hatten. Was sie dann sah, ließ sie im Unklaren darüber, ob sie laut lachen oder weinen sollte.

27

»Wir sollten hinter der Luttensee-Kaserne suchen. Rudi hat am Telefon gemeint, dass ein Ehepaar zur fraglichen Zeit einen Wagen zum Brendten hinauffahren gesehen hat. Rudis Leute waren dort noch nicht. Da ist ein Truppenübungsplatz im Wald, wo kaum Spaziergänger vorbeikommen. Das ideale Versteck für eine Leiche, wenn du mich fragst.« Max zeigte auf die schmale Fahrstraße, die am Kranzberg entlang über die Gröblalm Richtung Norden zum Luttensee und zur alten Kaserne hinaufführte.

»Und warum haben Rudis Leute dort noch nicht nachgesehen?«

»Die haben nur hier vorn um den Ort herum alles abgesucht, hat Rudi am Telefon gemeint. Alles andere hielten sie für viel zu weit weg.«

»Und warum glaubst du dann, dass wir Sylvie ausgerechnet da oben finden?«

»Weil sie ihr Mörder im Auto mitgenommen hat? Vielleicht ist er mit ihr hingefahren, um sie in aller Ruhe heimlich zu sprechen. Kann doch sein, dass sie etwas miteinander hatten. Aber dann kam es zu einem Streit, und er hat sie an Ort und Stelle umgebracht und irgendwo da oben versteckt.«

»Georg?« Josef zog fragend die Brauen hoch.

»Er oder jemand anderes.«

»Aber ebenso gut kann sie auch in Timbuktu sein. Oder in irgendeinem Keller im Ort oder in einem Heustadel oder sonst wo in einem der umliegenden Wälder.«

»Auch wieder richtig, Watson. Aber Timbuktu ist mir im Moment echt zu weit weg. Am Kranzberg haben

Rudis Leute, wie gesagt, fast schon alles abgesucht. Und irgendwo müssen wir schließlich anfangen.« Max grinste grimmig.

Er kannte die Gegend, war als Kind oft genug mit seinen Eltern überall spazieren gewesen. Sogar zweimal auf dem Truppenübungsplatz selbst, als die Bundeswehr Tag der offenen Tür gehabt hatte. Wenn man eine Leiche loswerden wollte, die nicht so schnell gefunden werden sollte, gab es dort jede Menge Verstecke, zum Beispiel alte verfallene Bunker oder Munitionsdepots. Um eine Leiche woanders im Freien zu vergraben, was man normalerweise natürlich auch hätte machen können, war der Boden zu stark gefroren, und die Isar hatte momentan zu wenig Wasser, um einen Körper von ihr davontragen zu lassen. Man hätte höchstens den Ferchensee oder den Lautersee aufhacken können, um sie darin zu versenken. Oder den Luttensee. Aber das wäre zu sehr aufgefallen. An den Seen waren auch abends manchmal noch Spaziergänger und Jogger unterwegs. Natürlich konnte Sylvie auch in irgendeinem Keller im Ort liegen, wie Josef gerade gemeint hatte. In einer Tiefkühltruhe zum Beispiel. Aber wie hätte sie dorthin kommen sollen, ohne dass es irgendwem aufgefallen wäre? Letztlich war Max' Idee mit dem einsamen Bundeswehrgelände für den Anfang gar nicht so schlecht. Einen Versuch war es auf jeden Fall wert, sich dort einmal etwas genauer umzusehen.

»Nur gut, dass wir Sandys Harro dabei haben«, meinte Josef. »Du glaubst doch nicht im Ernst, dass wir zwei Münchner Würschtl die Sylvie da draußen jemals ohne ihn finden würden. Da kannst du genauso gut eine Stecknadel im Heuhaufen suchen.«

»Stimmt wohl, Watson«, brummte Max. »War vielleicht wirklich etwas arg optimistisch von mir, zu glauben, dass es ohne einen richtigen Schnüffler geht. Hoffentlich enttäuscht er uns nicht.«

»Meinst du, dass sie noch lebt?« Josef machte ein ernstes Gesicht.

»Eher nicht. Es sei denn, sie ist wirklich abgehauen und längst über alle Berge. Aus welchem Grund auch immer. Aber man soll niemals nie sagen.«

»Der Weg da hinauf ist weit, oder?« Josef zeigte nach Norden, wo er den Luttensee und den Wildensee sowie den Truppenübungsplatz am Brendten vermutete.

»Ja.«

»Dann müssen wir erst meinen Wagen in Seefeld abholen.«

»Herrschaftszeiten. Stimmt. Wir sind gestern Abend mit dem Taxi gekommen. Na gut. Da werden wir wohl oder übel noch mal eins nehmen müssen. Und bei Sylvies Eltern fahren wir auch kurz vorbei.«

»Bei den Maurers? Wozu denn das?« Josef machte große Augen.

»Wir lassen uns dort ein Kleidungsstück von Sylvie geben. Vielleicht verfügt unser guter Harro hier über Polizeihundqualitäten, von denen Sandy und wir im Moment noch gar nichts ahnen.«

»Gute Idee, Sherlock. Bist halt doch der Profi von uns beiden. Und Geld genug fürs Taxi haben wir auch, dank Annelieses Gewinn.«

»Eben. Ich ruf uns gleich eins. Du bezahlst.« Max zog grinsend seine Handy aus der Anoraktasche.

»Warum ich?«

»Warum nicht?«

Fünf Minuten später rollte ein eierschalenfarbener Mercedes an, und sie brachen auf.

Nach einer Stunde waren sie wieder zurück und fuhren ihrem Suchgebiet entgegen. Vorbei an den gutbesuchten Luttensee-Schleppliften, die seit Jahrzehnten vom ehemaligen Mittenwalder Skirennläufer Peppi Wurmer betrieben wurden. Josef stellte seinen BMW auf dem vereisten Parkplatz unterhalb der alten Luttensee-Kaserne ab. Von hier aus ging es zu Fuß weiter, stetig bergauf.

Max ließ Harro ausgiebig an Sylvies Skimütze riechen, die sie vorhin bei den Maurers geholt hatten, und machte ihn los.

»Such!«, rief er ihm dann zu.

Trotz des herrlich blauen Himmels war es nach wie vor empfindlich kalt. Der Schnee knirschte unter ihren Schritten. Gegenüber auf der anderen Talseite glitzerten die Westflanken von Wörner, Arnspitze, Tiefkarspitze, Viererspitze, westlicher Karwendelspitze und Brunnsteinspitze im strahlenden Sonnenschein. Harro eilte eifrig schnüffelnd voraus.

»Und wie sollen wir hier nach ihr suchen?« Josef blieb stehen und zeigte weiträumig ins tief verschneite Rund. »Etwa rufen? Oder was meinst du?«

»Wir überlassen das erst mal Harro. Gleichzeitig suchen wir nach kleinen Dickichten, die von der Straße aus anfahrbar sind«, erwiderte Max, während er weiterging. »Oder nach Eingängen zu alten Bunkern. Davon gibt es hier jede Menge. Wenn sie jemand hergebracht hat, dann hat er sie 100-prozentig dort irgendwo versteckt.«

»Na, dann hoffen wir mal das Beste.« Josef schüttelte skeptisch den Kopf.

»Eben.«

Max ließ sich nicht aus der Ruhe bringen. Er war sicher, dass sie Sylvia finden würden. Eine innere Stimme würde ihm ihr Versteck bald einflüstern. Oder der Hund würde sie aufspüren. Wie auch immer.

»Können wir eine kurze Pause einlegen?« Josef stöhnte vor Anstrengung, während sie eine halbe Stunde später einen kleinen Steilhang hinaufstapften. »Drei Attentate auf unser Leben, zwei ausufernde Saufabende, Skifahren, Langlaufen, schweres Essen und dann noch diese andauernde Kälte. Langsam geht mir die Luft aus.«

»Jetzt schon? Ich denke, du hast eine bessere Kondition als ich. Oder wie war das noch heute früh bei Rudi im Büro?«

»Ist ja gut. Hast gewonnen. Bitte nur eine kurze Pause. Dann such ich gern weiter. Okay?« Der Keeper des FC Kneipenluft schnaufte wie eine klapprige alte Dampflok und sah momentan auch genauso aus.

»Okay. Von mir aus.« Max konnte sich das überlegene Siegerlächeln in seinem Gesicht nicht verkneifen. Wer war hier der Konditionsgott? Der Raintaler natürlich. Na also. »Ich denke bloß, je später es wird, umso kälter wird es auch.«

»Stimmt, ist mir aber gerade scheißegal. Dann müssen wir sie halt möglichst bald finden.« Josef hielt an, setzte seine Mütze ab, kramte ein Papiertaschentuch aus seiner Anoraktasche hervor und wischte sich damit, so gut es ging, seine Stirn und die Haare trocken.

»Na gut.« Max blieb ebenfalls stehen und sah sich um. Doch bis auf den atemberaubend schönen Ausblick ins verschneite Tal hinunter stach ihm nichts Auffälliges ins Auge. »Hier oben haben schon die alten Nazis schießen geübt«, meinte er lapidar.

»Wo nicht?«, gab Josef ebenso lapidar zurück.

»Trotzdem schön, oder? Im Sommer ist das erst herrlich hier. Buckelwiesen, Wald, Schwammerl und die kleinen Badeseen. Herz, was willst du mehr?«

»Man könnte meinen, du lebst hier.«

Josef warf sein nasses Papiertaschentuch in den Schnee, kommentierte die Aktion mit »Zellstoff, löst sich eh von selbst auf« und holte ein weiteres, trockenes hervor.

»Natürlich lebe ich nicht hier, Depp«, klärte Max ihn auf. »Aber ich war oft als Kind mit meinem Eltern da. Meine Mutter und mein Vater haben diese Gegend geliebt.«

»Ist auch schön. Aber auch ganz schön gefährlich.«

»Da könntest du recht haben.« Max grinste. »Gehen wir weiter? Wo ist eigentlich der Hund?«

»Keine Ahnung.« Josef warf das zweite Taschentuch weg und stapfte hinter Max her. »Hoffentlich läuft er uns nicht davon. Sandy vierteilt uns bestimmt, wenn wir ohne ihn zurückkommen.«

Ein eisiger Ostwind kam auf. Sie streiften ihre Kapuzen über die Mützen und schnürten sie fest zu, damit sie ihnen nicht wieder vom Kopf geweht wurden.

Wie mag es wohl Reinhold Messner ergangen sein, wenn er allein auf seine Achttausender gestiegen ist?, fragte sich Max. Völlig undenkbar, dass ich ihm das jemals in diesem Leben nachmache. Ein Phänomen, dieser Mann, eine absolut einzigartige Ausnahmeerscheinung. Was treibt uns Menschen nur zu solchen Höchstleistungen? Ehrgeiz? Fanatismus? Pure Freude an dem, was wir tun? Keine Ahnung. Vielleicht ist es bei ihm dasselbe wie bei mir, wenn ich meine Fälle löse. Ich weiß zwar längst, dass ich es kann, aber trotzdem muss ich es mir immer wieder aufs Neue beweisen. Mir selbst, nicht den anderen. Auch wenn ich dabei an meine Grenzen gehen muss oder vielleicht gerade deswegen. Na gut. Aber nur, wenn es nicht zu oft so ist. Er musste innerlich grinsen. Eigentlich war er stinkfaul und wusste das auch tief in seinem Herzen. Von daher war es natürlich vermessen von ihm, sich mit jemandem wie Reinhold Messner vergleichen zu wollen. Doch gleichzeitig ahnte er auch, dass an seiner Theorie, ihn selbst betreffend, etwas dran war. Er würde das zu Hause bald einmal mit Franz in *Monikas kleiner Kneipe* bei ein bis fünf Bier besprechen. Philosophische Dinge besprach er am liebsten mit ihm. Sie waren, was das betraf, eindeutig auf einer Wellenlänge. Auch getränketechnisch kamen sie sich nicht groß ins Gehege. Einer war so schnell wie der andere. Obwohl Franz manchmal dann doch der Schnellere war. Aber das schadete ihrer Beziehung nicht. Max konnte diesbezüglich sehr tolerant sein. Nur beim Sport wollte er ungern ins Hintertreffen geraten, oder eben, wenn es um die Kondition ging. Diesbezüglich musste er bei dem gleichaltrigen Hauptkommissar jedoch keine Angst vor Konkurrenz haben. Der hatte den Sport seit Jahren ad acta gelegt.

»Hey, Max. Schau doch mal da drüben! Harro scheint etwas entdeckt zu haben.« Josef zeigte auf die kleine Fichtenschonung rechts von ihnen.

28

»Ja, um Himmels willen! Was ist denn hier passiert?« Monika schlug erschrocken die Hände vors Gesicht.

Heinz Frank saß blass am hintersten Ecktisch des Schankraumes und hatte sein Bein hochgelegt. Sein Kollege, Polizeihauptmeister Richard Moser, war gerade dabei, ein paar von den alten Zeitungen, die Monika hinter dem Tresen zum Ofenanzünden aufbewahrte, darunter auszubreiten. Offenbar wollte er so verhindern, dass das Blut, das munter von Heinz' Fuß heruntertropfte, die Tischplatte darunter völlig einsaute.

»Ich habe schon einen Krankenwagen gerufen«, beruhigte Richard sie. »Keine Sorge. Ich mache das alles wieder tipp topp sauber.« Er zeigte auf den blutüberströmten Boden.

»Aber was ist denn passiert? Ist der Einbrecher noch da? Ist er oben? Oder tot?« Monika betrachtete die befremdliche Szenerie mit einem ängstlichen und zugleich verwirrten Blick. Sie zeigte auf die schmale Holztreppe, die zu ihrer Wohnung hinaufführte.

»Niemand da, Frau Schindler. Es ist alles in Ordnung.« Moser lächelte ihr angespannt zu. »Nur ihre Kommode im Schlafzimmer oben wurde anscheinend durchwühlt. Die Schubladen stehen offen, und ein paar Ihrer Höschen und BHs liegen auf dem Boden verstreut. Schöne Wäsche übrigens. Kompliment.«

»Aha. Aber … was ist mit Herrn Frank?« Sie zeigte auf den Verletzten mit dem kleinen Ho-Chi-Minh-Bärtchen.

»Er hat sich selbst in den Fuß geschossen.«

»Wie …? Das ist jetzt nicht Ihr Ernst, oder?« Monikas Mund blieb vor Staunen offen stehen.

»Doch, leider. Scheiße, verdammte«, kam es jammernd von Heinz.

»Aber, ... wie geht denn das? So etwas gibt es doch sonst nur im Film. Sie sind doch Profis.« Sie starrte ungläubig von einem zum anderen.

»Ich bin über das Ding da vorn gestolpert, bin hingefallen und muss dabei an den Abzug gekommen sein.« Heinz deutete mit ausgestrecktem Arm auf den Barhocker, der umgestürzt vor ihr auf dem Boden lag.

»Aber wie kann man denn über einen Barhocker stolpern?«

»Zum Beispiel, wenn man ein loses Schuhband hat?« Er presste die ironisch als Frage formulierte Antwort zwischen seinen vor Schmerz fest zusammengebissenen Zähnen hervor.

»Kann schon mal passieren«, räumte Moser achselzuckend ein und machte ein der Situation angemessen tragisches Gesicht.

»Und oben ist wirklich nur die Kommode mit meiner Wäsche durchwühlt worden?«, erkundigte sich Monika, immer noch verdattert von einem zum anderen blickend.

»Ja. Sie können gern selbst einmal nachschauen, ob sonst noch etwas fehlt. Ich bleibe hier bei Heinz, bis der Notarzt da ist.« Richard, der gerade seinen Pullover um den Schuh seines Kollegen gebunden hatte, stellte sich neben ihn und tätschelte ihm aufmunternd die Schulter, während er mit Monika sprach.

»Und es ist ehrlich niemand oben?«

»Ich schwöre es.« Moser hob die rechte Hand und streckte Zeige- und Mittelfinger in die Luft. Dann klopfte er erneut trostspendend auf Heinz Franks linke Schulter.

»Gut. Ich hole meine Freundin aus dem Auto. Und dann gehe ich mit ihr zusammen hinauf.«

»Gern. Ist mir recht, Frau Schindler.« Moser lächelte verbindlich.

Als sie kurz darauf mit Anneliese zurück war, hatte der angeschossene Heinz zu weinen begonnen.

»So schlimm?«, fragte ihn Anneliese mit anteilnehmender Miene, während sie Monika zur Treppe hinüber folgte.

»Schlimmer«, jammerte Heinz.

»Oh je. Gute Besserung. Der Krankenwagen steht schon vor der Tür. Die Sanitäter müssen jeden Moment da sein.« Sie folgte Monika, die kopfschüttelnd vorausgegangen war.

»Und er hat sich echt selbst in den Fuß geschossen?«, wollte sie wissen, nachdem sie die Wohnungstür hinter sich zugezogen hatte und neben ihr in der Diele stand.

»Ohne Schmarrn, Annie. Unglaublich, was?«

»Allerdings. Der arme Kerl.« Anneliese begann zu kichern. »Wäre er mal lieber zur Heilsarmee gegangen. Mit einer Bibel kann man sich wenigstens nicht erschießen.«

Monika kicherte mit. Erst leise, dann lauter, dann noch lauter. Dann konnten sie beide endgültig nicht mehr an sich halten und platzten laut heraus. Der Grund dafür war allerdings weniger ihre Schadenfreude als die pure Erleichterung darüber, dass sie es, entgegen ihren anfänglichen Befürchtungen, nun doch nicht mit einem gefährlichen Einbrecher zu tun bekommen hatten. Aber ein Quäntchen Schadenfreude war natürlich auch dabei.

»Schau dir bloß mal diese Sauerei an!«, rief Monika, die schon ins Schlafzimmer vorausgegangen war, während Anneliese noch mit einem Papiertaschentuch die letzten Lachtränen aus ihren Augen wischte. »Welcher perverse Depp macht denn so was?«

Auf dem Boden vor dem Bett lag tatsächlich der Großteil ihrer Unterwäsche.

»Auf jeden Fall jemand, der verdammt scharf auf dich sein muss«, meinte Anneliese, als sie hereinkam.

»Zumindest auf meine Wäsche. Hoffentlich war er nicht auch noch scharf auf meine Ringe und die Perlenkette, die mir Max einmal geschenkt hat.« Monika stürmte zu ihrer Schmuckschatulle hinüber, die immer auf ihrem Nachttisch stand, und öffnete sie. »Gott sei Dank. Alles noch da.«

»Na so was!« Anneliese schüttelte ungläubig den Kopf.

»Das war garantiert dieser Kerl, der Samstagnacht vor meinem Haus gestanden ist. Da wette ich drauf.«

»Der Spanner? Stimmt. Ja klar. Obwohl man weiß, dass Spanner keine Einbrecher sind.« Anneliese schüttelte ihren Zeigefinger wie eine Dozentin an der Polizeiakademie. »Hab ich das vorhin schon erwähnt? Ja.«

»Es sei denn, sie haben es auf Damenwäsche abgesehen. Oder nicht?«

»Doch. Ich glaube schon. Das macht äh, … Sinn. Keine Ahnung.« Anneliese schaute nachdenklich zur Decke. »Doch, doch«, fuhr sie dann fort, als hätte sie eine Erleuchtung gehabt. »Das kann durchaus sein, dass es so ist. Auf jeden Fall.«

»Aber wer mag dieser Kerl nur sein?«

Im selben Moment, als Monika diese alles entscheidende Frage stellte, klingelte ihr Telefon. Sie ging ran. Vorsichtshalber ohne ihren Namen zu nennen.

»Hallo?«

»Frau Schindler?«

»Äh, … Ja.«

»Bergmeier hier. Ihre Nachbarin.«

»Ach hallo, Frau Bergmeier. Wie geht es Ihnen.« Monika verzog das Gesicht und hielt das Telefon zehn Zentimeter

von ihrem Ohr weg, damit ihr Elvira Bergmeiers laut krei-
schende Stimme nicht das Trommelfell zerfetzte.

»Gut. Danke. Ich habe Ihr Auto vor Ihrem Haus stehen
gesehen, und da dachte ich, ich rufe Sie gleich mal an. Es
gibt nämlich etwas Wichtiges.«

Elvira Bergmeier hörte sich an, als würde sie gleich das
genaue Datum des Weltuntergangs preisgeben. Oder definitiv Auskunft darüber erteilen, ob die Nanotechnologie in
nächster Zukunft nun für das ewige Leben eines Menschen
würde sorgen können oder nicht.

»Aha. Was kann ich denn für Sie tun?«

Monika zog die Mundwinkel nach unten und rollte mit
den Augen. Beides so, dass Anneliese es sehen konnte und
daraufhin erneut zu kichern begann.

»Ich kenne den Mann, der bei Ihnen eingebrochen ist.
Ich habe ihn genau beobachtet.«

Na schau mal an. Die hat ja einen Riecher. Das passt doch
gerade wie die sprichwörtliche Faust aufs Auge. Monika
spitzte neugierig die Ohren.

29

Harro stand vor einer dichten Fichtenschonung und schlug an. Max und Franz näherten sich ihm eilig. Unter dem ersten kleinen Baum konnten sie einen flachen, länglichen Schneehügel ausmachen. Von der Straße aus wäre er nicht zu erkennen gewesen. Aber da sie sich seitlich davon auf der Wiese befanden, also quasi von hinten kamen, konnten sie ihn deutlich sehen.

»Hoffentlich ist sie das nicht«, brummte Max.

»Ach wo. Bestimmt nur ein Ameisenhaufen«, meinte Josef.

Sie stapften laut fluchend durch eine lang gezogene Schneewehe, in die sie immer wieder bis zu den Oberschenkeln einbrachen. Dann hatten sie ihr Ziel endlich erreicht, lobten Harro und begannen mit den Händen zu graben. Erst langsam, dann immer schneller. Sie mussten nicht besonders viel Schnee entfernen, um zu sehen, dass Max' Befürchtung eingetreten war. Vor ihnen lag der steifgefrorene Körper einer jungen Frau. Das musste Sylvie Maurer sein. Wer sonst? Durch die dünne Eisschicht, die sich überall auf ihre Haut gelegt hatte, sah sie merkwürdig zerbrechlich aus. Ihre unbehandschuhten Hände waren ineinander gefaltet, und ihr Mund stand offen, als würde sie um Hilfe rufen. Max erinnerte die Szenerie entfernt an ein Bild, das er einmal im Haus der Kunst gesehen hatte, *Der Schrei* von Edvard Munch. Ihr Kopf lag auf einem Kissen aus kleinen Fichtenästen, die jemand hindrapiert haben musste. Außerdem wies er seitlich eine eisverkrustete große Wunde auf, aus der reichlich Blut geflossen sein musste. Man hatte sie also höchstwahrscheinlich erschlagen und hier dann regelrecht aufgebahrt. Offensichtlich war sie ihrem Mörder nicht gleichgültig gewesen. Vielleicht hatte er sie sogar geliebt. Dann wäre es ein Mord aus Leidenschaft gewesen. Doch wer kam dafür infrage? Ihm fiel spontan Georg Reiter ein. Würde der junge Mann wirklich soweit gehen? Er machte nicht gerade den Eindruck eines brutalen Mörders.

»Schöne Scheiße«, murmelte Josef.

»Das kannst du laut sagen«, erwiderte Max. »Warum kann sie nicht irgendwo in München oder wirklich in Timbuktu sitzen und Spaß haben?«

Er nahm tief betroffen vom Tod des dritten jungen Menschen innerhalb weniger Tage seine Mütze ab und verweilte eine Zeitlang reglos auf den Knien. Josef tat es ihm gleich.

»Was machen wir jetzt, Max?«, fragte er dann nach einer guten Minute.

»Wir rufen Rudi an. Der soll seine Leute und die Spurensicherung mitbringen.« Max setzte seine Mütze wieder auf, zog seine Handschuhe aus und kramte sein Handy aus der Anoraktasche. »Und du bekommst nachher ein großes Schnitzel zur Belohnung«, wandte er sich, bevor er wählte, noch an den schwanzwedelnden Vierbeiner, der brav neben ihnen hockte.

»Rudi? Wir haben sie«, legte er ohne Begrüßung los, sobald sich der Mittenwalder Inspektionschef am anderen Ende meldete.

»Sylvie?«

»Ja. Sandys Harro hat sie gefunden.«

»Habt ihr den dabei gehabt? Gute Idee.«

»Ja.« Natürlich erwähnte Max nicht, dass die Sache mit dem Hund nicht auf seinem Mist gewachsen war. Wozu auch.

»Und lebt sie?«

»Leider nein.«

Eine ganze Weile lang war nichts mehr zu hören.

Dann räusperte sich Rudi ein paar Mal laut. »Wo seid ihr, Max?«, erkundigte er sich mit belegter Stimme.

»Oben beim Truppenübungsplatz. Bei einer kleinen Fichtenschonung nicht weit von der Fahrstrasse zum Wildensee hoch, vielleicht 200 Meter bergauf vom Ehrenmal der Gebirgsjäger aus.«

»Wie habt ihr sie entdeckt?«

»Wie gesagt, Harro war's. Unser kriminalistisches Gespür und unsere überragende Kombinationsgabe natürlich nicht zu vergessen.« Max kam nicht umhin, ein kleines selbstgefälliges Lächeln auf seinen Lippen zuzulassen, während er das sagte.

»So wird es wohl sein. Bravo, Max. Gut gemacht. Ich weiß Bescheid. Wir kommen. Fasst bitte nichts weiter an, wegen der Spurensicherung.« Rudi sprach schnell und sachlich. Bei soviel geballter Kompetenz aus der Hauptstadt musste er selbst natürlich auch zeigen, was er drauf hatte.

»Logisch, Rudi. Was glaubst denn du? Ich bin Profi«, kam die postwendende Retourkutsche von Max. »Wir warten an der Straße auf euch.«

»Okay. Bis gleich.«

»Ja, bis gleich.«

Sie legten auf. Max und Josef warfen noch einen letzten Blick auf ihre traurige Entdeckung. Dann legte Max Harro an die Leine, und sie stapften durch den kniehohen Schnee zur Straße hinüber. Während sie auf Rudi und seine Leute warteten, begannen sie zu frieren. Je tiefer die Sonne sank, desto kälter wurde es. Der eisige Ostwind tat sein Übriges. Sie ließen Harro Schneebälle apportieren und sprangen auf und ab, um sich zu wärmen. Keiner von ihnen redete. Nur ab und zu trafen sich ihre Blicke. Eine Mischung aus Trauer,

Wut und Erleichterung lag darin. Allen beiden wurde immer mehr bewusst, was für ein Riesenglück sie gehabt hatten, die Lawine im Dammkar zu überleben.

Endlich. Polizeiautos näherten sich mit Blaulicht und Martinshorn. Wenig später hielten Rudi und seine Leuten neben ihnen an.

»Da hinten ist sie.« Max zeigte auf das kleine Dickicht, unter dem sie die Leiche ausgegraben hatten.

Die Uniformierten machten sich auf den Weg, um die Fundstelle abzugrenzen. Als kurz darauf die Spezialisten von der Spurensicherung aus Garmisch eintrafen, begannen diese sofort mit der Arbeit. In ihren weißen Plastikanzügen sahen sie wie ein Trupp Außerirdischer aus, der gerade hier oben gelandet war, um die Welt zu erobern.

Max und Josef setzten sich mit Rudi und Harro in einen der großen Mannschaftswagen, um sich aufzuwärmen. Kurze Zeit später klopfte einer der Uniformierten an die Tür. Rudi öffnete ihm.

»Kann ich zu euch rein, Chef? Mir ist wirklich saukalt.« Polizeiobermeister Lutz Becker mit den zahllosen Sommersprossen und den ausdruckslosen hellblauen Augen steckte seinen Kopf zur Tür herein.

»Nichts da, Lutz«, erwiderte Rudi. »Du gehst schön zu den anderen und erledigst deinen Job. Hamma uns?« Er schloss ärgerlich die Tür.

»An dem wirst du noch viel Freude haben.« Max musste trotz der ernsten Situation grinsen.

Josef schloss sich, seine kalten Hände reibend, an.

»Vielleicht auch nicht. Wenn er so weitermacht, schlage ich ihn zur Versetzung vor. Irgendwas, das wehtut. Mecklenburg Vorpommern oder Sachsen.« Rudi grinste ebenfalls flüchtig.

»Jemand hat ihren Kopf auf eine Art Kissen aus Ästen gelegt.« Max nahm dankbar nickend den heißen Kaffee entgegen, den ihm Rudi in die Hand drückte. »Sieht ganz so aus, als hätte der Täter sie geliebt oder zumindest verehrt. Es könnte also ein Mord aus Leidenschaft gewesen sein. Eifersucht, Wut. Was weiß ich.«

»Georg Reiter?« Rudi runzelte fragend die Stirn.

»Ich weiß nicht so recht. Er ist im Moment zwar der einzige Anhaltspunkt, den wir haben, aber er hat ein wasserdichtes Alibi. Seine Mutter hat doch ausgesagt, dass er daheim fürs Abi gelernt hat.«

Max schüttelte nachdenklich den Kopf. Der Gedanke, dass der junge Mann seine Freundin umgebracht haben sollte, gefiel ihm schon die ganze Zeit über nicht. Irgendetwas daran fühlte sich falsch an.

»Holen wir ihn uns trotzdem. Alibis kann man türken. Erst recht, wenn man die Mutter eines Verdächtigen ist.« Rudi setzte ein entschlossenes Gesicht auf.

»Ist das jetzt nicht Sache der Garmischer Kripo? Im Gegensatz zu unserem immer noch ungeklärten Lawinenunglück handelt es sich hier doch eindeutig um Mord. Die Spurensicherung von denen ist außerdem schon da.«

»Schon. Aber bis die zuständigen Ermittler hier sind, haben wir den Burschen überführt. Was glaubst du, wie dankbar die uns sind.«

Max zögerte mit einer Antwort. Er wusste natürlich, dass der Mittenwalder Inspektionschef die Garmischer Kollegen nur allzu gerne bei der Aufklärung dieses Falles ausstechen würde. Auch wenn er die Dienstvorschrift dazu sehr großzügig auslegen musste.

»Was soll schon passieren?« Rudi zuckte mit den Achseln. »Wenn er es war, ist alles gut. Wenn nicht, können wir ihn immer noch laufen lassen. Oder die Garmischer sollen sich ihn erneut vornehmen. Wie auch immer.«

»Na gut. Okay«, stimmte Max zu, obgleich ihm bei der Sache nach wie vor nicht ganz wohl zumute war. »Josef und ich kommen mit, wenn es dir recht ist.«

»Logisch. Und zwei meiner Leute werden uns auch noch begleiten. Falls es Ärger gibt.« Rudi setzte seine Mütze auf und stieg aus, um seiner Truppe Bescheid zu sagen. Ein eisig kalter Windhauch fegte dabei durchs Wageninnere.

»Du glaubst nicht, dass es Georg war, stimmt's?«, wollte Josef wissen, sobald Max, Harro und er allein waren. »Du schaust so zweifelnd aus der Wäsche.«

»Nicht so ganz. Warum zum Beispiel sollte er sich hier oben heimlich mit seiner Sylvie treffen? Sie waren doch ein Paar.« Max rückte seine Mütze hin und her, weil ihn die feuchte Wolle an der Stirn juckte. »Für mich sieht es eher danach aus, als wäre sie mit jemand anderem hier gewesen.«

»Aber wer sollte das gewesen sein?«

»Vielleicht ein Schulkamerad. Da gibt es doch etliche. Oder einer vom Skiklub, den wir bisher noch nicht auf dem Radar hatten. Kann doch gut sein, dass sie nicht nur mit dem toten Rainer Staller herumgeflirtet hat. Vielleicht hängt sogar der Dammkarmord mit ihrem Tod zusammen. Da gibt es jede Menge Möglichkeiten.«

»Stimmt schon. Aber auf jeden Fall muss Rudi Georg gründlich verhören. Was wäre denn beispielsweise, wenn er von vornherein vorgehabt hätte, sie umzubringen. Dann würde es doch wieder Sinn gemacht haben, sich heimlich mit ihr zu verabreden. Schon allein, um nicht dabei ent-deckt zu werden.«

»Respekt, Watson. Auch ein sehr guter Gedanke.« Max lüpfte seine Mütze als Ehrenbezeugung für den eifrigen

Nachwuchsdetektiv, der ihm gegenübersaß. Das mit seiner Anstellung bei mir als Assistent überlege ich mir besser doch noch einmal. Am Ende überholt er mich ruck zuck, was die Kombinationsgabe betrifft, übernimmt meinen Laden, und ich stehe als Arbeitsloser da. »Aber wie passen die gefalteten Hände und das Kissen aus Ästen unter ihrem Kopf dazu?«, fuhr er fort. »Wenn ich jemanden gezielt umgebracht habe, mache ich mir diese Mühe doch gar nicht. Außer ich bin generell nicht ganz dicht.«

»Du meinst, dem Täter hat es leidgetan? Weil ihm ihr Tod mehr oder weniger unabsichtlich passiert ist?«

»Ja. Zum Beispiel in einem Streit.«

»Gar nicht so einfach, stimmt's?« Josef sah ihn neugierig an.

»Was ist schon einfach?«

»Mal was anderes. Wir sollten auch nicht ganz vergessen, dass wir heute Abend noch etwas Wichtiges vorhaben.« Josef, der sich offenbar schon sehr auf das Essen mit Sandy und ihrer Schwester freute, blinzelte Max verschwörerisch zu.

»Aber vorher schauen wir mit Rudi noch bei Georg Reiter vorbei.«

»Logisch.«

30

»Ja, aber warum haben Sie denn nicht sofort die Polizei verständigt?«

Monika war geplättet. Da hatte diese dämliche Elvira Bergmeier genau gesehen, wer bei ihr eingebrochen war, und hatte nicht einmal die Polizei geholt. War die eigentlich noch ganz sauber?

»Ich hatte Angst, mich zu blamieren. Es hätte ja auch in ihrem Auftrag sein können.«

»Dass einer meine Tür aufbricht?« Monika klang deutlich genervt.

»Was weiß denn ich? Schlüssel vergessen oder sonst was. Das hat es doch alles schon gegeben.«

»Da haben Sie allerdings auch wieder recht.« Monika bemühte sich, ihren Tonfall nicht weiterhin so rüde und echauffiert wie bisher klingen zu lassen. Letztlich meinte es Frau Bergmeier sicher nur gut. Kein Grund also, sich zu allem Überfluss auch noch den Unmut ihrer Nachbarin zuzuziehen.

»Eigentlich wollte ich Ihnen bloß sagen, wer es war.« Frau Bergmeier schien nicht im Geringsten verärgert zu sein. Sie plapperte munter und unverzagt weiter. »Jetzt wo ich die Polizei und den Krankenwagen gesehen habe, dachte ich mir gleich, dass vielleicht doch etwas nicht stimmt. Habe ich recht?«

»Haben Sie. Wer war es denn nun?« Monika trat ungeduldig von einem Bein auf das andere. Komm endlich auf den Punkt, gute Frau. Ja, gibt's denn so was?

»Also, ich kenne ihn. Er kommt öfter mal zu Ihnen ins Lokal. So ein kleiner Dicker.«

»Mit Bart?« Monika musste unwillkürlich grinsen. Ging nicht einer von Franz' saublöden Sprüchen so ähnlich? *Immer auf die kleinen Dicken mit Bart?*

»Das war ja das Komische. Er hatte einen Bart. Aber so schnell kann man sich den doch nicht wachsen lassen. Als er nämlich zum Beispiel am Samstag bei Ihnen im Lokal war, hatte er noch keinen.«

»Sie meinen, er hat sich verkleidet, damit er nicht erkannt wird.«

»Ja, er hatte einen Bart, einen Piratenhut auf dem Kopf und einen dicken schwarzen Mantel an.«

»Weil wir Faschingszeit haben und er damit nicht weiter auffiel.« Komisch, der Piratenhut ist mir gar nicht aufgefallen, als ich ihn vor dem Haus stehen sah. Er muss ihn in der Hand gehalten haben. Oder er hatte ihn nicht dabei. »Und trotzdem haben Sie ihn erkannt?«

»Ja. An seinem Gang, dem Gesicht über dem Bart und an seiner Körperhaltung. Eindeutig.«

»Und wer ist es, wenn er keinen Bart hat?«

Monika hielt das ewige Gelaber nicht mehr aus. Meinte Frau Bergmeier am Ende Franz? Geh, totaler Blödsinn. Völlig unmöglich. Wenn ihre Nachbarin ihr nicht gleich einen Namen nannte, würde sie laut schreien und auflegen.

»Es ist der Kaminkehrermeister Herrmann Stockmeier. Ich kenne ihn so gut, weil er einmal im Jahr zur Prüfung unserer Gasheizung kommt.« Dem Klang ihrer Stimme nach, war sich Frau Bergmeier ihrer Sache absolut sicher.

»Was, der Herminator?« Monika staunte nicht schlecht. Hermann oder der *Herminator*, wie ihn alle im Viertel wegen seiner sagenumwobenen Ausdauer bei seinen zahllosen Frauengeschichten nannten, war seit Jahren einer ihrer besten Stammkunden. Ausgerechnet der sollte hinter ihrer

Wäsche her sein? Wenn die gute Frau Bergmeier da mal keinen ausgewachsenen Schmarrn erzählte. »Sind Sie sich auch ganz sicher?«

»Ja. Bin ich. Absolut«, kam es wie aus der Pistole geschossen.

Na so was. Es gab doch immer wieder völlig unerwartete Überraschungen im Leben.

»Dann sage ich herzlichen Dank, Frau Bergmeier«, erwiderte Monika nun mit sehr zuvorkommendem und freundlichem Klang in der Stimme. »Kommen Sie doch einmal am Abend in meinem Lokal vorbei. Ich lade Sie zu einem schönen Wein ein, wenn Sie wollen. Ja?«

»Das könnte ich tatsächlich einmal machen. Mein Gernot lässt mich sowieso die ganze Zeit allein zu Hause sitzen.«

»Dann aber nichts wie los. Auf Wiederhören. Bis bald, hoffentlich.«

»Auf Wiederhören, Frau Schindler.«

Monika legte auf. So, so, sagte sie sich, der immer lustige und trinkfreudige Frauenliebling Herrmann Stockmeier ist also scharf auf meine Unterwäsche. Herrschaftszeiten, wem kann man eigentlich überhaupt noch trauen auf dieser Welt?

Eilig lief sie in ihre Kneipe hinunter, um Polizeihauptmeister Moser vom neuesten Stand der Dinge zu unterrichten. Als sie unten ankam, traf sie ihn allein im Lokal an. Er war gerade dabei, auf allen Vieren das überall verteilte Blut vom Boden zu putzen. Offenbar befanden sich die Sanitäter bereits mit seinem Kollegen auf dem Weg ins Krankenhaus. Den Lappen, den er benutzte, musste er auf ihrem Tresen gefunden haben. Normalerweise nahm sie ihn her, um die Zapfanlage zu reinigen. Das konnte sie von nun an natürlich vergessen.

»Herr Moser, hören Sie auf!«, rief sie, während sie sich ihm näherte. »Das mache ich schon, kein Problem. Hören Sie mir lieber zu. Ich habe gute Nachrichten.«

»So? Das würde mich an diesem rabenschwarzen Dienstag aber sehr wundern.« Er erhob sich stöhnend und legte den Lappen beiseite. »Wie schauen die denn aus, diese guten Nachrichten?«

»Ich weiß, wer meine Wäsche durchwühlt hat und wer wahrscheinlich auch Samstagnacht vor meinem Haus war.«

»Und woher auf einmal?« Moser legte skeptisch den Kopf schief.

»Meine Nachbarin hat mich angerufen. Sie hat den Einbruch beobachtet und den Täter einwandfrei erkannt.«

»Das klingt aber wirklich nach einer guten Nachricht.« Moser setzte sich hellwach dreinblickend auf den Barhocker, der direkt neben ihm stand. Sein Körper straffte sich. Er erschien wie ausgewechselt. »Und sie hat den Einbrecher ganz sicher erkannt?«

»Ja. Es ist ein Stammkunde von mir, der Kaminkehrermeister Herrmann Stockmeier hier aus dem Viertel. Na, was sagen Sie jetzt?« Monika strahlte über das ganze Gesicht.

»Die Burschen sollen einem doch normalerweise Glück bringen.«

»Stimmt. Das hat er wohl nicht gewusst.«

»Oder vergessen. Na, dann werden wir den sauberen rußigen Herrn doch gleich einmal aufsuchen und aufs Revier bringen. Einbruch und Diebstahl sind keine Kavaliersdelikte. Und die Angst, die er Ihnen gemacht hat, muss auch gesühnt werden.« Polizeihauptmeister Moser blickte entschlossen drein.

»Genau. Finde ich auch. Sie können sich gern hinter dem Tresen an der Spüle waschen, bevor Sie Ihres Amtes walten. Sauen Sie mir aber bloß meine Gläserbürsten nicht ein.« Monika zeigte auf seine blut- und wasserüberströmten Hände, die er schon die ganze Zeit über weit von sich hielt.

»Vielen Dank, Frau Schindler.« Er folgte ihrer Aufforderung offensichtlich nur allzu gern.

»Der Dienst ruft«, verkündete er gutgelaunt zum Abschied, nachdem sie ihm einen Zettel mit Elvira Bergmeiers Adresse in die Hand gedrückt hatte.

Da geht er hin, der gute Moser, dachte sie, während sie ihn zur Tür begleitete und ihm draußen noch eine Weile hinterher blickte, und muss hoffentlich nicht so bald wiederkommen. Herrje, so leicht ist Max noch nie an einen Täter gekommen.

31

Rudi klingelte bei den Reiters. Er stand mit Max, Josef und zwei seiner Beamten aus dem Revier vor ihrem imposanten Neubau in der Kälte. Harro hatten sie gerade noch bei Sandy abgeliefert. Josef hatte ihr dabei mitgeteilt, dass er ihr heute Abend dringend etwas sehr Positives über ihren Hund erzählen müsse. Sie hatte ihn daraufhin nur etwas verständnislos angelächelt und genickt.

»Wer ist da?«, kam es aus der Gegensprechanlage neben dem Gartentor.

»Klotz. Polizei. Machen Sie bitte auf, Frau Reiter.«

Rudi hörte sich an, als würde er nicht den geringsten Widerspruch dulden. Wer ihn, wie Max oder die beiden Uniformierten, etwas besser kannte, wusste auch, dass es genau so war. Wenn es um dienstliche Angelegenheiten ging, kannte der Chef der Mittenwalder Polizeidienststelle nichts als absolute Korrektheit. So gutmütig, verbindlich und freundlich er auch im Privatleben war.

»Natürlich. Einen Moment, bitte.«

Der Türsummer ertönte, und Rudi führte seine kleine Einsatztruppe zur Haustür, die sich kurz darauf öffnete. Gertraud Reiter steckte ihren Kopf heraus. Anscheinend hatte sie sich vor Kurzem die fast weiß blondierten Haare gewaschen. Ein paar Lockenwickler hingen immer noch darin.

»Frau Reiter, wir müssen Ihren Georg sprechen. Ist er da?« Rudi setzte, passend zu seinem Ton, ein offizielles Gesicht auf.

»Ja. Er lernt auf seinem Zimmer.«

»Dürfen wir reinkommen?«

»Aber putzen Sie bitte gründlich Ihre Schuhe ab. Sonst darf ich gleich wieder wischen.« Sie hob wichtig wie eine Lehrerin, die eine Klasse von Erstklässlern zurechtweist, den Zeigefinger und blitzte sie streng aus ihren rehbraunen Augen an. Dann trat sie beiseite und ließ sie in den Flur eintreten. »Georg? Kommst du bitte mal runter? Die Polizei will dich sprechen«, plärrte sie anschließend die breite Steintreppe hinauf, die gleich neben dem Eingang in den ersten Stock führte.

»Schon wieder? Was ist denn noch?«, kam es laut und unwillig von oben zurück.

»Komm runter, dann weißt du's«, rief Rudi ungeduldig.

Keine Minute später tauchte der sportliche Abiturient in Bluejeans und einem Sweatshirt mit der Aufschrift *Oxford University* vor ihnen auf. Er blickte ihnen gleichzeitig neugierig und genervt entgegen. »Was gibt's, Herr Klotz? Haben Sie Sylvie gefunden?«

»Wir haben noch ein paar Fragen an dich.« Rudi zeigte auf sich und seine Begleiter.

»Aber ich habe doch schon alles gesagt.«

»Noch nicht ganz, Georg.«

Rudi musterte ihn gründlich von oben bis unten. So als wollte er sich auf diesem Wege Klarheit darüber verschaffen, ob der skifahrende Abiturient wirklich der Täter sein konnte.

»Aber ich weiß sonst nichts.« Georg schüttelte vehement den Kopf.

»Auch nicht, dass Sylvie tot ist?«

Max beobachtete den Jungen genau. Wenn der jetzt log oder sich anderweitig verdächtig machte, würde ihm das auf keinen Fall entgehen.

»Was ist mit ... Sylvie? Ist das ein schlechter Witz?«

Georg wurde auf der Stelle leichenblass. Die Kraft schien ihn schlagartig zu verlassen. Er sank auf eine der Treppenstufen hinter sich und vergrub sein Gesicht in den Händen.

»Leider nicht.« Rudi räusperte sich.

»Geh, erzählen Sie doch keinen Schmarrn, Herr Klotz.« Gertraud Reiter lächelte verbindlich. »Die Sylvie kann nicht tot sein. Bestimmt ist sie bloß zu einer Freundin nach Garmisch gefahren. Oder nach München. Die kommt sicher bald wieder.«

»Glauben Sie mir, Frau Reiter. Ich würde mich am meisten darüber freuen.« Rudi blickte kurz betreten zu Boden.

»Sylvie ... tot?« Georg sah zu den Besuchern auf. Die Tränen schossen ihm in die Augen. Er schien wirklich und wahrhaftig zu trauern. Überrascht zu sein schien er auch. »Aber das gibt es doch gar nicht. Sie war doch gerade noch lebendig. Stimmt das auch wirklich, Herr Klotz?«

»Ja. Leider.« Rudi konnte ihm im Moment beim besten Willen nicht in die Augen sehen.

»Was ist hier los, meine Herren?«

Ruppert Reiter stand wie aus dem Nichts bei ihnen im Flur. Gute 1,90 groß, um die 50, dunkelhaarig, schmales Gesicht, breite Schultern, leichter Bierbauch.

»Wir haben ein paar Fragen an Ihren Sohn, Herr Reiter.« Rudi drehte sich langsam zu ihm um. Normalerweise duzten sich er und Ruppert Reiter. Im Angesicht des Ernstes der Lage befleißigte sich Rudi stattdessen aber lieber des *Sie* und weiterhin seines offiziellen Tonfalles. »Sie und Ihre Frau brauchen wir dazu gerade nicht. Aber keine Angst. Sie kommen schon noch dran. Im Moment gehen Sie bitte in Ihr Wohnzimmer und schließen Sie die Tür.«

»In meinem Haus werde ich mir ganz bestimmt nicht sagen lassen, was ich zu tun und zu lassen habe!«, brüllte

Georgs Vater cholerisch los. »Schon gar nicht von einem, der in der Schule zweimal durchgefallen ist.« Er schaute Rudi herausfordernd an. »Also, noch mal. Was ist hier los, *Herr* Klotz?«

»Wenn es Ihnen lieber ist, dass wir Georg mit aufs Revier nehmen, bitte sehr. Auch kein Problem.«

Rudi zog nicht zurück. Logisch. Immerhin repräsentierte er hier und heute die Staatsmacht, auch wenn er früher in der Schule seine Probleme gehabt haben mochte.

Was regt sich der Hausherr eigentlich so auf?, fragte sich Max. Wenn sein Sohn unschuldig ist, und die Alibis, die er und seine Frau ihm für die drei Morde gegeben haben, nach wie vor stimmen, gibt es doch nichts zu befürchten. Haben die beiden etwa gelogen? Oder ist er einfach nur um sein Kind besorgt, wie es andere Väter in solch einer Situation wohl auch wären?

»Na gut. Fragen Sie. Aber ich bleibe hier. Ich lasse meinen Buben nicht mit euch allein. Am Ende hat er irgendwo blaue Flecken, und keiner will es gewesen sein. War alles schon da.«

Ruppert baute sich zu voller Größe vor ihnen auf.

»So, so. Haben Sie ihn eigentlich oft geschlagen?« Rudi grinste provokant. Dann wandte er sich wieder mit ernster Miene an Georg, ohne eine Reaktion seines Vaters abzuwarten. »Wann haben Sie Sylvie zum letzten Mal gesehen, Georg?«

»Habe ich doch schon gesagt.«

»Dann sagen Sie es bitte noch mal.«

»Gar nichts sagst du, Georg. Du musst nicht mehrfach auf dieselbe Frage antworten.« Ruppert schüttelte erregt seinen roten Kopf.

»Na gut, Herr Reiter. Dann nehmen wir Ihren Sohn jetzt

mit aufs Revier.« Rudi drehte sich zu den Uniformierten um. »Festnehmen!«, befahl er ihnen.

»Nein! Ihr nehmt mir meinen Buben nicht weg!« Gertraud Reiter stellte sich wild entschlossen vor ihren Sprössling und breitete die Arme aus.

»Halt endlich dein Maul, Gerdi! Ein für alle Mal. Wenn hier einer das Sagen hat, dann bin ich es. Ich bin der Mann im Haus. Nicht du. Deine andauernde Einmischerei in alles habe ich endgültig satt!« Rupperts Stimme überschlug sich vor ungebremstem Zorn. Er stampfte wild mit dem Fuß auf. Sein ganzer Leib bebte. Sein Gesicht verfärbte sich immer dunkler. »Du bist doch an allem schuld. Du und dein Putzfimmel und deine hässliche Fresse. Wenn du wüsstest, wie sehr ich dich hasse, würdest du dich von der Viererspitze stürzen, du blöde Kuh, du blöde. Ich könnte kotzen!« Er hob seine Hand, als würde er sie im nächsten Moment schlagen wollen.

Seine Frau wich einen Schritt zurück und riss erschrocken die Augen auf. »Aber Ruppert, was …?«

»An was ist Ihre Frau schuld, Herr Reiter?«, mischte sich Max ein. Er wusste gerade nicht, ob er laut lachen oder schockiert sein sollte. Aber eine Antwort auf seine Frage hätte er auf jeden Fall sehr gerne gehabt.

»An allem ist sie schuld, die Matz, die verreckte«, tobte Reiter weiter. Der Geifer lief ihm aus den Mundwinkeln. »Andauernd hat sie etwas auszusetzen. An mir, an dem Buben, an unserem Haus, am Geld, am Wetter. Nie ist sie zufrieden. Kann nur den anderen Druck machen. Sonst nichts. Dabei ist sie hässlich wie die Nacht. Schauen Sie sie doch bloß einmal genau an mit ihrem fetten Arsch und ihren Lockenwicklern. Ich hab sie damals sowieso bloß wegen ihrem Geld genommen.«

Georg starrte seinen Vater mit Tränen in den Augen an. »Hör auf, Papa. Lass die Mama endlich in Ruhe. Immer dasselbe Geschrei. Die Sylvie ist tot. Hörst du? Die Sylvie lebt nicht mehr.« Er schluchzte laut los.

Schon ein Wahnsinn, wohin so eine langjährige Ehe die Menschen bringen kann, staunte Max. Vielleicht überlege ich es mir besser noch mal sehr gründlich, ob ich Moni wirklich unbedingt heiraten will.

»Ich weiß, Georg.« Ruppert Reiter ließ urplötzlich den Kopf und die Schultern hängen. Seine unbändige Wut schien mit einem Schlag verraucht zu sein.

»Woher wissen Sie, dass Sie tot ist?« Max sah verwundert zu ihm hinüber.

»Jemand von denen hat es doch vorhin gesagt. Oder?« Ruppert steckte die Hände in seine Hosentaschen und deutete mit dem Kopf auf Rudi und die zwei Uniformierten.

»Da waren Sie aber noch nicht hier im Flur.«

»Ich habe es bis ins Wohnzimmer hinüber gehört.«

»Ach, tatsächlich? Haben Sie das?« Max betrachtete ihn mit hellwachen Augen. Der lügt doch. Das sehe ich ihm an der Nasenspitze an.

»Ja.«

»Gut, Herr Reiter. Ich frage Sie hiermit offiziell. Wissen Sie, wer Sylvie Maurer umgebracht hat?«

Max, der mit der überraschenden Frage einer Aufforderung seiner inneren Stimme folgte, blickte kurz zu Rudi hinüber. Dann nahm er wieder den Hausherrn ins Visier. Die Luft im Flur knisterte. Jeder wartete gespannt auf eine Antwort.

»Ich sage nichts ohne meinen Anwalt.« Ruppert verschränkte bockig die Arme vor der Brust.

»Um Himmels willen, Ruppert ... Die Wohnzimmertür war doch gerade noch zu. Du kannst gar nichts gehört haben. Was hast du nur getan?« Gertraud blieb vor Staunen und Entsetzen der Mund offen stehen. »Red schon!«

»Nichts habe ich getan. Halt einfach bloß dein dummes Maul, Gerdi. Sonst verpass ich dir eine, sogar vor den Herren von der Polizei. Das schwöre ich dir.«

»Du warst das nicht, Papa. Oder? Du hast die Sylvie nicht umgebracht, stimmt's«? Georgs Stimme zitterte vor Angst und Trauer. Er schaute mit flackernden Augen zu seinem Vater hinüber.

»Natürlich nicht.« Ruppert schüttelte vehement den Kopf, während er seinen Sohn anschaute. Dann stiegen ihm langsam die Tränen in die Augen.

»Georg, ich ... Es tut mir leid.« Ruppert senkte den Blick und nickte langsam. Offensichtlich konnte er seinem Sohn nicht in die Augen schauen und ihn dabei belügen.

»Nein! Das ist nicht wahr!«

Georg sprang auf und wollte sich auf ihn stürzen. Die Beamten in Uniform hielten ihn zurück.

»Sag, dass das nicht wahr ist, Papa! Wie kannst du denn so etwas tun. Doch nicht die Sylvie. Bitte nicht.«

Der junge Nachwuchsrennläufer brach zusammen. Die Uniformierten ließen ihn zu Boden gleiten, wo er schluchzend, bebend und laut heulend liegen blieb.

»Ruppert Reiter: Ich nehme Sie wegen des Mordes an Sylvie Maurer fest. Bitte ziehen Sie sich an und kommen Sie mit uns.« Rudi bedeutete den beiden Uniformierten, dem Hausherrn von nun an nicht mehr von der Seite zu weichen.

32

»Was ist passiert, Herr Reiter? Warum musste Sylvia Maurer sterben?«

Max saß mit Rudi und Ruppert Reiter im gut beheizten Verhörraum des Mittenwalder Polizeireviers. Josef war auf Max' Empfehlung hin ins Appartement vorausgegangen, um sich schon mal für den Abend mit Sandy und ihrer Schwester aufzustylen. Das hier war nur etwas für Profis. Max, als erfahrener ehemaliger Hauptkommissar aus der Hauptstadt, führte mit Rudis ausdrücklichem Einverständnis ein erstes inoffizielles Verhör. Logisch, dass beide noch vor dem Eintreffen der Garmischer Kripo wissen wollten, was genau passiert war.

»Sie hat mich erpresst, Herr Raintaler. Die blöde Matz wollte einen Haufen Geld von mir.«

»Das ist natürlich sehr unschön.« Max fuhr erst einmal die Taktik *guter, verständiger Fre*und. Bei einem Choleriker wie Ruppert immer ein vielversprechendes Mittel der ersten Wahl. Bei zuviel Druck würde so einer nur blockieren. »Mit was hat Sie Frau Maurer denn erpresst?«

»Sie wusste etwas, das sie nicht wissen durfte. Und auch sonst niemand.« Reiter rutschte unruhig auf seinem Stuhl hin und her.

»Und was war das?«

Was ist der Bursche denn immer noch so nervös und maulfaul?, fragte sich Max. Er hat den Mord doch schon zugegeben. In den Knast kommt er so oder so. Oder schämt er sich vielleicht immer noch dafür, dass er seinem Sohn ein so schlechtes Vorbild war? Vorhin, bei der Verabschiedung im Hausflur der Reiters, hatte es den

Anschein gehabt, als würden die beiden trotz allem sehr aneinander hängen.

»Unwichtig.«

»Sagen Sie das nicht, Herr Reiter. Je schlimmer das ist, was sie über Sie wusste, umso verständlicher ist Ihr Motiv für den Mord. Der Staatsanwalt und der Richter könnten das bei Ihrem Strafmaß positiv berücksichtigen.« Hoffentlich nimmt er mir den Schmarrn ab. Würde mich schon sehr interessieren, warum das Mädchen dran glauben musste.

»Sicher?« Ruppert beäugte ihn misstrauisch.

»Sicher. Das kam schon oft genug vor.«

»Aha.« Ruppert zögerte. So ganz schien ihn die Sache immer noch nicht zu überzeugen. Natürlich zu recht, aber das konnte er als Nichtjurist nur schwerlich wissen.

»Können Sie mir glauben. Ehrlich. Warum sollte ich Sie belügen? Mir kann es doch egal sein, was aus Ihnen wird.« Max konnte dreinschauen wie ein Heiliger. Über etliche Jahre hinweg hatte er sich das bei seinen zahllosen Verdächtigen im Münchner Polizeirevier abgeguckt.

»Na gut. Ist eh schon alles wurscht. Sie hat mich belauscht.«

Na also. Wer sagte es denn? Köder geschluckt. Jetzt musste der Fisch nur noch an Land gezogen werden.

»Aha. Und bei was?«

»In der Kirche, bei der Beichte.«

»Und was haben Sie dort so Schlimmes gebeichtet?«

Herrschaftszeiten, lass dir halt nicht alles einzeln aus der Nase ziehen, Bursche. Max ließ sich seine Neugierde nicht anmerken. Er versuchte, seinen Tonfall und seine Körperhaltung so harmlos und entspannt wie möglich erscheinen zu lassen.

»Unwichtig.«

»Herr Reiter, bitte. Tun Sie sich doch selbst einen Gefallen und reden Sie. Denken Sie an Ihr Strafmaß. Je mehr Sie uns sagen, desto geringer wird es. Früher oder später bekommen wir sowieso alles raus.«

Max klang seriös und glaubwürdig wie ein Chefarzt. Er legte Ruppert vertraulich die Hand auf den Unterarm.

»Geben Sie mir das auch schriftlich?« Ruppert richtete sich ruckartig auf.

Rudi, der seitlich der beiden saß, verdrehte genervt die Augen in Max' Richtung.

»Was?« Max stutzte.

»Das mit dem Strafmaß?«

»Natürlich. Sobald wir hier fertig sind. Kein Thema.«

»Na gut. Aber ehrlich, ja? Also ich war das auch auf dem Berg.« Ruppert atmete hörbar erleichtert aus. »Und das habe ich beim Pfarrer gebeichtet.«

»Was waren Sie auf welchem Berg?«

»Im Dammkar.«

»Im Dammkar?«

»Ich habe die Lawine losgesprengt.«

»Wegen der Rainer Staller und Hubert Hornsteiner sterben mussten? Am Samstag in der Früh?«

»Ja, aber ich habe nicht gewollt, dass jemandem etwas Schlimmes passiert. Ich wollte den beiden bloß einen Schrecken einjagen. Sodass sie sich nicht mehr hinauftrauen.«

Ruppert lehnte sich zurück und verschränkte die Arme vor der Brust.

»Hätte man das denn nicht auch anders machen können?«

Max schüttelte fassungslos den Kopf. Nur einen Schrecken einjagen? Nicht zu fassen. Der Mann lebte in den Bergen. Der musste doch wissen, dass eine Lawine lebensgefährlich war. Wie konnte ein Mensch nur so naiv sein? Oder war es bei ihm eher reine Skrupellosigkeit?

»Ich war einfach tierisch sauer, dass sie meinem Georg seinen wohlverdienten Platz im DSV-Kader weggeschnappt hatten. Der fährt doch besser als die beiden zusammen es jemals gekonnt hätten.«

»Noch lange kein Grund, sie umzubringen.«

»Wollte ich ja auch nicht. Was wissen Sie schon, Herr Raintaler? Ich muss für jeden scheiß Cent, den ich ausgeben will, meine Frau um Erlaubnis fragen. Da soll es wenigstens der Georg später mal besser haben.«

»Sie wissen, dass Sie meinen Freund und mich auch fast umgebracht hätten.«

Max musste schwer an sich halten, nicht aufzuspringen und seinem vom Leben so schwer enttäuschten Gegenüber obendrauf gleich noch ein paar Watschen zu verpassen, die sich gewaschen hatten. Herrschaftszeiten, jetzt schau dir bloß diesen armen Irren an. Haben wir anderen Menschen etwa keine Probleme? Und bringen wir deswegen gleich den Nächstbesten, der uns im Weg ist, um die Ecke? Der *Zorn Gottes* Waldemar Richter und er könnten sich glatt die Hand geben, was ihre selbstmitleidige Weinerlichkeit und kriminelle Gewissenlosigkeit betrifft.

»Ja, tut mir leid.« Ruppert zuckte mit den Schultern.

»Dafür kann ich mir auch nichts kaufen.« Du hirnloses Arschloch, vervollständigte Max seinen Satz in Gedanken.

»Stimmt. Ich wollte aber wirklich nicht, dass irgendwem etwas passiert. Glauben Sie mir.«

Ruppert blickte beschämt zu Boden. Er schien zumindest diesen Teil der Tat ehrlich zu bereuen. Aber eins musste ihm auch klar sein. Blödheit schützte vor Strafe nicht.

»Waren Sie es dann etwa auch, der meinen Freund und mich nachts mit dem Jeep überfahren wollte?«

»Nein. Wann soll das denn gewesen sein?« Ruppert blickte ehrlich überrascht auf.

»Samstagnacht.«

»Nein, garantiert nicht. Da war ich zu Hause.«

»Na gut.« Dann muss das wohl doch dieser Unfallfahrer gewesen sein, der Josef und mich auf die Hörner nehmen wollte. Der junge Mann, der bei Krün umgekommen ist. Besoffen genug gewesen war er auf jeden Fall laut den Nachrichten im Radio. »Wie haben Sie das mit der Lawine eigentlich angestellt? Und wieso hat Ihre Familie nichts davon mitbekommen?«

Die Neugierde des professionellen Ermittlers siegte über die Wut, die gerade noch in Max aufzusteigen drohte.

»Ganz einfach. Ich bin wie immer, wenn ich in Garmisch übernachtet habe, morgens heimgekommen.«

»Moment. Sie haben in Garmisch übernachtet?« Max blickte überrascht zu Rudi hinüber. Was kommt wohl jetzt? Widerruft er alles?

»Nein. Aber sonst eben manchmal. Ich fahre dort nachts bis um eins eine Pistenraupe auf der Alpspitze. Und wenn ich keine Lust mehr habe heimzufahren, weil ich zum Beispiel mit den Kollegen noch auf ein Bier gehe, schlafe ich in unserem Appartement in Garmisch.«

»Das gehört Ihnen, das Appartement?«

»Nein, meiner Frau. Wie alles andere auch. Sie kommt aus einer wohlhabenden Familie. Industriedeppen aus dem Ruhrgebiet.« Ruppert schnitt ein abfälliges Gesicht.

»Aha. Sie haben also von Freitag auf Samstag nicht in Garmisch übernachtet. Aber Ihrer Frau und Ihrem Sohn haben Sie erzählt, dass es so gewesen wäre. Richtig?«

Max wollte jetzt auf keinen Fall den Faden verlieren.

»Genau. Und deswegen haben die auch nichts von allem bemerkt.«

»Und dann?«

»Ich habe bis um eins gearbeitet. Dann bin ich nach Mittenwald gefahren.«

»... und sind mit einer Sprengladung auf Tourenskiern ins Dammkar hinaufgelaufen. Weil Sie wussten, dass Rainer und Hubert dort am Samstagmorgen hinunterfahren würden. Richtig?«

»Ja. Woher wissen Sie das?«

»Wir sind nicht blöd, Herr Reiter. Woher hatten Sie denn den Sprengstoff?«

»Wir haben da so ein Depot in Garmisch.«

»Zu dem Sie einen Schlüssel haben?« Na, schau mal an. Der singt ja wie ein Vögelchen. Er scheint wohl wirklich zu bereuen, was er getan hat.

»Nein, den Schlüssel habe ich einem Freund stibitzt und später wieder zurückgegeben. Er hat es gar nicht bemerkt.«

»Na gut, Herr Reiter, den Rest kennen wir. Und was war mit Sylvie Maurer?« Max fixierte ihn wie die Schlange das Kaninchen vor dem tödlichen Biss.

»Sie hatte in der Kirche zufällig gehört, wie ich das mit der Lawine im Dammkar dem Pfarrer gebeichtet habe. Dann wollte sie Geld von mir, 100.000 Euro. Soviel habe ich gar nicht. Gehört ja alles der Gerdi.«

»Und deshalb musste sie sterben.«

»Ich habe sie zu mir ins Auto gebeten und bin mit ihr zum Brendten raufgefahren, um ihr das mit der Erpressung im Guten auszureden. Noch dazu, weil wir seit ein paar Monaten etwas miteinander hatten.« Ruppert Reiter beugte sich vor und stützte die Ellenbogen auf dem Tisch ab.

»Was? Sie hatten etwas mit der Freundin Ihres eigenen Sohnes? Ist das Ihr Ernst?« Max traute seinen Ohren nicht. Was für eine Welt war das nur, in der wir alle lebten? Und wie krank war sie zum Teil.

»Ja mei. Wie es halt so geht.« Ruppert hob hilflos die Arme. »Sie hat mich angemacht, und ich konnte ihr nicht widerstehen, hübsch und jung wie sie war.«

»Und dann sind Sie mit ihr in Streit geraten?«

»Ja. Sie hat sich nicht ums Verrecken von ihrer Erpressung abbringen lassen. Hat gesagt, dass sie mich mit der Lawinensache ganz groß hinhängen würde. Dass ich sie vergewaltigt hätte, würde sie auch jedem erzählen. Obwohl das gar nicht stimmt. Ehrlich. Ja, und da sind mir dann die Nerven durchgegangen.«

»Wie haben Sie sie getötet?«

»Wir standen seitlich vom Auto. Ich hab sie gepackt und bin mit ihr zum Kofferraum. Dort habe ich den Wagenheber rausgeholt. Dann habe ich ihr eins damit auf den Kopf gegeben.« Die Tränen traten Ruppert in die Augen. »Genaugenommen war sie doch selbst schuld. Sie hat schließlich genau gewusst, wie schnell ich mich aufrege. Warum war sie bloß so verflucht geldgierig?«

»Und dann haben Sie ihr ein Kopfkissen aus Zweigen gebastelt und sie draufgelegt.«

»Ja. Ich hab sie doch geliebt. Fast so sehr wie meinen Georg.«

ENDE

Weitere Krimis finden Sie auf den
folgenden Seiten und im Internet:
www.gmeiner-verlag.de

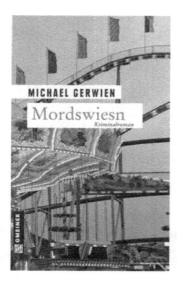

Michael Gerwien
Mordswiesn
978-3-8392-1421-3

»Packender, feuchtfröhlicher Raintalerkrimi mit spannenden Informationen über Oberbayern und die Wiesn.«

Ende September. Das weltberühmte Oktoberfest ist in vollem Gange, die Stimmung im Bierzelt kocht. Exkommissar Max Raintaler und sein alter Freund Franz Wurmdobler bekommen jeweils 100 Euro von einem ihnen fremden Immobilienwirt aus Grünwald geschenkt. Einzige Bedingung: Sie müssen das Geld noch am selben Abend vertrinken. Keine zwei Stunden später ist der edle Spender tot. Er wurde mit einem Maßkrug erschlagen. Max und Franz machen sich gemeinsam auf die Suche nach dem Täter.

Wir machen's spannend

Michael Gerwien
Raintaler ermittelt
978-3-8392-1451-0

»In Bayern gibt's koa Sünd? Falsch.
Kriminell spannendes Rätselvergnügen aus
Bayern. Positive Nebenwirkungen
beabsichtigt.«

Ob auf dem Land oder in der Landeshauptstadt, ob im Bayerischen Wald oder in den Alpen. Im weiß-blauen Urlaubs-
land wird gemordet, gestohlen und betrogen. Gott sei Dank
nimmt sich der gewiefte Exkommissar Max Raintaler aus
München der Sache an. Blicken Sie ihm bei seiner spannenden Arbeit über die Schulter. Werden Sie Augenzeuge von
30 verzwickten Kriminalfällen vom Alpenkamm bis zum
Arber. Finden Sie gemeinsam mit Max Raintaler heraus, wer
der Täter ist!

Wir machen's spannend

Miachel Gerwien
Isarhaie
978-3-8392-1386-5

»Packend, urig, humorvoll!«

Der Münchner Exkommissar Max Raintaler stolpert auf dem
Nachhauseweg vom Griechen in Untergiesing über die Beine
einer auf dem Boden liegenden, toten Frau. Offenbar wurde
sie erstochen. Max ruft per Handy seinen alten Freund bei
der Kripo zur Hilfe. Am nächsten Morgen wacht er in einer
Gefängniszelle auf und weiß nicht mehr, wie er dort hinge-
kommen ist. Wieder auf freiem Fuß nimmt Max die Ermittlungen auf, die ihn in die höchsten Kreise der Stadt führen ...

GMEINER

Wir machen's spannend

Michael Gerwien
Isarblues
978-3-8392-1307-0

»Spannendes Insiderwissen, authentisch ver-
packt in bayerischen Dialogwitz mit gekonnt
ironischen Untertönen.«

Mitte August. Ganz München stöhnt unter einer unerträgli-
chen Hitzewelle. Nur die schattigen Biergärten können hier
noch Abhilfe schaffen. Der Münchner Exkommissar Max
Raintaler wird von seinem Freund Heinz Brummer, einem
erfolgreichen Schlagerkomponisten, um Hilfe gebeten. Ihm
wurden die Rechte an fünf Liedern gestohlen und Max soll
sie wieder herbeischaffen. Es geht dabei um Millionen. Max
macht sich auf die Suche nach den Tätern. Plötzlich geschieht
ein angeblicher Mord … und noch einer.

GMEINER
Wir machen's spannend

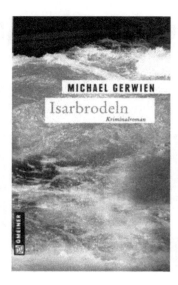

Michael Gerwien
Isarbrodeln
978-3-8392-1234-9

»Exkommissar Max Raintaler ermittelt in der der Münchner Gastronomieszene – spannend, humorvoll, authentisch.«

Der Münchner Exkommissar Max Raintaler und seine Freundin Monika feiern Geburtstag im »Da Giovanni«, ihrem gemeinsamen Lieblingsitaliener und Stammlokal. Beide sind seit Jahren eng mit Giovanni befreundet, Max spielt zudem mit ihm Fußball. Der gemütliche Abend wird gestört, als der Italiener mit zwei jungen Männern in Streit gerät, die Max jedoch kurzerhand hinauswirft. Am nächsten Tag liegt Giovanni erschlagen in seinem Restaurant. Sofort macht sich Max auf die Suche nach dem Täter …

Wir machen's spannend

Michael Gerwien
Alpengrollen
978-3-8392-1111-3

»Ein unterhaltsamer Krimi, der sich durch
seinen besonderen Humor und die präzise
Zeichnung der bayerischen und österreichischen Lebensart auszeichnet.«

Kitzbühel zur Faschingszeit. Der Münchner Exkommissar
Max Raintaler freut sich auf einen erholsamen Skiurlaub
und darauf, das berühmte Hahnenkammrennen endlich einmal live zu erleben. Doch ein Anschlag auf die Rennstrecke
durchkreuzt seine Pläne. Hatten etwa Terroristen ihre Finger
im Spiel? Und dann ist da noch die tote Russin, die am Fuße
der Streif im Schnee gefunden wird. Zusammen mit Alois,
einem ebenso gemütlichen wie trinkfesten Kitzbüheler Gendarm, beginnt Max zu ermitteln ...

Wir machen's spannend

Unser Lesermagazin
2 x jährlich das Neueste aus der Gmeiner-Bibliothek

24 x 35 cm, 40 S., farbig; inkl. Büchermagazin »nicht nur« für Frauen und HistoJournal

Das KrimiJournal erhalten Sie in Ihrer Buchhandlung oder unter www.gmeiner-verlag.de

GmeinerNewsletter
Neues aus der Welt der Gmeiner-Romane

Haben Sie schon unsere GmeinerNewsletter abonniert?

Monatlich erhalten Sie per E-Mail aktuelle Informationen aus der Welt der Krimis, der historischen Romane und der Frauenromane: Buchtipps, Berichte über Autoren und ihre Arbeit, Veranstaltungshinweise, neue Literaturseiten im Internet und interessante Neuigkeiten.

Die Anmeldung zu den GmeinerNewslettern ist ganz einfach. Direkt auf der Homepage des Gmeiner-Verlags (www.gmeiner-verlag.de) finden Sie das entsprechende Anmeldeformular.

Ihre Meinung ist gefragt!
Mitmachen und gewinnen

Wir möchten Ihnen mit unseren Romanen immer beste Unterhaltung bieten. Sie können uns dabei unterstützen, indem Sie uns Ihre Meinung zu den Gmeiner-Romanen sagen! Senden Sie eine E-Mail an gewinnspiel@gmeiner-verlag.de und teilen Sie uns mit, welches Buch Sie gelesen haben und wie es Ihnen gefallen hat. Alle Einsendungen nehmen automatisch am großen Jahresgewinnspiel mit attraktiven Buchpreisen teil.

Wir machen's spannend